中国近代口述史学会丛书

imaginist

为了人与书的相遇

唐德刚作品集

段祺瑞政權

广西师范大学出版社
·桂林·

图书在版编目(CIP)数据

段祺瑞政权：民国史军阀篇 / 唐德刚著 .
—桂林：广西师范大学出版社，2015.2（2022.4 重印）

ISBN 978-7-5495-6268-8

Ⅰ.①段… Ⅱ.①唐… Ⅲ.①段祺瑞（1865 ~ 1936）- 生平事迹
②北洋军阀政府 - 史料 Ⅳ.① K827=6 ② K258.406.6

中国版本图书馆 CIP 数据核字 (2014) 第 309807 号

广西师范大学出版社出版发行

广西桂林市五里店路9号　邮政编码：541004

网址：www.bbtpress.com

出 版 人：黄轩庄

出 品 人：刘瑞琳

责任编辑：曹凌志

装帧设计：马志方　涂星村

内文制作：陈基胜

全国新华书店经销

发行热线：010-64284815

山东临沂新华印刷物流集团有限责任公司

开本：965mm × 635mm　1/16

印张：18　字数：150千字　图片：59幅

2015年2月第1版　2022年4月第3次印刷

定价：59.00元

唐德刚（1920—2009）

安徽合肥人。国立中央大学（重庆）历史系学士，美国哥伦比亚大学（纽约）硕士、博士。曾先后任职于安徽省立安徽学院、哥伦比亚大学、纽约市立大学，长期从事历史研究与教学工作，并对口述历史的发展贡献良多。著有《袁氏当国》、《段祺瑞政权》、《李宗仁回忆录》、《胡适口述自传》、《胡适杂忆》、《史学与红学》、《书缘与人缘》、《五十年代的尘埃》、《战争与爱情》等，包括历史、政论、文艺小说多种，及诗歌、杂文数百篇。

袁世凯公举为中华民国第一任大总统明信片，并绘有北洋政府时期的五色旗。

敬祝中华民国创造明信片之孙中山、黎元洪、黄兴头像。

祝大中华民国成立明信片黎元洪、黄兴头像。其中可见辛亥革命“南京城大激战”、长江口岸“八舰降服”场景及中英文字样。

左上：北洋时期印行辛亥革命民军首领黄兴像明信片。

右上：中华民国临时副总统黎元洪像明信片。

左下：北洋时期印行中华民国副总统冯国璋像明信片。

右下：北洋时期印行蔡锷像信片。

北洋时期印行前国务总理段祺瑞像明信片。袁后中国，北洋之虎段祺瑞，被视为皖系军阀首领。

1918 年双十节徐世昌像、冯国璋像纪念明信片，有“北京（民国）七年十月十日徐大总统就任纪念”戳。

上图：张作霖像及其与外国军官留影。

下图：张学良像及皇姑屯事件张作霖坐乘的贵宾车倾覆场景。

中华民国开国纪念币孙中山头像。

中华民国共和纪念币袁世凯像。

中华民国三年（1914）“袁大头”袁世凯头像。

中华帝国洪宪纪元（1916）袁世凯像。

中华民国开国纪念币黎元洪头像。

中华民国十年（1921）九月仁寿同登纪念币徐世昌像。

中华民国十二年（1923）宪法成立纪念银质纪念章曹锟像。

中华民国执政纪念币“和平”（1924）段祺瑞像。

中华民国十五年（1926）陆海军大元帅张作霖像纪念银币。

1913 年，袁世凯就任中华民国大总统后，率梁启超、梁士诒、荫昌、陆徵祥、曹汝霖、顾维钧、章宗祥、刘冠雄、王家襄、汪大燮、朱启钤等文武官员，与各国驻华使节合影。

1918 年 10 月 10 日，徐世昌（前排左八）在北京就任大总统仪式后合影。前排左七起依次为代理总理钱能训、外交总长陆徵祥、交通总长曹汝霖、海军总长刘冠雄等人。

1916年10月10日，值中华民国成立五周年，新上任的大总统黎元洪在南苑操场举行北洋军阅兵仪式。掌握实权的国务总理段祺瑞不服黎元洪登上大总统宝座，形成“府院之争”。黎元洪也想利用这次阅兵显示自己的地位。

上图：1918 年 11 月 28 日，北洋政府在紫禁城太和殿前广场举行盛大的阅兵仪式纪念一战胜利。大总统徐世昌在代理总理钱能训、新任陆军总长靳云鹏等人的陪同下正走向太和殿，准备在太和殿前广场检阅战胜国部队，英美等国驻京军官抽出指挥刀以示敬意。

下图：1918 年 11 月 28 日，大总统徐世昌发表一战胜利演说。人群正中戴高帽者为徐世昌。右边着军装的是陆军总长靳云鹏，再往右是段祺瑞。战胜国公使分列两旁。

上图：1916 年 11 月，英国在山东威海卫租界开始招募第一次世界大战赴欧华工。

下图：第一次世界大战的华工不少是山东人。赴欧之前，加拿大医务官仔细检查二十多项身体指标，尤其严防筛查沙眼等传染病。

上图:一战期间，中国华工在法国南部的鲁西荣地区修建铁路留影。飘零万里，语言不通，遂常以手势交流，甚至英国人抽着马鞭监督华工营众赶进度。

下图：1918 年 6月，中国华工自法国、比利时交界处向前线进发。一战爆发后，成千上万来自中国的华工援助对欧洲弥足珍贵，在法国，这样可能腾出同样数量的法国工人到前线服兵役。

上图：1890 年，段祺瑞（左二）等五名晚清留学生在德国教官瑞乃尔指导下操作弹炮。晚清政府亦与德国克虏伯公司谈判购炮事宜。

下图：段政府段祺瑞（前排右五）等人与英国、美国等列强“太上皇”北京外交团合影。中国海关的最高机构总税务司长期由英国人把持，掌握着北京政府的巨额财源。

上图：1924 年直奉战争，冯玉祥发动北京政变。11 月 17 日，奉系张作霖邀冯玉祥在天津日租界下野皖系首领段祺瑞家中会谈，决定拥段为临时执政。图为天津会议合影，前排左起梁鸿志、冯玉祥、张作霖、段祺瑞、卢永祥、杨宇霆、张树元，后排吴光新。

下图：1936 年，前国民政府临时执政段祺瑞（1865—1936）公祭之时，其灵柩车由国府要人及各国仪仗队护行北平留影。

上图:1924年10月,冯玉祥将曹锟囚禁中南海,时局之变,促使奉系、皖系寻求孙中山合作。此后为全国舆论所迫的段祺瑞、张作霖,电请孙中山北上共商国是,以产生正式政府。此图即为12月4日抱病自海路抵达天津的孙中山,在张园行馆与国会代表等欢迎人士的合影。

右图:1925年3月12日,孙中山在北京铁狮子胡同行辕辞世。同日,遗体送至协和医院。19日,灵柩移至中央公园社稷坛大殿,开放社会各界隆重公祭。4月2日,移至香山碧云寺金刚宝座塔石券门内暂厝,图为由中央公园移出情景,送殡者十余万人。

天下為公

世界大同

中國銀行
伍拾圓

BANK OF CHINA
PROMISES TO PAY THE BEARER ON DEMAND AT ITS OFFICE HERE
50
FIFTY YUAN
OF THE NATIONAL COINAGE OF THE REPUBLIC OF CHINA
4TH OCTOBER 1914.

中國銀行兌換券
壹百圓
壹百
中華民國六年印

BANK OF CHINA
PROMISES TO PAY THE BEARER ON DEMAND AT ITS OFFICE HERE
ONE HUNDRED DOLLARS
100
LOCAL CURRENCY
1ST MAY 1917.

上图：中华民国十二年（1923）印中央银行伍元通用货币孙中山头像（正反面）。

左上：中华民国三年（1914）印中国银行试模票袁世凯像（正反面）。

左下：中华民国六年（1917）印中国银行兑换券壹佰元黎元洪头像（正反面）。

左上：中华民国邮政孙中山头像。

右上：中华民国共和纪念邮票袁世凯头像。

左下：中华民国邮政陆海军大元帅就职纪念邮票张作霖头像。

右下：中华邮政开办廿五年之纪念（1896—1921）总统徐世昌（中）、国务总理靳云鹏（右）、交通总长叶恭绰（左）头像。

目 录

外　篇　民国史军阀篇余绪

编者序

唐德刚教授与民国通史计划

禤福辉

唐德刚教授长期钻研民国史，数十年如一日。他的早期著作和晚期作品的重点颇有不同。早期的著述都是专著，主要是口述传记，以1950年代后期参与哥伦比亚大学中国口述史学部（Chinese Oral History Project）的访谈为基础，如《胡适口述自传》和《李宗仁回忆录》，都是传诵一时的经典之作。晚期作品则特别着重撰写民国通史，气魄恢宏，观点独到；而且极力打破繁琐、枯燥的学院派传统，以“唐派新腔”的散文下笔，幽默、流畅，亦庄亦谐，妙趣横生；毅然走出象牙之塔，提倡“务求其通俗”的主张，以期实现雅俗共赏的目的，为两岸千千万万的读者所热烈欢迎。

1991年夏唐教授从纽约市立大学退休，刚放下教鞭，便潜心撰写民国通史。先后出版《晚清七十年》（1998）和《袁氏当国》（2002），前者是“晚清导论篇”，后者是“北京政府篇”，二者是互相衔接的。2000年修订了撰述计划，打算分为五篇，除上述两篇外，还有“国民政府篇”（1928—1949）、“人民政府篇”（1949—2000）和“‘国民政府’在台北”（1949—2000）等三篇。2005年，撰述计划中的“人民政府篇”

面世；但是这个计划的主轴——“国民政府篇”却始终没有出现。

2001 年底唐教授害了一场重病，差点不起，体力恢复很慢。直到 2005 年，健康状况稍有起色，便与吴章铨博士重新审议撰述计划，再次修订计划大纲，分为“军阀篇”（1916—1928）、“五四运动篇”（1919）、“北伐篇”（1927）、“国民政府篇”（1928—1937）、“抗战篇”（1931—1945）和“中国近代转型论”等六篇，显然比 2000 年的大纲较为细致。可惜重病之后，年高体弱，终究心有余而力不足，很难再振笔直书了。修订计划无法落实，董狐之笔从此封尘，民国通史计划不幸中断。

但是他对民国通史始终未能忘怀，在闲谈时常常流露出无限怅惘。自 2007 年起，中国近代口述史学会同仁常常结伴到唐府拜访，有时七八人，有时两三人一同前往。除了正式访谈外，也陪两老闲聊，天南地北，无所不谈。他老人家谈得高兴时，就不断鼓励大伙分头撰写民国史。2009 年初我们最后一次到唐家探望，他还是苦口婆心，旧事重提，并且一再讲述近四十年前（1971）推却撰写“蒋总统全传”的往事，感到万分遗憾。看来民国通史没有完成，撰写“蒋传”的难得机会悄然溜走，可能是他一生最大的遗憾。

在过去两年，中国近代口述史学会同仁分头整理他留在纽约的手稿、论文、诗词、书信等资料，现在总算有一点头绪，希望为中断的民国通史计划做一些补充，《民国史军阀篇：段祺瑞政权》正是我们的初次尝试。他多年前以英文写成的《中国革命简史》（*A Short History of the Chinese Revolution*）的翻译工作也快要完成，希望不久可以付梓。但愿能够按照他的修订大纲，整理现有资料，逐步编辑成书，以慰良师的期盼于万一，并聊表无限怀念的微意。其实《段祺瑞政权》一书，远流出版公司早在 2004 年就差不多编好了，后来把初稿送唐教授过目，不料出了乱子，邮寄回台湾的订正稿不幸遗失，一去无踪。直至今年初，游奇惠主编旧事重提，寄上原出版计划，建议我们把遗稿重新编纂。远流的建议与我们的构想不谋而合，可谓求之不得，因此立刻表示赞同。我们马上着手整理资料，除已在《传记文学》发表的几篇有关军阀的文章外，又从他的遗稿中挑出《谈谈打打的护法战争》（此文太长，现在拆为两篇，按原来小题，分出《再造民国，段阁复起》一文）和《论桂系》两篇未刊长文，并翻译了早年在哥大的英文讲稿《民国军阀概述》以作补充，终于使本书劫后重生，能够与读者诸君见面。

不过，复查修订大纲，他显然有意全盘探讨军阀史的种种问题，并非仅以皖系军阀为限。但是，遍翻遗稿，没有发现直系的文章，也没有讨论粤、滇军阀的稿子，所以本书基本上还是以皖系及黎（元洪）、段的府院斗争为主轴。

本书分为三部分，第一部分描绘袁后中国的状况，阐述北洋军阀和政客的争夺，实力派段祺瑞脱颖而出，掌握大局的经过，其中《王纲解纽，军阀割据，政客纵横》一文深入分析了军阀时代出现的原因，不断互相砍杀的现象，宪制混乱，黎、段宠臣的缠斗造成府院之争的经纬，可以说是全书的纲领。此外，《民国史军阀篇四圆四方图解》一文，简明扼要地阐明军阀时代的分期。民初大小军阀三千多人，纵横捭阖，朝秦暮楚，史实纷繁，使人眼花缭乱。唐教授抽丝剥茧，条分缕析，并附上图表，把军阀时代（1912—1928）分为四期，每期四年，井然有序，化繁为简，一目了然，清楚阐述了军阀割据时代的梗概，难能可贵。

第二部分专论段祺瑞政权，说明黎、段上台后不久，就爆发严重冲突，势成水火，斗争极端激烈。袁世凯死后，黎、段两头马车走马上任，恢复《民元约法》和旧国会，行“虚君实相”的责任内阁制，其实是非牛非马的混乱制度，既非总统制，也不是真正的内阁制，因此政府运作极度困难；同时人事问题复杂，黎、段的“二爷”（宠臣）孙洪伊和徐树铮缠斗不休，结果1917年竟借参战案而爆发激烈的府院之争，黎听信政客胡言，昧于时势，悍然拉段下马，引起北洋军阀群起反对，结果举国骚然，天下大乱，终于造成统一的中国一分为二，祸延至今，两岸分裂状态依然无法解决。

第三部分“余绪”中，《论桂系》是唐教授的未刊遗稿，只有前半经过整理、缮正，后半篇是未经修饰的初稿，然而全篇深入浅出地探讨桂系的特征，综论其在民国史中所起的作用，观点独到，言人所未言，值得细读。桂系虽有相当独立的武力、地盘和财力，却始终不能入主中枢，充分反映其地方军阀的特性。不过新桂系统一广西后，能够认清大局，加入国民党，成为支持革命军北伐的最重要力量，而国民政府的确立，桂系的归附也绝不可少。北伐后李、白势力迅速膨胀，如日中天。但是1929年2月“武汉事变”爆发，竟然不堪一击，土崩瓦解，不但充分暴露桂系的弱点，而且也加强了蒋介石削藩的决心，引发中原大战（1929—1931），同时张学良于1930年秋应召率师入关参战，翌年日寇便乘机炮制“九一八事变”，最终造成全面侵华之局。因此“武汉事变”与“西安事变”同是近代中国国运的转折点，值得进一步深入探究。

《从北京政变到皇姑屯期间的奉张父子》一文是唐教授的力作，扼要阐述奉系在第二次直奉战争后势力迅速膨胀的经过。这时张作霖拥有三十七万雄师，打算以武力统一全国。不到一年便控制黑、吉、奉、热、冀、鲁、苏、皖八省，天津、北京、上海三市，拥有半壁江山，傲视群雄。稍后老帅更应孙传芳之邀，出任安国军总司令，1927年又在劝进声中成立“中华民国军政府”，俨然以国家元首自居。然而由于抗拒日人无理要求，结果难逃“皇姑屯事变”的厄运，粉碎了奉系一统中原的宏图。

从整体而论，军阀也有贤与不肖，不能一概而论。“张作霖，军阀也，然作霖竟以拒签‘五路’条约而死国。吴佩孚，亦军阀也，然其‘不住租界'，狷介一生。据说，最后亦以誓不事敌而招杀身之祸。张宗昌，军阀中之最下陈者，然济南惨案前，亦尝坚拒日军化装直鲁军以抗南军之要求。大节无亏，均足垂名青史。”（见《从北京政变到皇姑屯期间的奉张父子》）

另一方面，段祺瑞掌权之初，根据《民元约法》，实行责任内阁制，基本上还是依法行事的，并非后来无法无天之辈可比；而且“黎、段二人都还算是正人君子，有节操、识大体而清廉可风的、难得的政治军事领袖”。问题出在民初根本没有实行现代议会政治的条件，因此“形势比人强，非两个老军阀的二‘人’之过也”，可说是持平之论（见《皖系政权的发展与“参战”的纠纷》）。不过，唐教授深信我国最终必将走上民主、法治的道路。他说，“我民族要做到把法律当皇帝的这一步，最乐观的估计，恐怕最少还要等四十年。”（见《再造民国，段阁复起》）只是四十年的推断，说不定还是有点太乐观吧。

在中国历史长河中，改朝换代总不免出现藩镇割据现象，昔日的所谓藩镇，就是近代的军阀。如果我们从西汉算起，藩镇割据之局先后出现不下三十次。从宏观史学来看，军阀割据是我国转型期中一个偶然现象。“我国史上第二次大转型，从帝制向民治转去，这个总方向是必然的，不会变动的；但是在各小阶段中的变动，则往往是偶然的，不可捉摸的，和反复无常的。这个偶然出现的军阀阶段，就是个很标准的说明”（见《王纲解纽，军阀割据，政客纵横》），相信是十分客观的推断。

在编辑本书期间，蒙各方友好大力协助和匡正，特此一并申谢。

2011 年 12 月 12 日于加州湾区寓所

编者简介

禤福辉，香港中文大学历史系学士，哈佛大学硕士，剑桥大学研究。纽约文化工作者，近年从事抗战史研究，现任中国近代口述史学会会长，著有《地狱证言：抗战时期被强掳赴日中国劳工的血泪口述》（香港：利文出版社，2005年）。

代序言

人文亲切

唐德刚史学著作的独特魅力

于仁秋

唐德刚教授逝世两周年之际，远流出版公司决定出版他的《民国史军阀篇：段祺瑞政权》。中国近代口述史学会的几位同仁，协助该公司编辑整理唐教授的书稿，我也借此机会再次重读唐教授的这部民国史及其他史学著作。《段祺瑞政权》付梓在即，我们口述史学会的会长禤福辉写了编者序介绍本书的整理过程，并命我也写一短文，谈谈我阅读唐德刚史学著作的体会。

唐德刚教授生前便文名远播海内外，他的史学著作和其他著作广受欢迎，拥有众多的读者；他逝世之后，他的著作成为海内外华文世界的宝贵人文财富。这是唐教授的非凡成就，早有识者论之。

如果我们问，为什么唐德刚教授的史学著作会有那么大的魅力，在海内外华文世界长盛不衰地拥有众多热情的读者？最简单的回答，是唐教授写得好。好书自然有人读。如果我们接着问，唐德刚教授的史书写得好，好在什么地方呢？这就不是三言两语便讲得清楚的。我愿在此短文之中，不揣浅陋，谈谈我对唐德刚教授史学魅力的认识和体会，求教于喜读唐氏作品的读者朋友们。

我是专业历史工作者，喜欢读唐德刚教授的史学著作，有些著作是一读再读。综合多年的阅读体会，我最佩服唐教授的是他有非凡的本领，将个人兴趣、当代显学、大众经验及心理恰到好处地融合在一起，写出既有卓越见识、又让一般读者读来倍感亲切的历史著作。

唐德刚教授治史的个人兴趣是中国近现代史；他在他的著作中数十年“曲不离口”地讨论中国的“转型”（transformation）问题，本是当代显学；而唐教授反复申述的中国“转型”的长期性、“一转百转”的复杂性，经他老人家那支健笔深入浅出地阐释描绘，则表现为一百多年来中国人的日常经验，有具体真实的人物故事可供参证、回味、思考。试问当代中国人，谁没有生活在“转型期”酸甜苦辣百味杂陈的体验和观感？当代中国，变化之快，真使人有十年已一世、沧海变良田之慨。在此“一转百转”、越转越快的“转型期”，常被转得晕头转向、有满肚子委屈、困惑的中国人，抽空坐下来翻一翻唐教授的历史书，读他那些对中国转型特殊经验独具卓识的历史分析和他的具有浓厚中国人情味的文字，自有一种亲切。

“转型”学成为当代显学，原是人类经验的自然反映：欧洲、美洲，中国，以至全世界，由“前现代”“转型”到“现代”，自然有无穷的问题要研究，于是有各种理论应运而生。唐德刚教授生于1920年，在祖国度过青少年，亲身经历过中国的“转型”，目睹了中国人的奋斗追求、挫折失望。他在大学、研究所的专业是历史学，受教于顾颉刚、郭廷以等名师，对中国“旧史学”向“新史学”的“转型”，也有真切的认识和体会。20世纪40年代末、50年代初，唐教授在当时的美国史学重镇哥伦比亚大学历史系读博士学位，更是广泛研读当代社会科学的新理论新方法，对各国之“转型”，有所比较；他将这些新理论、新方法，以比较的方法应用于研究中国之“转型”，并将自己的亲身体验观察融入于历史分析，数十年如一日地以通俗清新的文字呈现自己的研究结果，终于成为独树一帜的史学大师。

唐德刚教授没有创立任何“转型”理论，但他却将中国的“转型”历史写得精彩万分，因为他善于博采众家之长，同时又极清醒地避免各种门户之见。唐教授是一位虚心而又自信的学者。他在念博士期间，虚心学习现代西方社会科学，由衷赞叹西方现代历史学引进社会科学理论方法之后所发生的巨大变化。唯其虚心，他也能看到西方理论的局限性。比如说，他很早就指出，西方研究“现代化”及“转型”的许多理论、方法，注重人类经验的“通性”是其长处；但忽略各民族文化的“特性”，则是其短处。扬其长避其短，是唐教授很早就得出的结论，也是他多年撰述中国“转型”历史的具体写作实践，我们读他老人家的书，时时便会看到他在不同地方对此问题的讨论和提示。

唐德刚教授是一个有抱负的史学家。他既有对西方学术界显学各派识其长亦见其短的眼光，随之而来的便是他要超越各家各派的自信和雄心。早在1962年，正当壮年的唐教授便和一家美国出版公司（Crowell-Collier，1965年后改名，通称麦克米兰 [MacMillan]）签过约，拟以英文写一部中国现代通史。此书后来因故未能完成，但唐教授撰写一部有特色的中华民国史的雄心始终未泯。据汪荣祖教授回忆，唐教授于1980年发起组织“北美中华民国史学会”（1983年正式成立时改为“北美20世纪民国史学会”），“唐德刚原意要大家合写一部‘民国史’”，“他有鉴于当时中国大陆与台湾研究民国史都不免受到政治的干扰，所以认为我们得天时、地利、人和之便”，可以“搞一个民国史研究的第三势力”（《唐德刚与口述历史》，远流版，页117—120）。

现在回头去看，唐德刚教授当年雄心勃勃，是因为他对这“第三势力”的诸项优势（新的眼光、新的方法和新的史料）有清醒的认识和充分的自信。唐教授熟读中国传统史学、当代西方显学，对中西、新旧各派均知其长短，由此而发展起来的比较史学、宏观史学的眼光和方法，就不是当时遵循官方历史学教条的大陆学者，或恪守传统史学清规的台湾学者所能具备的，更不用说那时候两岸学者都仍受制于政治干扰。至于史料，试问有谁比唐德刚更有优势呢？他老人家不仅对传统史料如数家珍，更得天时、地利、人和，对李宗仁、胡适、顾维钧、张学良等民国期间的党政要人和文化教育界领袖进行过口述历史访问，和他们有过长时间的交往，对他们有近距离的观察。当然这些口述史资料后来都已公开，并翻译成中文供研究者及一般读者参考阅读，人人都可使用。只是没有唐德刚教授那种亲自长时间地进行口述史访问并下工夫核对史实的实践，要达到唐教授对这些口述史资料的领会、消化和恰到好处地使用的那种水平，不是不可能，但是难乎其难。

试举一例。本书“余绪”所收《从北京政变到皇姑屯期间的奉张父子》一文，将 1920 年代中期中国军阀混战的一团乱麻，作剥茧抽丝的分析，主旨是运用“转型”理论架构，把“军阀混战”作为中国现代转型的一个阶段处理。唐德刚教授写这段历史，固然把有关文献资料翻遍，而他居然见过、访问过至少两个当年打得死去活来的军阀——张学良和张发奎，这种经历，与唐教授同辈的学者就很少有，更不要说老军阀死后，年轻一辈的学者连见一见军阀的可能性都没有了。当年见过张学良、张发奎的学者也许不止唐德刚教授一人，但张学良只信任唐德刚，只愿意跟唐德刚谈往事，所以只有唐德刚能在他的历史著作中将活的史料信手拈来，将往事写得鲜活生动，也把军阀写得惟妙惟肖。唐德刚教授在该文中先叙述了张学良、张发奎 1927 年 5 月在豫南之驻马店、郾城、周家口的一场恶斗：

> 奉军以其国际驰名的“七十尊重炮”，排轰张发奎。六十余年过去了，去年（1990）张汉公与笔者谈及此役犹眉飞色舞不止；而小子何幸，三十年前亦尝与张大王（张发奎在军中的绰号）详谈驻马店之战。

数页纸之后，唐教授则记述六十年后“谈及此役犹眉飞色舞”的张学良的另一面：

> 据张学良将军近年告我，他在1927年夏季自郑州班师时，便决定力谏老帅，停止内战。盖连年杀伐，他耳濡目染，觉得内争太无意义而老百姓受祸也太深了。尤其是他在郑州登车返京时，在车站上遇一家破人亡的老者，少帅细询之下，竟与之相对流涕。张学良那时不过二十七岁，还是个血性青年。这位老人的故事，触发了他潜在的良心——他自觉不能再做个祸国殃民的青年军阀。回到北京之后，乃泣谏老父全师出关，内战是绝对不能再打了。

这种笔法，将人物写得有立体感，亦将历史的复杂性层层呈现，到收篇时唐教授对“军阀”所作的“反思”讨论，便有说服力。这时，虽然他不再提张学良，但上引张学良与家破人亡的老者相对流涕的故事，仍是他“反思”讨论“军阀”的依据之一。我们看唐教授写来，一气呵成，仿佛全不费力气，但我相信，没有他那样得天独厚的口述史访问经验，纵然有他那种才气，也写不出他这种生动的历史文章。

当年“第三势力”诸项优势俱在，却终于没有建立起来。我想，这大概是唐德刚教授他老人家在文章中不时提起的，“天朝弃民”海外谋生“满腹辛酸”的一部分（顺便说一句，这种辛酸亦是“转型期”种种辛酸之一种）。唐教授了不起的地方，是他能超越辛酸，在七十岁退休之后，烈士暮年，壮心不已，做一个倔强的单干户，单打独斗地写晚清、民国史，在八十岁中风生病之前，完成了《晚清七十年》、《袁氏当国》等著作。这些书出版后大受欢迎，居然还有盗版！唐教授当年辛辛苦苦搭了架子要建立的“第三势力”虽然未能拔地而起，最后无疾而终，但他晚年所写的史书在普通读者“民国史阅读书单”上却恐怕是排在“第一”！

读者的爱戴，对晚年的唐德刚教授应该是很大的安慰。我们不知道，这种安慰是否能与唐教授成功地当了一个学术团体的龙头老大、成为“第三势力”寨主而有的满足感相比。我们也不知道，若是“第三势力”申请经费、建立学术地盘成功，在现代知识生产体系、学术管理体系之下，它会不会被引导诱导或被迫走进学术象牙塔中的一个牛角尖，一小撮人在那里自说自话，顾影自怜，书也许是一本又一本地出版，但出版之后大多没人读。塞翁失马，焉知非福。唐教授建立学术地盘的努力前功尽弃，付诸东流，但他不自弃，不气馁，晚年将他的个人园地经营得繁花似锦，观者如云，这种成就，试问蜗居于学术牛角尖中的学者多少人能比？

“第三势力”作为学术团体无疾而终，但它的“魂”，却由“第三势力”的倡议者和灵魂人物唐德刚教授带进了他的作品中——换句话说，“第三势力”学术取向的诸项优势都在唐教授的民国史著作里充分展现了出来，这大概是唐氏作品在华文世界广受欢迎的原因之一。不怕不识货，就怕货比货。将唐德刚教授的史学著作和其他历史著作相比，便会看出唐氏作品中处处有“第三势力”的精、气、神——那宽阔的视野、宏伟的气势，和时时刻刻超越党派之争、门户之见的自觉。

有人会说，海外思想自由、学术自由、言论自由的环境，为唐德刚教授写出超越党派之争与门户之见、具有独立见解之历史著作提供了得天独厚的条件。这自然不错。但我们也必须承认，唐教授是少数自觉地运用这一自由优势并取得巨大成就的学者之一。学术自由、免受政治干扰之优势本身并不保证学术事业的成功。只有像唐德刚教授那样自觉善用自由环境，一辈子追求自由的人，才最终达到那超越党派之争、超越门户之见的境界。唐德刚教授已成一家之言的高超境界，专业的历史学家钦敬不已自不待言，一般读者亦能欣赏，这是唐教授自觉追求并已达到的另一境界：写出雅俗共赏的好书，让历史著作帮助尽可能多的人理解过去和前人、认识当下和自己。唐德刚教授的文章享誉海内外华人世界，实在是因为他品位高，知道那雅俗共赏的境界，而且他功夫深，仔细钻研过古今中外雅俗共赏的经典名著，用他老人家自己的话来说，他认真“啃”过《史记》、《资治通鉴》和吉朋（Edward Gibbon, 1737—1794）的《罗马帝国衰亡史》（*The History of the Decline and Fall of the Roman Empire*），终于锻炼出一支健笔，用精彩的文字表达精彩的见解，在新的时代将雅俗共赏的人文传统发扬光大。

人文传统在当代面临巨大挑战和种种危机，唐德刚教授对此有深切的认识。他早就指出，历史著作如果不继承“文史不分”的优良传统，不注重文字的可读性，则历史会变成“枯燥无味的东西”，没有人看的。但他老人家并不悲观，坚信“真金不怕火炼”，因为历史中有文学，“史以文传”，写得好的历史书总会有人读，会流传下去。什么样的历史记述是写得好看、写得巧妙的呢？且看唐教授对丘吉尔文字造诣的点评：

> 譬如《丘吉尔回忆录》曾得诺贝尔文学奖，一定有它特别好的地方。我读这本书时，看到有一段是这样写的：有一次丘吉尔与希特勒约期见面，由于丘吉尔讲话不小心，批评了希特勒，希

> 大为生气，取消了约会，从此以后，丘与希再也没有见过面。这件事如果由我们来写，可能秉笔直书写成："某年某月某日，丘吉尔应与希特勒在某处碰头，后来希特勒取消约会。所以两人一直未曾相见。"但《丘吉尔回忆录》却是这样写的："希特勒自此以后就失去见到我的机会了！"（ He lost his chance to see me! ）这个事实和"自此以后我们两个都没有见过面"没有两样，但在《丘吉尔回忆录》中的笔调却一直强调 He lost his chance to see me! 比一般人的写法精彩多了。这也就是把历史作品的文学性加强以后，可读性增加了。(《史学与红学》)

唐德刚教授对《史记》和《资治通鉴》，也有他自己的见解。他指出《史记》是出色的历史著作，亦是汉代以后公认的一流的文学作品，是"文史不分"的上品。唐教授将《史记》与《资治通鉴》相比较，认为《史记》笔法是"天马行空，大而化之"，而《资治通鉴》"遍存诸史之真，广纳百家之言"，是融会贯通的大家手笔（《史学与红学》）。我们若将唐德刚教授这些品评文字和他自己的历史著作对照着读，自可稍窥唐教授勤勉聪明的治学轨迹和他精湛深厚的学术功力，以及他见贤思齐的胸襟抱负。他那些广受读者欢迎的历史著作，在人文传统备受挑战、有心人将要进行或正在进行反挑战的今天，起着承前启后的示范作用。

人文传统，要有"人"有"文"。书中无"人"，史中无"文"，便是今日危机所在。时下许多专业的历史著作和文章，不仅文字难读，连标题也难以卒读。这种时候，我们读唐德刚教授既有"人"又有"文"的历史著作，自然倍感亲切。和古今中外的伟大历史学家一样，唐教授心中有人、目中有人、笔端有人，而且他有一支文采斐然的彩笔，将历史人物描绘得栩栩如生，将历史事件叙述得万分精彩，为读者呈现了美不胜收的历史长卷。

若有读者在享受阅读好书的乐趣之余，掩卷长思，也可体会出，那写出处处有“人”有“文”的历史著作的唐德刚教授,亦是一有心之人——他心系祖国文化、人民命运，去国五十年，初衷未改。唐氏作品中，许多独特的史识，固然是基于他扎实的史学训练、精湛的学理研究，然而也反映了他对祖国人民命运前途的关心思考。比如说，这本《民国史军阀篇：段祺瑞政权》中对现代政治制度中“制衡制”的讨论和中国历朝“内在的制衡制度”的回顾（见“‘制衡制’在中国的折磨”一节），就有对中国古代文明的持平之论，亦有对“制衡制”在民国初年的部分实践、终遭失败的仔细检讨，对这一失败对后来中国政治的巨大消极影响的中肯分析，以及“制衡制”之建立是中国政治转型关键之一的评论。我们细细品味体会这段文字，既看到一个“秉笔直书”、“无征不信”的史学高手唐德刚，也看到一个博采众家之长、善于融会贯通的文章大家唐德刚，还看到一个对民族文化一往情深、对祖国前途无限关怀的有心人唐德刚。

有心人唐德刚，对读者有尊敬亦有期待。他说过：

> 中国将来之国运原不能专靠少数圣哲的智慧，它要依靠我们绝大多数中国人的认知、好恶与取舍。(《史学与红学》)

这是一段极其平实亲切，而又韵味无穷的文字，它表达了唐德刚教授毕生努力撰写有人有文的历史著作的终极人文关怀：人类对过去的认知理解、对未来的选择取舍，还有他从“绝大多数人”的立场出发，为“绝大多数人”写作的自觉选择。像他这样亲近大众的历史学家，受到众多读者的喜爱，原是极其自然的事。读者不见得会同意他老人家的所有观点和评论（绝大多数人的认知、好恶与取舍之事，必然是众说纷纭的），但是捧读唐德刚教授的书，看他以圆通的智慧、亲切的口吻、充满人情味的文字，评点古今，知人论世，真是人生一大乐事。

2011 年 12 月 22 日于纽约

序者简介

于仁秋，中山大学历史系毕业，加州大学洛杉矶分校硕士，纽约大学历史系博士，现为纽约州立大学珀切斯分校历史系教授、亚洲研究计划主任。专业是历史，研究领域包括美国与亚洲关系史、美国华人史，历史专著《救国自救》（英文）获美国亚美研究学会“优秀历史著作奖”。爱好是文学，所写小说、评论曾在美国《美洲华侨日报》、《世界日报·世界周刊》及上海《小说界》等刊物上发表。长篇小说《请客》2007 年由人民文学出版社出版。从 1991 年起，在纽约华美协进社（由胡适、杜威等于 1926 年创办）协助培训中学教师，教授中国通史、中美关系史，现为该社资深讲师。

上　篇

袁后中国

第一章

王纲解纽，军阀割据，政客纵横

袁后中国政坛扫描

在中国近现代史上最糟乱的一段时期，应该就是民国初年的所谓军阀时期了，而军阀时期实在是从袁世凯死亡之后才正式开始的。因为在帝制前，袁氏主政下的北京政府，还是一个可以号令全国的政府。地方军头还不能目无国家法纪，随意横行的。野心政客虽然也难免结党营私，但是在大一统的国家之内，纵横捭阖，多少还有些顾虑。可是到袁氏一死，那才是真正的王纲解纽，全国皆兵，政客纵横，中国近现代史才正式进入一个所谓“军阀时期”了。这也就是笔者在拙作里，不厌其烦地一再解说过，我国史上第二次大转型，从帝制向民治转去，这个总方向是必然的，不会变动的；但是在各小阶段中的变动，则往往是偶然的，不可捉摸的，和反复无常的。这个偶然出现的军阀阶段，就是个很标准的说明。

所谓“军阀”者，便是一个军人，拥兵自重，甚或割据一方（一区、一省、一县，乃至一城、一镇、一乡、一村），在名义上，他还是国家军政体制上一个有名分的单位，但在实际的权力运作上，则是个不受政府法令约束，而自作自为的独立王国。在中国的传统历史里，通称为藩镇。在中国近现代史上，这样的一个军人就叫作军阀了。“军阀”这个现代名词，似乎是早期日本人从西文 warlord 翻译过来的。所以军阀有大有小。大的可以统兵数十万，占地数省，自成派系。有时甚至可以暂时取得国家元首的地位，如曹锟、段祺瑞、张作霖等等皆是也。次一级的，如山西的阎锡山、广西的陆荣廷、新疆的杨增新，和后来国民党时代的山东的韩复榘、四川的刘湘、新疆的盛世才等等也都是军阀。再小的，有的只有枪兵数十人，占领区域不过一两个小城镇，但他也可征夫抽税，自治自为，不受任何法令的约束，做个最小最小的土皇帝。

李宗仁先生在他的回忆录中所说的那些广西地方军头刘日福、陆云高、陆福祥、蒙仁潜、林俊廷、陈天泰、张春如、梁华堂等等，“人枪较多的，自封为‘自治军总司令’或师长、旅长。人枪较少的，则自称为司令、帮统、营长不等，各视本身势力而定。割据一方，派县长，设关卡，征钱粮，各行其是”（见《李宗仁回忆录》第十三章）。这些都是当年在广西省内，土生土长的小军阀。笔者回忆幼年时期在安徽家乡就知道一些割据乡镇的小军阀。记得有个诨名叫魏三闹的“司令”兼个小镇的镇长，他一共只拥有枪兵二三十人。但是他摊夫派税，保护一镇的治安竟至数年之久。上级的县政府中的县长，在动乱时代，皆存五日京兆之心，多一事不如少一事，因此对他也不闻不问；他对上级也向不买账。彼此河水不犯井水，相安无事，虽然他们平时也有些礼貌上的往还。上级的县长来来去去，而魏三闹却能在本县之一角，稳坐钓鱼台，不受太多的影响，而一镇居民的生命财产，却多赖他的“保护”呢。你能说魏三闹不是个土皇帝、军阀？

据张学良将军，英雄不论出身低地告诉我，张作霖早年当“胡子”时代，也是个在东北地方上收“保护费”的张三闹。后来愈闹愈大，才被招安当了管带（营长），以后由团长、旅长、师长、军长，而总司令，而大元帅。割地为王，他在东北所统治的地区，加上后来“入关”所占领的地盘，竟远大于欧洲史上有名的神圣罗马帝国；最后主政中枢，竟然变成了全国一人的国家元首，虽然他只能统治“九省三市”。

长话短说，地方军阀之形成，在一个国家强于社会的帝国之内，中央政府一旦失控，古史上所谓“王纲解纽”，一解到底，全国顿成无政府状态，“遍地黄花开”（这是太平天国时代地方成无政府状态，群雄并起时的安徽土语，倒颇能道其实况），就形成大小地方军阀割据的局面了。所以这些军阀也不一定全是坏人。农民领袖乘机起义，打天下，固无论矣。有些游离军队（像李宗仁在六万大山中落草）和正常士绅，组织武装自卫，也未必全是坏事。这样，“始割据，终兼并”（三字经上的话），野心家或革命政党，再乘机逐鹿中原，逐渐兼并的结果，终成两强的刘项之争，或国共之战，中国政局就再次从合久必分，到分久必合了。这个循环，在古代中国如此；在近代中国还是如此；在转型期的中国，尤其如此。我国近现代史上，从袁世凯死后的分裂，到毛泽东生前的统一，就是这个循环很标准的现象。

袁死后各省督军、省长一览

今且将袁世凯死后各省的督军、省长，制一简表如下。这个表显示出中国军阀时期，全国军阀分配的基本情况。下围棋的术语，叫作“布局”。黑白两方棋手，把整盘棋的“金边，银角，屎肚子”，都大体你一子，我一子，作个总体的割据规划，然后再分区厮杀。每区双方都要围绕着可以独立生存的“眼”，建立根据地，向外发展。先是一县、一省的各自独立；然后搞联省自治，或五省联军，或五省、七省、十三省联盟；

最后才逐渐连成黑白两大阵营，刘邦、项羽，来一决雌雄。下列这个袁氏死后，地方各自为政的督军、省长的分配，就是民初军阀割据的总布局，以后的军阀混战，就是根据这个总布局，分区混战下去的；有些地方军头的势力，竟延长了十余年至数十年之久。例如由张氏父子所统率的奉系，直至民国二十年（1931）的“九一八”，才开始崩溃。山西的阎锡山，广西的新旧桂系，云南从唐继尧到龙云、卢汉，都一直延长到中共席卷大陆，才真正结束。下面的一览表，就给予我们一幅军阀时代最原始军阀分布图，读者可一望而知当时的情况。其后的演变，也就不难按图索骥了。

袁后中国各省督军、省长一览表（1916 年夏季）

东北地区：奉天（今辽宁） 张作霖 督军兼省长
吉林 孟恩远督军 郭宗熙省长
黑龙江 毕桂芳 省长兼督军
华北地区：直隶（今河北） 朱家宝 省长兼督军
山东 张怀芝督军 孙发绪省长
山西 阎锡山督军 沈铭昌省长
西北地区：陕西 陈树藩 督军兼省长
甘肃 张广建 省长兼督军
新疆 杨增新 省长兼督军
华中地区：安徽 张勋督军 倪嗣冲省长
河南 赵倜督军 田文烈省长
湖北 王占元督军 范守佑省长
湖南 陈宧 督军兼省长

江西　李纯督军　戚扬省长

东南地区：江苏　冯国璋督军　齐耀琳省长

浙江　吕公望　督军兼省长

福建　李厚基督军　胡瑞霖省长

西南地区：四川　蔡锷　督军兼省长

云南　唐继尧督军　任可澄省长

贵州　刘显世督军　戴戡省长

华南地区：广东　陆荣廷督军　朱庆澜省长

广西　陈炳焜督军　罗佩金省长

上列简表为笔者根据政府公报等官书，及当时媒体报导辑成的，只是让读史者知其大略情况足矣，细说就太琐屑了。例如蔡锷督川未逾月，即因喉疾去职，举参谋长云南人罗佩金自代；北京政府亦调贵州人、黔军将领戴戡为四川省长，四川本省军人刘存厚等不服，终于引起川、黔、滇三军轮流火并，死人如麻，成都城内民居被毁者数千户。罗佩金被迫率部逃回云南。黔军被包围歼灭，省长戴戡被杀。北京中央不能制，只得承认既成事实，任刘存厚为四川督军。自此四川便成化外。本省籍大小军阀，砍杀无已时，为各省之最。迨抗战军兴，国立中央大学迁往重庆沙坪坝时，且遭阻力。本省分裂主义者竟斥为“文化侵略”，岂不可笑。斯时笔者已在重庆，亲闻之也。固知喜欢搞独立分裂者，并非某省某省而已也。再看看陈宧之接长湘督的故事吧。陈宧，鄂人也。督湘命令方发表，便惹起湘人大哗。陈宧夹尾而逃之后，谭延闿乃乘虚而入，北京中央也只得承认既成事实。自此湘人治湘，湘人驱湘，湘人杀湘，湘人也就被本省军阀蹂躏得民无噍类矣。事实上，国民党北伐，也就是从湘人驱湘（赵恒惕驱唐生智），和湘人还湘（唐生智、谭延闿打回老家去）

开始的。

所以军阀混战的历史，是无法说得完的。以上只是略举两个小例子，其他就可举一反三，毋需多赘了。至于那几个力能震撼全国，影响及于世界的大军事集团，像皖、直、奉三系，他们事实上便是“五代十国”之中各自专政四年的迷你小朝代。较小的军阀，就根据个别情况分别简述之了。

总之，吾人如从微观史学角度，去作“个案研究”（case study），大小通吃，那它就浩如烟海，从何说起？可是我们如从宏观史学去看它，触类旁通之，那也就无啥复杂之可言了。集体而观之，一丘之貉，是有其通性的。总之，王纲解纽，藩镇割据，政客纵横；合久必分，分久必合，古今如出一辙也，何足异哉？何足异哉？

军阀趣事举隅

在我国社会文化转型期中，一转百转，没个规矩绳墨以为限制，有权便有一切，因此有权的人就可以胡作非为了。像上述魏三闹那个小军阀，便有生杀之权。他就可以随便杀人。在那个无法无天的军阀时代，有趣的故事是说不完的。就以现代化的奢侈品的汽车为例吧，哪个大军阀能没有专用汽车呢？但是内地省份，既无公路，又无维修设备，如何是好呢？所以他们的汽车都是动用整连整营的士兵民夫，从江边驳船上抬了上去的。汽车抛锚了，电瓶没电了，轮胎没气了，再抬下驳船，运往“下江”去修理。

有些向往现代享受的四川军阀，那时还特地从上海雇用“网球秘书”呢。这些少年英俊的网球选手，有时被军阀们的年轻漂亮的如夫人们看中了，曾发生过私奔被捉回枪毙的惨事。想不到某军阀某次醋海兴波，竟为私奔者同生共死的爱情所感动，不但未判他们死刑，反而资助情奔，成全好事，一时传为“佳话”呢。

上述这些荒唐的小故事，都是顾维钧、李宗仁、张学良等等三朝元老，和他们之下的文武僚属们所亲口告我的；有的也是笔者朋辈之间，包括许多“凤子龙孙”和“高干子弟”所转述的真实故事。较之司马迁所根据的“街谈巷议”，可靠多矣。略记一鳞半爪，以概其余，作为时代的见证罢了。

地方政府中回避制的彻底破产

在一个有固定型态的社会里，像传统的汉、唐、明、清大帝国，社会上有了矛盾，它都有逐渐发展出来的既定制度，来加以预防和解决。像笔者在《袁氏当国》里所说的“回避制”，从汉朝到清朝的规定，都是本郡人不能为本郡的郡守；非本郡人不得为本郡的郡吏（行政干部）。在“郡吏”一条上，明清两朝虽稍有变通，但是本省人不能为本省督抚，却是铁定的，不许违背。如果辛亥革命之后，此一回避制继续有效，则民国时代的地方军阀，“回避”一下，猛虎不能归山，他们就不会那样无法无天了。试问如把张作霖调到四川，韩复榘调去云南，龙云调到东北，在“非本郡人，不得为郡吏”的规定之下，他们远适异乡，光杆一条，恐怕也就黄牛掉到井里去，有力难使了。

再说那些网球秘书的悲剧吧。你搞三宫六院，你就得维持个宦官制来加以配合，才能保证安全。你既然搞了几十个后宫佳丽，同时又养了几百个英俊潇洒、未经阉割的东北小伙计，来做网球秘书、游泳教习、私人医师和卫士司机，那么，干柴烈火，怎能不出毛病呢？凡是一个有“定型”的社会政治体制，其附带产生的制度，不论为善或作恶，都是彼此配合的。不配合就要发生矛盾，发生动乱。所谓“转型期”，就是在一定期限里把各种彼此矛盾的制度，一转百转，使它们转向相同的方向，摩擦就减少了。

就以帝制转民治这一程序来说吧，在朝中把皇帝转成总统；那么在家中，则父权、夫权也得随之减少的。你不能只在“朝中”把皇帝杀了、废了，而“家中”还有千千万万的小皇帝，稳坐江山，那么这个民主社会就不是真民主了。其实政治革命易，而家庭革命难也。因为政治革命中的皇帝只有一个；而家庭中的皇帝，则在千万以上也。你要把这为数至几千万的小皇帝，一个个拉下马，乖乖，那就非几十年、几百年不为功了。这只是一个例子。再看看所谓黑社会，我们所熟知的黄金荣、杜月笙，也都是他们各自帮会中的皇帝。你把这两位小皇帝拉下马，试试看要用多少气力？

且把这些现象再“概念化”（conceptualize）一下，我们可以说，传统中国的社会也是个“多重重心的社会”（amulti-centered society）。每个重心之中，都各有其小皇帝，和小朝廷。

附注：其实两党的本身也是两个小朝廷，而他们的小朝廷之中，还另有其小小朝廷呢。例如戴笠就是他那小小朝廷中的皇帝。戴某统治他的小小朝廷，所用的既不是“国法”，也不是“党纪”，而是用他所特定的所谓“家法”。二战前后，在胡佛（J. Edgar Hoover, 1895—1972）领导下的美国联邦调查局（FBI），也是个自有其私法的小朝廷，只是没有我们小朝廷的问题那样严重罢了。

这些大小朝廷，不论为善或作恶，都要经过长期的调节，才能和平共存，彼此庶能相安无事，终于进入个有定型和比较安定的社会。在这个社会里，上有较好而可行的国法纪纲，下有足与现行制度相配合的风俗习惯。政治经济达到小康的境界，绝大多数的人心不思乱，不愿铤而走险，因此纵是最善于纵横捭阖、挑拨离间和吹牛拍马的政客官僚，也很难尽展所长来浑水摸鱼。有个和平安定的社会，一个民族的生存，乃至与它生存相配合的各种社会政治制度和风俗习惯，像中国传统的，国家强于社会的中央集权制，和士农工商的社会区划，就可以慢慢地延长下去了。一延数百年，甚至数千年，没有本质上的变动。这就是我们在秦汉以来的传统大帝国了。朝代嬗递，而基本社会政治结构则始终未变也。这也就是毛泽东所说的“千载犹行秦法政”的实际意义了。

为佛洛伊德作实验豚鼠

再说说近年来把美国政坛弄得乌烟瘴气，那也是困扰人类最多的佛洛伊德所强调的色情问题吧。

柯林顿大总统的问题，有许多记者友好不耻下问，我就说这是个美国性泛滥的问题了。若以男女关系之变迁来看美国嬉皮出身的、反越战、搞“群婚”（communal marriage）和杂交的这一代男女，则柯林顿尚不失为一个 good boy 也。君不见纽约华府随处皆有，夫妇同享的色情俱乐部乎？柯林顿与希拉里夫妇，尚未闻涉足其间也。柯林顿之不幸，是他“身在帝王家”。须知，美国的白宫主人在里根时代到来之前，尚无离过婚之总统也。你如有志做总统，则千万不能离婚。笔者的哥大老校长——艾森豪威尔将军，原即是个 bad boy。他在二战期间，统军欧洲时，竟与他的司机女同志相爱，而要抛弃糟糠，去做英国女婿。事为他的上司马歇尔将军所闻，马乃严厉训之曰：艾克（Ike，艾森豪威尔的俗名），你将来还要做总统呢，岂可离婚？艾氏闻训始止。艾克后来果然做了总统。

柯林顿这个嬉皮总统之不幸，是他没个马歇尔来时时耳提面命，你既进了白宫这个“见不得人的地方”（贾元春娘娘的话），你就得戒色八年。因为在一个不断开放的社会里，中央政府对权力的开放，一般都是最保守的、最落后的，和最缓慢的。所以在中国才有戊戌变法和辛亥革命，来增加速度。试看美国的社会生活已“开放”到群婚阶段，她的总统还不能离婚呢，岂不滑稽哉？……

但是这就是政治啊。莎翁说，脆弱呀，你的名字就叫女人。搞政治制度的学人也可说，政府呀，你的名字就叫保守。柯林顿这个嬉皮人总统，他把最放荡的嬉皮生活方式，带进最保守的政治圈内，忽然遇到一个年轻貌美的女嬉皮陆文斯基，来投怀送抱，他那嬉皮背景，和白宫的清规戒律，就发生矛盾了。因此在不知不觉之中，就做了佛派史学中最大的实验豚鼠，跟袁世凯做皇帝，和汪精卫当汉奸一样，一失足成千古恨，虽咎由自取，实在也只是一桩形势比人强的时代闹剧啊。台下免票看戏、读史者真不时为之捧腹也。

社会政治转型的中间阶段

总之，我们中国通史上，这个合久必分、分久必合的老套路，在这个循环完成之前，照例要有个军阀横行的中间阶段。在近现代中国所发生的最近的事例，便是从袁世凯死后才开始的军阀混战了。他们一战三十年，再加上个倭寇入侵，最后又打出个刘邦、项羽来。项羽被刘邦打败了，中国也就分久必合了。所以在袁世凯暴卒之后，据时人估计，“军阀时期”在大陆上横行的大小军阀，盖在三千人以上。

而这场浩劫，话说从头，便是从袁世凯的一念之差开始的。袁世凯生前的中国原是个统一的中国嘛。袁的政府也是个可以驾驭全国的政府嘛。他如果不做皇帝，中国也不会分裂，他自己可能也不会暴卒，如此，则转型期所存在的一切社会和政治上的矛盾，都可用不流血的方式，来个和平转型，则中华民国的历史，也就是另外一部历史了。古语云，国必自伐而后人伐之，没有军阀横行，哪又会有外族入侵呢？政治人物，从古到今，都是善于自我毁灭的，历史要走它自己的道路，非人力可以强求，致有浩劫连连，夫复何言！我们只能希望，历史家记录出若是之悲剧，好让后来的政客和军阀，稍有戒惧就好了。孔子作《春秋》，而乱臣贼子惧，但是古往今来的乱臣贼子，读《春秋》而不惧，又如之奈何？

矛盾重重的烂摊子

话说回头，袁世凯死后，收拾袁氏留下的烂摊子，是非段不可的。收拾之道的第一要务便是解决接班人的问题。这时对接班最有野心、最有实力，也自认为最有功勋的（反对帝制的功勋），实在是冯国璋。但是冯氏的接班却于“法”无据。袁氏留下的“金匮石室”里，既没有他的名字，凭新旧约法来接班，他也无分。冯氏唯一希望，是北洋派的团结。如果段能全力支持他接班，在冯、段合作之下，北洋派的实力还是全国无敌的。如今袁世凯不但皇帝未做成，连总统资格也已被取消，原先安排的副总统，当然也已随之俱去，既然一切从头来起，则冯之出任总统，当然也不无可借口之处，但这就端赖段祺瑞的一言九鼎了。可是冯在当权的北洋系中，是段的头号劲敌（是后来蒋介石的汪精卫，斯大林的托洛斯基），段不可能来突出冯氏。经过与徐世昌一番密议之后，段就公开主张由副总统黎元洪"依法"继任大总统了。至于所"依"者，何"法"？民三的"新约法"欤？抑民元之"旧约法"耶？据说这"依法"二字，是北洋派中，最精的智囊、最大的官僚和最老的狐狸徐世昌点出的。这个"法"是可新可旧，不新不旧的。这一来足使当时全国所有的实力派（包括段祺瑞自己），都可各取所需，皆大欢喜。

且看此时南方的反对派，原军务院梁启超、岑春煊、陆荣廷、唐继尧乃至孙文、黄兴那一伙，则坚决要求恢复被袁世凯窜改了的《民元约法》，和被袁氏解散了的民元国会。从而尽废袁氏所立之法，和所建的制度。一切恢复民元的老模式，并由原定的副总统黎元洪，正式接任为大总统。如今黎副总统"依法承继"，不正是南方反对派之所好？

黎元洪自己当然更是梦寐求之。但是他虽于法有据，却为政无力。黎氏自从叛孙投袁，脱离革命阵营之后，早已变成个全无班底的孤家寡人。他的政治地位，全凭约法为断；只要新旧约法有一个恢复有效，他就是法定的接班人。至于新旧约法是否可以恢复，段祺瑞当然更是个关键人物。至于黎对新旧约法的态度，也是各有喜恶的。依新法，他便是个权力极大的独裁总统；依旧法，他虽是个虚君，却可援引反段的国会，来对抗段的"责任内阁"。

段祺瑞本身这时也是矛盾重重。段之出任国务卿，原是袁世凯自动撤销帝制，恢复大总统名位之后，根据"新约法"派任的。但是这个新约法是个采取"总统制"的临时宪法。他如主张沿用新约法，他这个国务卿，将来就必然要受制于将来的大总统黎元洪，此段之所不欲也。但是他如接受南方反对派梁启超、岑春煊、孙文等人的要求，恢复“旧约法”，这个旧约法是个采取“内阁制”的宪法，这对段总理当然很好；可是恢复旧约法就得同时恢复那以国民党占多数的“民元老国会”。根据北洋系过去的经验，国会之内，党派横行，政客们嘴尖皮厚，开起会来，笔砚横飞，头破血流，可不是个好对付的衙门啊。段一向是闻国会而头痛色变的。所以段对新旧约法也难以取舍。最好还是能另制一部合乎他个人需要的宪法，和组织个无条件拥护他独裁的国会。这就是后来他另组所谓“安福国会”的心路历程了。这也是他“安福系”（一名“皖系”）终于失败的关键所在。

段氏谈虎色变的国会

段祺瑞（和他的前辈袁世凯一样）在另造国会这一招上，由于没个一党专政的底子，终于功败垂成，但是他的实验和经验，却为后来的蒋公所充分利用而大获成功。所以政治制度的变化是一步一步来的。不可一步登天。得时休笑失时人，写历史的人，还是一步一步地交代吧。段祺瑞的安福国会，和他的“皖系”，是啥回事呢？暂时只提一提，让我们到时再说。目前且让我们先聊聊，段老总对国会为什么谈虎色变？

附注：在民初国会里，那些八百罗汉所表演的全武行，才比今日台北的“立法院”热闹得多呢。就以动武的武器一项来说吧。台北“立法院”里的打手，只能“赤手空拳”地来搞他个“拳打脚踢”。八百罗汉中的花和尚鲁提辖，可是厉害得多啊。他们那时还没有原子笔。他们所习用的“文具”，还限于砚台（石制）、墨盒（铜制）和毛笔。砚台、墨盒加墨汁和水，有重至一磅以上的。一支毛笔，加个铜帽，也是个小小的飞镖。一个国会议厅之内，就有砚台、墨盒、飞镖八百个之多，一旦罗汉们野性爆发，火并起来，“文具”变成“武具”，笔砚横飞，墨汁如雨，那还得了？……须知，我们学自洋人，在立法机关里打伤人是不犯法的。有力你尽管去打好也。那时在中国国会里参观的洋记者和外籍观光士女，对我们的砚台、墨盒都存有莫大的戒心。后来北京国会内的管理员，也怕文具伤人，乃把八百只砚台、墨盒，都钻了孔，用螺丝钉钉牢在桌上，以策安全。当年在国会举行的记者招待会上，有些洋记者就以此发问说，中国的议员为何有那么大的脾气？国会的发言人说，中国人都喜欢吃猪肉嘛，pork 的脂肪多。一个人的脂肪多，就脾气大，所以国会内才打个不停，云云。

有的读者批阅拙作至此，可能认为笔者把历史上的鸡毛蒜皮都记录下来，是轻忽历史了。朋友，非也。搞微观史学，本来就是一叶知秋，从小看大嘛。在本篇着墨期中，我个人也正在一面撰文，一面看美国电视新闻，看那第一零六次的美国国会正在开幕。共和、民主两派，为着弹劾柯林顿的好色问题，唇枪舌剑也正在对决之中。以一个定居此邦逾五十年的华裔治史者，面对这幕正在制造中的美国历史，不禁感慨万端：

（一）他们这一套，已有数百年实践经验的议会政治，不只限于我们所看到的参众两院，在电视中的表演呢。这是他们从幼儿园就开始的生活方式的一部分呢。舍其本而逐其末，我们中国人学得到，学不到呢？效颦莫笑东村女，头白溪边尚浣纱。各民族的政治制度，都是历经数百年磨炼出来，自有其民族特色的制度，它不是一辆汽车，或一架电视，可以从甲国搬到乙国，乙国搬到丙国去的。东施效颦，是不是我们的一厢情愿呢？加以我们这些酱缸出身，包袱奇重，而并无自觉的政客和学人，硬把黄牛当马骑，是否会自贻伊戚呢？

（二）纵然学得像模像样了，像今日的以色列、日本、韩国等，是否真能解决我们的实际的问题呢？纵使能解决若干问题，它是否是个唯一的方法，或较好的方法呢？台湾选举，筵开千席，搞民主政治是否应该如此呢？大陆经济发展到适当程度，是否也会如法炮制呢？不如法炮制，是否会另有出路呢？真是爱而不见，搔首踟蹰，不得其解。政治制度，本来是要通过长期实验和实践，才能安定下来，传之后世，五世其昌。但希望我们目前以美国模式为蓝本，会慢慢磨炼出一个我们自己的制度来。

黎元洪依法承继

总之，不论段祺瑞心意中是如何地矛盾，他最后还是在与北洋派老政客徐世昌密议之后，决定让黎元洪副总统“依法承继”，出任大总统。前已言之，这“依法承继”四个字是徐世昌敲定的。徐世昌（1855—1939），进士出身，晚清时代做过东三省总督，袁世凯时代做过国务卿，号称“相国”，是北洋派当时第一号的大官僚、大智囊和政坛老狐狸。他这四字诀可说是一言安邦，全国各实力派人人接受，皆大欢喜，因为徐氏并未提出所“依”何“法”，大家就可以各取所需，而暂时合作了。

这个“法”，让我们再重复概括一下。对南方的反对派来说，显然指的是“民元旧约法”。恢复民元旧约法，不但由黎菩萨来当挂名总统，那失业多年的旧国会议员，八百罗汉，又可重入庙堂，去继续其纵横捭阖了。而这个“法”，不论是新是旧，对黎、段二人来说，也都各有短长已如上述。尤其是段祺瑞，他不论做国务卿或国务总理，他对总统对国会，都得两面开弓，因此对新旧约法也难以取舍，南方反对派既然坚持恢复旧约法，段也就无可无不可了。

当时纵是野心最大的冯国璋,对这个不明不白的“法”也感到满足。因为他自己也知道，他想做总统，实在于法无据。段既不愿为他说项，而南方的反对派也势必反对到底。他如能退而求其次,搞个副总统当当，则来日方长也。这也不失为一项最理想的选择。所以冯对这一新成立的黎段中央，也深感满意，而表示由衷的拥护。

既然全国各实力派都一致拥护，北京的新政府也就迅速地恢复运作了。

重新统一后中央政局扫描

在全国一致拥戴声中，黎元洪大总统乃于民国五年（1916）6月7日宣誓就职为中华民国第二届正式大总统。同时改国务卿为内阁总理，段祺瑞个人原职不动，内阁改组。这也是段所心甘意愿的。因为全国各实力派既然都认可了“民元旧约法”，而这个旧约法，根据民元宋教仁原来的“虚君实相”、“责任内阁”的设计，则中央政府的行政权，实集中于内阁总理段祺瑞一人之手。段祺瑞（1865—1936，比徐世昌小十岁）虽是个崇拜德国铁血宰相而刚愎自用的军人，然此人也豁达大度。如今既然掌握中央大权，他也颇希望能赢得各实力派的一致支持。因此他要组织一个包容各派各系的“混合内阁”，以替代他原有的纯北洋系的内阁。此一新内阁乃于6月29日，由黎大总统明令公布。其后再由8月间“恢复”了的国会加以追认，不在话下。

在这新阁里，段对一向反段最力的国民党系，也逾格优容；对黎元洪总统的心腹如张国淦，当然更有特别的照顾。

附注：张国淦幼女张传玲女士，现定居美国加州。读拙著，曾与我取得联系，并送我其先人著作，都颇为珍贵。近年来其他民国要人的后裔、亲友、门生故吏，读拙作而与笔者取得联系如张女士者，亦所在多有。大陆上政协所出版的《文史资料》，所辑亦系相同史料，十分难得。其实流传海外的类似资料，分量亦至可观，值得广事采集也。

至于梁启超一伙的老进步党人物所改组出来的"研究系"，本来就打算向段投靠，如今两情相悦，自然也就变成国会之内，与国民党系对立的拥段派系了。为使读者对各路实力派人马查阅方便计，且将改组后，黎段中央的关键人物，和他们在北京政府中的位子粗列如下（北京政府内阁官员此时变动不停，排列不易，下表只略举其关键人物，和他们在政府中的大致位子，作为坐标，以供参考）：

大总统：黎元洪（未形成单独派系，为北洋系与国民党之间的边缘政客）

总统府秘书长：丁世峄（原属国会的韬园派，倒段亲孙）

国务总理：段祺瑞（北洋系，嗣为皖系首领）

国务院秘书长：徐树铮（段祺瑞的心腹智囊）

外交总长：唐绍仪（国民党系，孙文香山小同乡）

内务总长：孙洪伊（国民党系，国会韬园派领袖，倒段主谋，冯国璋智囊）

财政总长：陈锦涛（留美博士，原属国民党，后附段）

陆军总长：段祺瑞（兼任）

海军总长：程璧光（孙文香山小同乡，亲孙）

司法总长：张绍曾（国民党系温和派）

教育总长：范源廉（接近梁启超的研究系，左右逢源的老议员）

交通总长：许世英（北洋皖系）

农商总长：张国淦（黎元洪的心腹智囊）

此一“混合内阁”只是根据最早的提名编制。此时内阁阁员，每月不同。例如外交总长原提唐绍仪，然北洋系各省督军省长通电反对，段有意改提曹汝霖，又为南方实力派所反对，最后由陆徵祥出任。又如孙洪伊，原职系教育总长，但是教育部在当时是个冷衙门，而孙却是黎、冯和国民党系一致支持的红人，旋即改任新职。但是不论人事如何变化，总是从一原始模式蜕变出来的，终有脉络可寻，故制此表为坐标，以便读者按图索骥，而递次说明其变化也。

人事纠纷，无“法”解决

我们读史者一看段祺瑞新阁这一原始名单，便知段氏有心要做中国的丘吉尔，而网罗全国各实力派共同为治，用心良苦。但是他这一模仿英国式的责任内阁，却无法解决英国式的政治问题。纵是总统府与国务院之间，以及国务院与国会之间的，最普通的和无关利害的、最单纯的人事纠纷（英语中所谓 personality clash），也无法解决。这种人与人之间毫无意义的意气之争，凡人皆有之，只是程度不同而已；但是在这不同程度之间的古老民族之中，要以英国风气最好，中国风气最坏。吾人久适异国，在国际社区中打滚了五十余年，真是发自天良的慨乎言之。三个中国知识分子在一起共事，未有不是以君子始，以小人终，而打得头破血流的。纵是对民主政治信仰坚定、以身许国的民主人士，他们如有三人共事,也是跳不出此一“民族公式”的。何以如此？我们只能说，一是民族劣根性，天赋如此，上帝造的；二则是民族文化传统如此，吾友柏杨所谓“酱缸”是也。我民族要把这酱味清洗干净，笔者就认为非两百年不为功。

让我们再看看英国人，他们的最大的长处，就是能合作（搞 team work），能自治（self-government）。三个英国人在一起，就能组织个让大家共同发财的公司（company），组织个互利互信的社区（self-ruled community）。我们华裔就是搞不来嘛。夫复何言。以上所说还是单纯的人际关系。一旦沾上你死我活的利害冲突，那就只有动刀动枪，彼此杀得人头滚滚了（不信且看看蒋介石和汪精卫……）。英国人乃至扩大至英语民族，他们也有为争权夺利而斗得你死我活的时候，但是在斗到难解难分，你死我也不活时，他们就能订个平等的合同，彼此握手，言归于好，大家按合同行事，这个合同在政治上就是宪法。在宪法之下，大家都是钩心斗角的赌客，但是，赌奸，赌猾，不赌赖；不卷袖子，不出恶声，大家来踢他个心平气和的法律皮球，依法行事。这就是民主法治了；民主应从守法开始。虽坏法犹胜于无法无天也。

美国这个英语民族的二房，她的两党制的民主政治，却是从你死我活、利害冲突的贪污分赃（spoils system）开始的。在第二任总统亚当斯时代（President John Adams, 1797—1801），贪污横行，结果杰斐逊也组织个政团，来加以抵制。庶几，要贪污大家一起贪，你贪我也贪；有赃大家分，你分我也分，结果两派势力平衡，你也贪不了污，我也分不了赃，大家依法行事，就变成一国两党制的民主法治了。所以美国史家公认，美国的民主政治实在是从最不名誉的贪污分赃开始的。我们今日打开电视，这场赌博就正在美国国会之内热烈地进行之中。只是这场赌博的筹码，却是由一位青年荡妇，替他们总统作口交开始的，也太不成体统罢了。因此民主的基础是法治，无法无天，是搞不了民主的。

谈一段比较史学之后，让我们再看看民初袁后的政局。依法则段祺瑞的政府是个责任内阁；黎元洪只是个“虚君”。但是在三千年的中国政治史上，除掉个阿斗和若干“亡国之君”以外，还未尝有过什么虚君呢。黎元洪虽是个菩萨，却不愿做亡国之君，更不愿在北洋系段祺瑞之下做阿斗。俗语说，阎王易处，小鬼难缠。《袁氏当国》中曾提过，以前唐绍仪总理也曾把袁总统当成个虚君，袁还可容忍于一时，可是总统府里的小鬼，却认为总统被总理“欺侮”了。因为在中国历史上哪有宰相欺侮皇帝的道理呢？朋友，要把这道理说得举国人民都不以为异，这桩洗脑工作需要两百年的长时间呢。

如今黎之与段，菩萨有时尚能维持庙堂风度，可是他下面的秘书长丁某那头小鬼，就咽不下那口气了。他尤其吃不消的是，段总理之下，那个趾高气扬的徐树铮，在总统府内，居然也颐指气使。在他一再地抱怨之下，连黎总统也抱怨起来说：“什么责任内阁，简直是责任秘书长嘛。”这种无聊的口舌之争日久变质，使内务总长孙洪伊也卷了进去。这种人事纠纷，在一个正常的法治国家里，至多只是一桩茶壶风波罢了。一切依法解决。但是发生在毫无法治观念的中国，就无“法”解决了。发生了政潮，只有靠第三者来调解。在中国的政治圈里，哪里又有真正的第三者呢？大家党同伐异，就治丝益棼了。结果只有靠武力解决，就枪杆子出政权了。

在段氏内阁所发生的孙徐的决斗，就是无“法”解决，而逐渐升级为黎段之间的政潮，而天下大乱的。现在且让我们看看，孙洪伊和徐树铮，究竟是什么个货色儿？

孙徐之争升级为黎段之争

孙洪伊（1870—1936），直隶人，为冯国璋的同乡。在民国初年的政治圈里，同乡是有其特殊的派系意义的（和今日台湾所谓省籍情结大致差不多）。远在清末，孙氏已脱颖而出，荣任直隶咨议局议长。宣统年间当各省咨议局联合奏请清廷早开国会时，孙即被推举为请愿团常驻委员。辛亥后，孙出任民元国会众议员，原属进步党，旋转国民党。所以孙在中国议会政治中，出道甚早，在各种国会斗争中，可说无役不与，是位极有影响力，而善于纵横捭阖的老政客。因此在段祺瑞于民五（1916）6月组织其“混合内阁”时，孙乃被网罗为教育总长。教育总长在民初北京政府中，原是个冷衙门。段氏显然知道，孙某不是个省油灯；不敢不加笼络，同时也不敢过分重用。但是孙某岂是池中物？入阁未几，他就被调任至极有权力的内务总长了。孙甫上任，他这个善于纵横捭阖的老政客，就卯上了一个比他年轻十岁的跋扈将军小徐（树铮）。一个槽拴不了两头叫驴，他二人就厮杀起来了。现在让我们也看看小徐是老几？

徐树铮（1880—1925），江苏萧县人。幼年也是个小才子，和梁启超、蔡锷一样，十二岁便考取秀才，但是乡试不售，所以他也和袁世凯、胡传（胡适的父亲）一样去投军游幕。他初试投袁，但袁的地位太高了，他攀不上，乃投段，果为段所赏识，并资助其留日习军事，进士官。返国后就一直是段的死党了。至民初段出长陆军，徐已蹿升至陆军次长，官拜中将，而头角峥嵘矣。因此在北洋系中竟在老徐（世昌）之后，被称为小徐。小徐其人虽未必是个一流军官，但此人却精明强干，案牍如流，是第一等幕僚长人才。以故在段氏组其混合内阁时，乃擢升小徐为国务院秘书长。此时段已年逾五十，国事蜩螗，日不暇给，例行公事乃悉由小徐一手处理，此在旧式官场里，所谓代拆代行也。当时段氏是全国一人的大总管，代拆代行的小徐，因而也就权倾一时。而小徐的个性，既不像黎总统那样的菩萨，更不像陈布雷那样的夫子。他是个光芒四射的干才。因此对内他固然是段总理不可一日或缺的左右手；对外他难免就变成众矢之的的憎恨和忌嫉的重心。最后竟为冯玉祥所捕杀，冯氏却谎称为陆建章之子陆承武干的，目的是“为父报仇”。此是后话。

附注：当1922年孙中山先生与张作霖、段祺瑞成立三角联盟，合力声讨曹吴时，当时代表段氏前往桂林谒见孙公的，便是徐树铮上将，而奉孙命沿途作地陪招待徐氏的便是蒋介石中校（编者按：蒋氏时任粤军第二军参谋长）。中山对徐推崇备至，而期望尤殷。徐对蒋也印象极好。因此在孙公面前，也称许蒋中校为难得的人才，卒使孙公对蒋也另眼相看，始有蒋公后来在国民党阵营中之飞黄腾达。因此蒋对徐氏知遇之恩，念念不忘。蒋公最重江湖义气。对徐氏后人亦视同子侄，着意提携。徐氏长子道邻后竟为蒋公延为家庭教师，教经国汉文。道邻曾含笑告我说:“经国每次写信给我,都称我作夫子大人呢。”蒋公战前撰写《敌乎？友乎？》以警告日本军阀的长文，也是借用徐道邻之名发表的。徐氏对蒋公家事，所知亦深。曾为笔者道之弥详。也都是民国史上难得之掌故也。

抗战前，冯玉祥在中原大战被打败，上泰山“读书”，靠韩复榘“奉养”，变成韩氏的背上之芒、眼中之刺。韩曾暗中派人去找徐道邻，叫他上泰山去把老冯一枪干掉，以报“父仇”。徐氏跟袁克定一样，不良于行，哪能当刺客呢？他更不愿为韩军阀来牺牲自己，道邻后来改采“依法”报仇，抗战中期，徐氏曾在重庆具状向法院控告冯玉祥无故杀害徐树铮，那有何用呢？——这些都是徐道邻先生亲自向我说的口述历史。

索性再多记两则小掌故：抗战中期，重庆中央大学“歌乐平剧社”的几个青年戏迷，正在宿舍里拉胡琴、吊嗓子，忽然门上咚咚两声，便推门走进一位身材高大、胖嘟嘟的中年贵妇来。她以一口纯正的京片子，含笑而大声地说：“你们唱得好，也拉得好呀。我也来一段……”她就招呼拉琴的说：“《碰碑》。”接着她就使起舞台姿势，大声地唱起来。乖乖，那一派悠扬顿挫、悲壮凄凉的味儿，简直不是余叔岩，也是马连良。唱后大家鼓掌称赞。她连连道谢，就握手要走了。拉琴的问她：“您贵姓？”“我呀，”她说，“我就是为父报仇的施剑翘。”在大家张口结舌中，她哈哈大笑，就领着一批青年男女，扬长而去。她原是枪杀军阀孙传芳的那位有名的“女刺客”！张少帅也告诉我一个故事：老帅被刺后，在沈阳公祭期间，日本总领事也假惺惺地来灵前鞠躬致祭。少帅说：“我那时认真地动了几次念头，想把他抓起来枪毙，为父报仇。”少帅如真的干了，近现代中国史和世界史，都要改写了。

再回头说说小徐和老孙为啥又吵得不得开交呢？原来小徐为段总理代拆代行，难免有点擅作威福，连黎总统都啧有烦言，他哪里把个总长看在眼内呢？老孙记在心里，多少也为着讨好黎总统，乃在国务会议里批评秘书长“越权”。段为徐稍作辩护，孙乃向黎总统“辞职”作抗议，而黎则袒孙斥徐，使段难堪，渐渐地乃惹出最可怕的府院之争，后果就不可收拾了。

政客纵横与黎段交恶

我们在上节已提过，孙在国会里原是反段最力的韬园派的领袖，与拥段的研究系斗争甚烈。其志不在小。因为国民党自宋教仁以来，一直就醉心于政党内阁。韬园派虽非国民党正统，且不时有反中山言行，但是孙洪伊在国会之内却要利用国民党的多数，对倒段和代之以政党内阁，则有莫大的兴趣。再者，孙更利用“省籍情结”（且借用一个今日台湾的名词）来离间北洋系。孙与冯国璋是直隶同乡，因而向冯氏建议说，“北洋系”顾名思义，理应以北方人（直隶人）为领袖嘛；怎能被一个南方的安徽人（段某）所掌握了呢？说得冯国璋也为之感叹不已。事实上，后来北洋系之分裂为直皖二系，终于引出一阵阵打不完的内战，孙洪伊这一类的政客，也有其极大的责任的。

在中国历史上，这种政客便是所谓“纵横家”、“策士”或“说客”；从往古的苏秦、张仪，到民国史里的杨度、孙洪伊、杨永泰，也正是数之不尽的呢。因此段之邀请他入阁，显然也是一种统战手腕（再借用一个中共的名词），想化敌为友。殊不知孙在国务院内因与小徐不睦，又挑出个更严重的府院之争来，段因而也使出他独裁军阀的本性，于民国五年 10 月中下令把孙洪伊免职。但是国务总理要辞退一位国务员，“依法”还要总统盖印，可是黎总统此时却拒绝“批准”，段乃于 24 日亲谒黎总统面索无效。三日之后，江苏督军冯国璋，竟亦致电黎总统，要求孙总长在内阁位子，不容变动。

与此同时，孙洪伊亦正四处奔走，联络国民党籍议员，在国会内为冯国璋竞选副总统。经过三次激烈投票，冯国璋终于获选，如愿以偿（为李宗仁于 1948 年当选副总统前之第一个副总统的民主竞选）。黎总统并特许冯氏，援他自己以副总统驻节武汉前例，让冯副总统兼领江苏督军，拥重兵驻节南京。这一来不特黎段之间的“府院之争”就表面化了，袁氏死后北洋系的军权也就一分为二了。最不幸的是黎的心腹、密典机要的总统府秘书长丁世峄，竟然也是个资深的韬园派分子，在国会中与孙洪伊相表里，策动反段，也就使一位原是孤家寡人的黎总统，益发想运用国会为奥援，并联合北洋系的第二号巨头冯副总统，来共同对抗，甚或罢免那位倚赖北洋系军力而刚愎自用的段总理了。

可是段祺瑞又岂是省油灯呢？他底下那一窝大小军头，又岂能视而不见呢？在段的坚持之下，在地方军头起哄声中，黎总统终于答应让孙洪伊总长“辞职”（注意：不是“免职”），孙辞职之后便返回国会做韬园派领袖，就更是明目张胆地以倒段为职志了。在此同时，黎总统为安抚孙某，并提升个人声威，也坚持要段的心腹小徐，非滚蛋不可。小徐滚蛋之后，北京的“警总”，那时叫步军统领，也就对孙公馆，由日夜守卫，变成旦夕骚扰了。好汉不吃眼前亏，孙前总长乃一溜烟，逃往南京托庇于冯副总统了。不用说，冯段这两位原是同生共死的老友，也就从此反目成仇了。他两条虎狗交恶不打紧，上有好者，下必甚焉，接下来派系斗争的骨牌效应，什么鸟直皖之战、直奉之战，就战不完的了。可怜茫茫众生，也就民无噍类矣。

笔者之所以不厌其详，在这里细说几位政客的意气之争者，就是想举例说明，在一个没有法治基础的落后国家里，几个政客的意气之争，都无法解决，那么遇到国有大政待决，像后来的参战案，就会把一个政府，甚或一个统一的国家，闹得四分五裂了。

世纪末回头看去，试问他们这种两败俱伤，所为何事呢？朋友，这就是那时画虎不成反类犬的中国议会政治嘛。他们以英美三权分立为模式。结果呢，画虎不成，中央政府之内，立法、司法、行政，原是美国式的三权分立，却变成中国式的总统、总理、国会的三权分立了。三权分立的必要条件，一定要司法独立，而有依法仲裁的绝对权力，是谓之法治。在《袁氏当国》里，我们不引过一段杨度奢谈法治的牛皮？虎公（杨自称）曰：

> 盖立宪者，国家有一定之法制，自元首以及国人，皆不能为法律外之行动。人事有变，而法制不变。贤者不能逾法律而为善，不肖者亦不能逾法律而为恶。（见杨度著《君宪救国论》，转引自章伯锋、李宗一主编，《北洋军阀（1912—1928）》，1990年，武汉出版社，第二卷，页956）

杨度这话，原是卑之无甚高论。梁启超就讥笑他自己也做不到。笔者在拙著里也一再强调，我们中国人如想做到这一点，非两百年之历练，不为功也。时近百年了，当年黎段诸公，墓木合抱矣。试问我们华裔朝野，从海内政客，到海外华侨，除掉打麻将之外，哪个大小政团、内外社区、商业团体、学术机构，有过真正的法制民主？沉痛言之，我华族没有也。让我们静默三分钟，心平气和地想想，真是没有也。是耶？非耶？岂不怪哉？

美国模式是什么回事

在笔者编撰本篇期间，曾时时为最热闹的“世纪大审”（Trial of the Century）电视节目所打断。美国国会这次对总统柯林顿的公审，确是百年难得一见。他们两党三院（参众两院和法院），和原被告两造，真是使尽浑身解数。控方不把总统赶出白宫，誓不甘休。辩方则死守宫廷，决不退让。这是一场最激烈的夺权保权的无烟内战。全国最高学府，和最拔尖的法学、史学、政治学的权威也都被卷入；全国大小媒体，非刘即项，几无一置身事外。全国数千万有政治素养的人民，街谈巷议，也各说各话。大家提起耳朵，众目睽睽，正在进行一桩全国性的公开的政治学术大辩论。不特当事的控辩两方的诉讼状，掷地有声；为双方助阵的法学、史学、政治学、社会学、心理学，乃至神学权威的议论之作，亦均深邃之极，有时且文采飞扬；随时阅览，真有胜读十年书之感，真是精彩绝伦。纵是一般卖浆煎饼的小市民，和家庭主妇、大中学生的即兴评论，均能颇中肯綮，令人击节。真是不可小视……这就是所谓“美国模式”的最高境界。当然他们各级的大小政客的蝇营狗苟，和我们许多搔首弄姿的可嫌的政客，并无两样，但是从政治总体运作来说，我们和他们就无法相比了。对照之下，不特当年在北京、南京只会举手和抬棺材的议员代表们，显得太原始了，就是目前在台湾的风云政客，和他们相比，也不免是小儿科（baby stuff）也。

何以如此呢？这我们就不能不从文化整体来说了。须知，美国非只一单纯的美洲国家也。她的占全国人口百分之八十的欧裔美籍公民（European-Americans）至今与非欧裔通婚者，尚不足百分之一也。因此此一纯种白人的美国公民的主体，实是欧洲全部白种民族再加上个犹太民族，在美洲的重行大组合，所形成的一个新兴的白种民族。他们在文化上，承继了整个欧洲文明（也就是西方文明）的主流。但是在政治组织和语言上，则直接取自议会传统最深的英国。哥大口述历史的创始人——犹裔纳文斯教授（Allen Nevins）生前就常说，英语民族在政治上，比其他任何民族都更为优越（The English-speaking people are politically superior to any other race）。实在不是犹太人替英语民族吹牛。美国革命后，欧洲民族向北美洲大量移民，不特在美洲形成一个新兴的混合民族（像古代中国的隋唐盛世），在古老的欧洲文明上，也来个第二次的文艺复兴，终使她成为今日世界上唯一的超发展国家。她的政治制度，是对英国的议会政治的“延续”（continuation）和“进化”（evolution），是直线发展的。因此他们纵是三尺之童，都能道其真谛。教育愈高，智慧愈高，则更能舌灿莲花矣！这就是我们今日“世纪大审”中所见的现象了。

我国民初的议会政治就不然了。我们既不是延续，更不是进化，我们则是“转型”（transformation）和“西化”（westernization or europeanization），乃至半中半西或不中不西，和所谓“师夷之长技”，或“中学为体，西学为用”的文化“融合”（acculturation）。在这种融合的过程中，有个“不破不立”的中间阶段。民国初年也就是这个阶段的初期。在这“初级阶段”（让我们借用个邓小平思想中的名词），孙中山的经验是“知难行易”，是“破坏难于建设”（破难于立）；胡适的看法是要“打倒孔家店”（先破后立）；毛泽东就急于要“铲除三座大山”（全破再立）……既然不破就不能立，那我们学习西方的议会政治，就十分困难了。因为我们“破”也不够，“立”也不够。张之洞之所谓“中学为体，西学为用”者，实际上却是，中学是“包袱”，西学是“皮毛”。结果是（全民的）“包袱”丢之不易；先知先觉们的一点“皮毛”，建立也难。这就是我们民初议会政治，通盘失败的关键所在了。

总之，我国近现代政治思想家，从康梁到杨度，都是包袱太重，皮毛太轻，而弄权任性，自以为是，才误尽苍生的。孙中山比较平衡，但他老人家也说过，“政是众人之事”。众人不要干（所谓民智未开也），你一人要独干，哪有成功之理呢？可是反之亦然。在众人都要干之时，你一人偏不许干，也是要出纰漏的。小蒋“总统”将来在中国政治思想史上，会有其一定的地位的，那就是他知道时势不可逆转，乃因势而利导之，这就搞对了。民国初年的那个时代，没有搞议会政治的任何条件。时代未到嘛。但是既然建立了民国，“再造共和”（段祺瑞的豪语），议会政治又不能不搞；搞得焦头烂额，也是必然的结果啊。形势比人强，治史者不可厚责于古人也，时代的悲剧嘛。这就是民国初年的政治大样啊。

且看民元老国会

在《袁氏当国》里，我们对民初的国会着墨无多。因为在那一阶段，中国政治圈内的主要矛盾在孙、袁之间。而孙、袁二公着重的都在枪杆，国会所发生的作用太小了。多说了反而浮云蔽月，有失真相。迨孙公的枪杆被袁公的枪杆打败了，袁对国会不但继续任其存在，他对国会之内的国民党也还礼遇了一阵子。原因是他知道国会里，有国民党籍的议员，并不一定拥护孙文，甚至是反孙的政客；更重要的则是，袁还要利用国会来把自己扶正，由临时大总统变成正式大总统。待他被扶正之后，他就把国民党籍的议员全部开革了。国民党的“多数”一去，只占“少数”的进步党的国会就瘫痪了。

袁搞垮了国、进两党的国会之后，本想组织一个御用国会来做他的橡皮图章。可笑的是，他那时还去古未远。这个地球上除掉皇帝之外，先进的国家里，还未见过第二种独裁制度，所以他搞来搞去，只搞出个半吊子的“参政院”来“拥戴”他做皇帝，终于弄得短命而死，遗臭万年。他那时如果只做个党主席，或党总裁，如后来的蒋、毛二公者，则段、冯二将，又怎敢搞窝里反？蔡锷小将，又何敢称兵犯上哉？朋友，袁的时代还太早嘛。蒋、毛二公那套“现代”本领，他还未练出来呢，所以他就吃瘪了。因此在袁的时代，国会尚未构成个夺权的单位，写历史的人，也就让他老人家暂时靠边站了。可是在段祺瑞时代就不同了。黎、段二人此时旗鼓相当，都独裁不了。黎要利用国会以反段；段则要利用北洋系的地方军阀来制黎，国会就不再是“橡皮图章”，或“拥戴机构”了。因此现在倒是我们应该把他老人家揭揭底的时候了。

国会是今后五百年的中国，必不可缺的一种政治建制。至于它在最后落实成怎样的一个“定型”，今日似尚言之过早。只是它是个与民国俱生的，在民初虽然作用不大，毕竟是值得一叙的制度，下文当以较详尽的篇幅概括之，或可为今后有心法制者，做点备忘工作也。

1999 年 1 月 26 日于北美洲

原载于台北《传记文学》第七十四卷第三期

第二章

袁世凯留下的烂摊子

民国时代最上层的政客，差不多都是天堂地狱之间的边缘人。因为他们所处的时代是个波涛翻滚的转型期。前型（有两千年历史的帝国制度）已毁；后型（今后两千年的民主制度）未奠。他们一般都是忽前忽后，不知所适地在两型之间走钢索桥。上有光明灿烂可望而不可即的天堂；下有怪石嵯峨、阴森险恶的万丈深渊，一步踏错，或一念之差，便会坠入谷底，而粉身碎骨。他们自己遗臭万年不打紧，索桥被他们弄断，全民族也随之滑坡，尸填沟壑，彼岸无期。这种一失足成千古恨的最明显的例子，就是袁世凯和汪精卫了。汪氏当年如不因误听他那心际狭小而又生性泼辣的老婆之言，在一念之差中，当了汉奸，抗战后在蒋公弄得捉襟见肘、无路可走之时，就是"汪先生"的天下了。哪还轮到胡适之、李宗仁来做总统呢？而中国共产党的政权之所以能在中国历史上出现，其第一个"千古功臣"，绝不是张学良；张也向不以此自居。他甚或公开地说是他当年犯了错误，虽然他并不改悔。少帅就曾向笔者说过，他是以部下身份，阴谋反对长官，他自己的部下，如果也以同样阴谋反对他，他早就把这人枪毙了。换言之，他如果是蒋介石，他早就把他自已枪毙了。所以他对蒋之关他五十年，毫无怨言。少帅近一百岁了，据说头脑还很清楚。此语可复按也。中共的“千古功臣”,更不是日本军阀，而是当年内部倾轧无已时的国民党本身啊。国民党自己胡搞一通，才搞出个共产党来，哪能乱怪他人呢?

是谁搞垮了袁世凯

再翻翻历史，回头看看袁世凯：袁氏在民国二年（1913），镇压了二次革命，削平了国民党的三藩之后，是何等声势？乘此声势，他就应该虚怀若谷，好好地为国为民，做点善事。但是他不此之图，却要起邪心，做皇帝。结果就因一念之差，摔下钢索而粉身碎骨。朋友，试问老袁为何失败，而失败得那么惨？他是被风流小将蔡锷打垮了？非也。朋友，袁世凯就因一念之差，而为全民所弃也。悲夫!

我们要知道，袁世凯在称帝之前，中华民国原是个统一的国家啊。中央政府也是个可以驾驭全国的政府啊。袁大总统在一般黎民百姓和知识分子之间的声望，是远在孙前总统之上，至少不在当时的中山之下。连蔡锷将军当时对所谓“党人”也颇感不耐。笔者在《袁氏当国》中就提过，二次革命期间，蔡锷（时为云南都督）就曾发过拥护中央、痛诋李烈钧造反的通电。当时又有谁能够逆料，三年之后，蔡李二人又联袂率领护国一、二两军，北伐讨袁。这又是谁之过呢？千不是，万不是的是，袁世凯在一念之差中，上了儿子的圈套，要做起皇帝来。这一失足，他自己遗臭万年不打紧，却使我们的国家民族，几乎也被拖到万劫不复的绝境。这纯粹是个历史上的“偶然”嘛。袁世凯之想做皇帝，原是一念之差搞出来的嘛，是啥鸟“历史的必然”呢？丘吉尔在打了第二次世界大战之后，痛定思痛，就曾在他的二次大战回忆录里面，举出过好些例证，来说明“偶然”怎样改变了历史的方向。

宏观有其必然，微观难免反复

笔者在不同的拙著里曾反复地解说过，从宏观角度来看中国近代史的发展，是有其必然性的：那就是帝制向民治转型，众星拱北，万水东流，这是任谁也改变不了的大趋势，是个历史的“必然”。今后两千年，至少是今后五百年的中国是个“民治”的中国，是任何人都无法否定的、扭转的。

可是，从微观的史学法则来观察，则这条通向太平之洋的长江大河，每个阶段都是反复无常的、捉摸不定的。“共和不如帝制”；“选举我是绝对不相信的”；“民主专政至少再搞二十年”……还有举不尽的语录，和不够资格叫语录的语录呢。但是这些“反复无常”、“捉摸不定”的小阶段现象，却改变不了“万水东流”，或“权力滑坡、独裁专制、逐代递减”的大趋势。看不清这一“历史的客观实在”的政客，必然就会在时代的潮流上落伍，终于被历史斗垮、斗臭。袁世凯的悲剧，就是他的时代背景，和知识条件，使他无法看清这个大潮流的总方向，而误走回头路的结果。

吾人在世纪之末的观光客，站在巫山十二峰之巅，俯视三峡之中千帆齐下，大小船夫、袁皇帝、蒋总统、毛主席，乃至最近以香槟浇头的小马哥，强颜欢笑的阿扁哥……或沉或浮，乱成一片，千里江陵一漩涡，看得好不清楚。但是身在船上的操舵者，面对削壁险滩，波翻浪滚，生命交关，何由得见呢？他们自己并不清楚的故事，搞历史的人却不能忽略。一个一个的慢慢来交代，现在还是先谈谈袁皇帝的后遗症：

从较好制度、可行制度到破产制度

袁世凯在身败名裂、忧愤暴卒之后，他身后留下的烂摊子，无人能够收拾，其后遗症至今未了，我民族可就跟着吃苦了。

笔者不学，曾在不同的拙著里，一再说过：我们那个有两千年历史的帝国文官制，不是个“最好的制度”（best system），但是它和与它同时的其他文化相比，它却是个“较好的制度”（better system），至少是个“可行的制度”（functional system），所以它才能延长至两千年之久，而没有消灭。

这个可行的制度，可行在何处呢？再三言两语交代一下。我国自秦皇汉武以后，必然和偶然的因素交互为用，使我们的“政治社会结构”（socio-political structure）走进了一个“国家强于社会”（state stronger than society）的特有的模式。在这个模式里，最大的问题，是强有力的中央政府能维持长期稳定的问题。而长期稳定的关键则系于中央政府的接班制，也就是继承制。解决这个问题，智慧加机运，我们的祖先选择了“帝王传子制”（注意：不传女），它能够一传至十代以上而不出大纰漏。这是在历史上打破金氏纪录的政治制度，为其他任何文化所无也。

汉初诸吕之乱时，顾命诸大臣，咬定了一个“非刘不王”的原则，并声明“非刘氏而王者，天下共击之”。试问当时诸大臣对刘氏真是如此效忠？非也。朋友，他们都是一批了不起、有远见的政治家也。他们为的是奠立一个稳定的中央政府，为万民造福也。我国古代本有所谓“传贤”、“传子”的两个传统。但是他们知道传贤，牛皮而已。传子才是个“可行的制度”，可以加以不断地改进也……在古代史上能和中国平起平坐的只有个罗马帝国了。罗马帝国就是在这方面败下阵去的。罗马帝国晚年出了三十个皇帝，就有二十九个被杀掉。朋友，将货比货，你能说我们中华帝国所行的不是个“较好的制度”？

地域庞大、人口众多的大帝国，第二个大问题，便是闹分裂，搞藩镇跋扈，军阀盘踞。我国最早的帝国政治家，对此也有最适当的安排，能防患于未然，化之于无形。为此，除掉短期的唐末之外，汉宋明清一传数百年，都未发生太大的问题。你看近在眼前的晚清七十年，动乱若斯，有没有军阀横行呢？你说人家是封建落伍，三座大山。

最后，大帝国里的草根老百姓，总得有个和平安定，善有可褒，恶有可告，安身立命，有保障，有公平的社区生活。这一点在我们传统帝国里的正常状态之下，都有其可圈可点之处。当中西两文化在 16 世纪、17 世纪初次接触时，康熙、乾隆的中国，未必就不如路易十四、路易十五的法国。双方是各有短长也。不幸在 19 世纪之末，在双方较劲之下，我们败下阵来，破了产，社会文化、政经制度，就被迫转型了。在转型期中，新制尚未奠立，旧制已玉石俱焚了。凡事没个标准可循，旧社会出身的政客（如袁世凯）就晕头转向，莫知所适，不得已就只有乞灵祖宗，反动回头；革命阵营出身的政客，就食洋不化，自以为是，而胡作非为了。

袁的烂摊子变军阀温床

袁所留下的后遗症便是全国皆兵，军阀横行，民无噍类了。在最糟的晚清七十年，并没有什么军阀嘛。何以袁氏一死，便弄得军阀遍地呢？这就是转型期的悲剧了。转型期中，新兴的制度还没有建立（至少要两百年的时光，庶几有望），而旧的制度则可毁之于一旦。在新旧交替的真空期，就民无噍类矣。

笔者不学，亦不幸而有幸，就生在这么个转型中期。幼年所受的，也就是这么个不中不西、不新不旧的转型教育。青年期治史也是个不新不旧的初生之犊，对所见所闻的感染，如军阀横行、国共党争，也写了些大胆的假设之文。认为当权者除旧太过，布新不足。今日重写《袁氏当国》，每忆及青年期所作亦未必全无道理，有时甚至自惭老来思路反不若青少年期之锐敏。所恨少年之作，历经国难家难，十九皆毁，近偶自昔年报刊中，发现若干旧作，试重读之，自觉尚不无可用之处。今自五十六年前之《中央日报》，检出一篇青年期旧作，便自觉其颇能解释袁世凯所留下的烂摊子，何以终于变成了民国时代军阀的温床，其祸至今未已？无他，除旧太过，而布新未足也。乃将旧篇自残报中复印一份，复刊之为拙篇之“附录”，以乞教于方家也。

1998 年 12 月 18 日于北美洲

原载于台北《传记文学》第七十四卷第一期

附录

汉代地方政治之研究

汉制中的民治精神

一般说来，总以为我国在君主时代，便完全为君主专制；一般大权都操诸君主一人。国政之良窳全视君主一人之贤愚以为断，人民无丝毫治权；然历观我国史实，则殊有不尽然者。

我国民主思想起源甚早。战国时代的孟子便说："民为贵，社稷次之，君为轻。"居统治阶级的赵威后亦说："苟无岁，何有民？苟无民，何有君？"皆看清以人民为本位。至二千年来的专制时代，虽亦暴君迭出；然在一般正常状态下的君主，总不敢过分专制如西方之暴君然。"朕即国家"的统治观念，在中国二千年来的专制君主，并未被过分滥用。一般君主治国均能正常地保持着制度精神，且我国历来的政治制度往往含有高度的民治精神。吾人试一观汉代的地方政治便是如此。

我国有独立机构的地方政治，至秦始皇统一海内，大规模地废封建置郡县后始正式确立。然赢秦祚短，规模粗具遂遭覆灭，而汉人承之，截长补短，地方政治之规模乃大备焉。

汉人既奠定了实两级的地方政治制度，流变至今日的中国地方政治制度，犹未脱其范畴。故汉代之地方政治允可称为中国地方政治之典型。且吾人如仔细研究汉代政治制度，便可知不特其创制立法之美与夫用意之深长，至今日犹有其独特之价值；而汉代地方政治之富有民治精神，尤为特色。较之20世纪最新的民主制度犹未多让焉。

郡县乡亭里的地方五级制

汉代之地方政治为实两级制。地方之政治单位为“县”；而县内最小之社会细胞为“里”——人民聚居之村落也。

十里曰“亭”，亭有长。凡民年五十六以上无役归田里者，斯可为亭长；是时一亭内人民之领袖也。故亭之制实为汉代社会组织之最小单位。亭长办公处设有亭卒二人，其一专司亭办公处内之杂事，如司管钥启闭门户等，曰“亭父”;另一亭卒主维持治安缉捕盗贼者，曰“求盗”。是即今日西方之地方警察制也。亭长有权，可持“三尺板”（委任状）捕盗。亭内设有“五兵”,由亭长于农暇时课人民习武事。亭内附设有“公舍”。凡政府官员过境之徭役等事，由亭长理之，与人民无涉。此在交通不便的专制时代，实为必需。故亭之制度实为汉代地方社会组织之最小单位；亭长负有维持一亭社会福利之实际责任。十亭曰“乡”。乡民中举年高德劭能率民为善者一人为“乡三老”。职掌一乡之教化。另举“乡啬夫”一人，掌听讼事，收赋税。另举“游徼”一人，习人民以五兵，并主徼巡防盗贼。是盖真有实力，专司捕盗，而与亭内之“求盗”之仅为维持治安者异矣。是三者所司规模较大,故设于乡之下。是皆由乡民推举年高德劭者任之，非政府之命官，故曰“乡官”。是乡官皆出诸民选者也。

真正之地方政治单位则为“县”,有万户以上之大县长官曰“县令”，减万户者曰“县长”。令之秩（级别）自千石至六百石；县长之秩则自五百石至三百石。是为政府命官。属官有“丞”、“尉”各一人。其秩由四百石至二百石不等。丞司文事；尉任武职。统属于县令长。其外复按县中户口之多寡，举民之年高德劭者，自“乡三老”中选出“县三老”，及“孝悌”、“力田”常员（今曰委员）若干人。所谓：“孝悌，天下之大顺也；力田，为生民之本也；三老，众民之师也。”换言之，即是选县中年高德劭负有物望者，参议县政。县中丞尉虽亦为有秩之官吏，然与县三老等立于同等地位，分庭抗礼；既可以事相教，参议县政得失，复可消极地监督政府。是为一县之组织。

而县直属于郡。县令长向郡太守直接负责。各郡所属县多寡不等，颇似今日之行省，所辖区域至广。故一郡之政治如同一具体而微的中央政府。其郡太守之设官分职亦模拟中央政府之丞相府。一郡之军政财大权，操诸太守一人，由太守直接向丞相负责。太守专政一方，权至大，体制亦等，因此太守之得人与否关系至大，以故西汉的中兴令主孝宣帝曾有“与朕共治天下者，其唯良二千石乎”之言。汉制太守人选须由丞相择人推荐，再由天子察之真除。太守初除拜时，须由天子召见，“入殿受策”。策也者，即中央授以为治之原则。其有“即拜”（便道赴任不入殿受策）者，然非常制。太守专治一郡，则于岁末派遣“计偕”至京师上“计簿”（政治报告书）于两府——丞相府及御史府——述职。每季——春夏秋冬——之第一日上财政收支报告之“见钱簿”于大司农。故郡太守与中央政府之间维持密切联络，所谓“堂陛之间，不甚阔绝”也。

太守属官计有“郡丞”一人，总管百僚，首领诸吏。举凡太守属官之愚贤功罪，率由郡丞署其行能，课其殿最。然太守府组织至为庞大。因之其中属员之贤愚功罪勤惰之考绩，则另置“功曹”一人专司之，是为专察太守府内之属官者。至于属县之政治得失，县令长之贤愚勤惰，则别由“督邮”察之。督邮承郡太守命不时巡行，专察属县的吏治得失。

附注：《三国演义》上有张翼德怒鞭督邮的故事。那是刘备在做安喜县的县尉，代理县长，督邮来找他麻烦。张飞火了，乃把督邮绑起来，揍他一顿。然后兄弟三人弃官而去。诗人陶渊明做县长，督邮来视察。陶县长礼应穿官服，束带，向督邮鞠躬，陶县长不干，说："不能为五斗米折腰,向乡里小儿。"所以也丢带弃官而去。毛泽东讥笑老陶是个"大官做不到，小官不愿做"的臭老九。这个被陶老九所鄙视的乡里小儿就是督邮。国民党在大陆时代叫"督察"，他们都是到下级政府里去作威作福，大吃大喝，还说什么鸟不吃白不吃。笔者青年期也曾在国民政府属下的地方政府做小吏，几乎官拜督邮。这些督察、视察、督邮，当然也包括本文作者在内，都是应该被张三爷打屁股的乡里小儿。

而一郡之司法则由"决曹"司之。决曹主治狱，司一郡之民刑法。一郡之治安则由"诫曹"司之。诫曹主缉郡内盗贼，维持一郡安宁。另外更聘郡内明达士人组织"议曹"，专备太守顾问，议政治得失。是皆由太守选拔本郡中俊秀士民任之。各有专职，分层负责，统名之曰"后曹",亦即太守之幕府也。而由郡丞统领之。故郡丞襄赞太守,实际负责。亦即蒋委员长所说之"幕僚长"也。

而一郡之国民军训，则由秩比二千石之"郡尉"司之。汉制民年二十三始傅,即今之壮丁登记也。民年二十三即为及龄壮丁。及龄壮丁，如期至郡，由郡尉领受军训。于每岁农暇时之八月，会同郡太守、县令长举行"都试",视人民体格及志趣之不同，分别施以"轻车"、"材官"、"骑士"等之不同训练。近水之郡,复有"楼船"之训练。统由郡尉司之，而由太守集合县令长于都试时，课其殿最，授予资格。故郡丞实掌一郡武备，边郡郡尉之下且有武职属官，曰"司马侯"者。故郡尉既司国民军训，复兼司捕盗，维持一郡治安，犹今日省内之保安司令，且兼师管区司令之职也。

回避制与监察制

汉制郡太守属官率由太守自本郡察举孝廉方正之士为之，统谓之“郡吏”；然他郡非本郡人不得为郡吏。以故太守承命出典一方，不过率本郡人民为治。因此下闻易于上达，举直错枉，施政得宜。郡太守则一本中央政令为治，有专杀之权，总揽政纲，导民为治。权至重，位亦等。故其属吏虽率为本郡人，亦不敢阿党蒙蔽，致使太守有运用不灵之弊也。

是故一郡之军政财大权，率操诸太守一人，则地方政治之良窳端赖乎太守一人。一郡治乱之责，亦由太守一人是问矣。因之地方之监察机关，亦专察太守一人。汉代之地方监察官为“刺史”。刺史之官品（秩）次于太守，仅六百石；然权责至重，专以刺举太守过失为事；太守有功，亦得奏褒。一般职责是“奉诏条察州”，非条所问，即不省，划定刺史监察权限，不得逾越。所谓诏条凡六，即：“一条，强宗豪右田宅逾制，以强凌弱，以众暴寡。二条，二千石不奉诏书遵承典制，倍（背）公向私，旁诏守利，侵渔百姓，聚敛为奸。三条，二千石不恤疑狱，风厉杀人，怒则任刑，喜则淫赏，烦扰刻暴，剥截黎元，为百姓所疾，山崩石裂，袄祥讹言。四条，二千石选署不平，苟阿所爱，蔽贤宠顽。五条，二千石子弟恃怙荣势，请托所监。六条，二千石违公下比，阿附豪强，通行货赂，割损正令也。”（见《前汉书·百官公卿表》颜师古注）

试观此六条所定，即为专察太守，六条以外不举。刺史如越俎代庖，超出六条范围，往往得罪，故刺史不察“黄绶”（黄绶秩在二千石下）。盖太守属官选罢之权既率操诸太守，其功过贤愚，既有“功曹”、“督邮”等为之考绩，则属官有罪，太守自不能辞其咎。如西汉宣帝时，涿郡太守严延年即以察举不实贬秩。故刺史但集中注意力监察太守，而无干预地方政治之弊。

且刺史无定治所。官署所至，随遇而安。盖株守一隅既易受蒙蔽，且与郡太守私人间接触过密，亦难免发生个人恩怨，而流于举刺不实也。刺史不时巡行以听取民意；每岁复于秋分时作定期巡行，以便人民欲有控诉而有所期待也。刺史既专为监察太守而置，以一刺史之弹劾或褒奏即可决定一郡太守之黜陟，不若今日之监察使欲有所举措，必须三人联署始发生效力也。

故汉之刺权至重矣。然官阶则至卑，秩不过六百石。以六百石之小官而专以弹劾二千石之封疆大吏为事，则其行使职权时之兢兢业业，亦可想见，如是则庶不致有刺举不实之处。盖位卑则不滥行其权，职重则可专行其政也（引顾亭林《日知录》语）。正即以其官阶低，而职在专打老虎不捕苍蝇，故刺史既有其自尊心，复可启发牺牲精神；故能遇事不逃避，不塞责。以故汉代中央对地方官吏之考绩，率　听刺史之报告以为断。

其外中央朝廷复不时派遣大员巡行郡国，访问民间疾苦，以补刺史之不足。是为汉代之地方监察制度。

人权人格与人民参政

吾人研究汉代地方政治制度，固知其创制之完备与用意之深远矣。然犹不特此也。制度之优良固可补人事之不足，然汉代地方行政之基本原则，及其人事制度之完善，则尤有足多者。西汉中兴令主孝宣帝曾说："汉家自有制度，本以霸王道杂之。"（见《前汉书·元帝本纪》）三者并用，换言之，即厉行法治，而不伤儒道雍容的精神。以儒道调和法治，故汉代政风至为纯正。汉武帝时董仲舒辈即首倡以经术饰吏事。至宣帝时惩武帝之严酷，政重宽和。故汉宣帝时之政治风气，尤为高雅清正。官场陋习甚微。

后世之言法治者，政府官吏上下之间，但有法定的关系。在上者恒恃法以绳下；在下者至多亦不过守法免过而已，彼此之间，无精神上的联系。以故居高位者每至运用其政治地位，辞严色厉，奴役属僚；居下者亦易流于敷衍公事以取悦长官为能事，而恬不以为耻；甚或承奉长官颜色，用招恩宠。即有贤者，亦难免失其敬业乐群之心肠。但求无过而已，不能发挥其最大的工作效能。以故官吏上下之关系，如非划若鸿沟，即侵幸阿党。流风所至，清正之士每视从政为畏途，而戒惧敛足。如此则国家行政场合遂为宵小征逐之乡矣。

而汉制则不然。汉法虽严，然官吏上下之间的关系则一以“礼”为纪纲。上下之间除有法定的关系之外，复以“礼”维系之。长官属僚，职分主属，而礼同宾主。长官以师长态度以遇僚属。而属僚之与长官则行师弟子礼，上下以揖让相处，无后世之官僚恶习。故以一代大智大贤，无伤于屈为小吏。虽处至卑之位而能安之若素，良有以也。试观即汉代丞相府属官之与丞相，亦仅行师弟子礼，白录不拜。丞相有事于属僚，亦称“请”，而不曰“召”。属吏有过，司监察者据以报丞相，丞相亲按之，如三日不白其冤，即暗示所控属实。被控者即自行引退，绝无伤于个人人格之尊严。务使被控者内心感愧，启发其良心，而冀其知耻也。盖虽为大圣大贤，不能无过，如偶一不慎遂受难堪之侮辱，则气节之士，将视补吏为畏途；而不肖者，则日久亦恬然受之不以为耻矣。

丞相府犹且如此，则郡太守、县令长更无待言矣。是故太守出典一方，率以礼聘当地俊彦为郡吏。如西汉孙宝为京兆尹，征名士侯文为吏不应，宝乃遇之以宾礼，与之为布衣交，时人美之。故汉代太守之征聘郡吏也，直同在位者之“趋士”，因之侧身官府者多引以为荣，非同在下者之“慕势”也。故一郡名流归之如水之就下也。以故官府之所在即是一郡名流荟萃之所。上下之间以礼让相维系，以法令为依归，在下者不卑不亢；居上者不纵不抑。后世失之，遂流为官场逢迎之仪式矣。

节要而言之，礼治与法治相互为用，则礼治不致流于颓滞；而法治亦不致流于冷酷，故能政风穆穆，而政府与人民之间亦庶几无截然之鸿沟也。以故西汉郡守虽如黄霸、龚遂之宽和，而吏无骄纵不法之习；即如严延年之酷，而属僚亦不乏良吏，良有以也。至后世此风渐颓，晋陶渊明乃有折腰之叹矣。

再者，汉代地方政治之特点，更以其富有民治之精神也。试观太守受策出典一方，俨然唯我独尊矣。然汉制非本郡人不得为郡吏。故太守隶属诸曹，率由本郡士民任之，佐治其郡，是不啻以其民治其地，而由太守总其成。郡丞统领后曹为幕僚长，率百僚佐太守为治。以本郡人参太守幕府。既如以“科员政治”目之，则负一郡之实际之政治运作；而既以同郡人组成太守府“后曹”，则不啻为一变相之参议会也。且复以学有专长之士组“议曹”，佐太守议郡政之得失，直是一专家委员会，作太守之顾问机关，太守但秉中央政令，维系对中央关系，擘画大计，总其成耳。故汉代的地方政治能得乎民治之长，而不致失其向心力也。

其县政亦复如是，县吏既出诸察举，更有所谓“三老”、“孝悌”、“力田”者，皆一县年高德劭之士。与县丞尉以事相教，议政治得失，是亦不啻一参议会也。是亦汉代政治之特点，不幸传至后世则变质矣。

汉制为后世所不及

今日试一回顾我国政治制度之沿革，莫不祖述汉制。流变二千年，举凡中央地方之设官升职，几皆不脱两汉制之范畴。且后世因袭汉制，往往失其原意而流弊滋生者。盖后人之因袭汉制也，有但取形式，而忽略其用意者。或有模仿其用意，而失其人治之精神者，几经流变则变质矣。

试观汉代之实两级地方政治，太守出典一方，中央即付以专治一方军法政财之大权，及选举进贤之责，独掌士子上进之途，有专杀之权，集一切大权于一身，俨然一土皇帝。然行之百年，不特流弊绝少，且治绩斐然者，实有赖于监察制度，与人民参政制度之得法也。刺史不干涉地方行政，实行其超然监察制，且专以监察郡太守为事，故行政与监察对峙，各自发挥其最高效能，而无相互牵制之弊。

且人民与政府之间无截然鸿沟，以其地之民而治其地。如郡县属吏，对行政长官，既可作积极之佐治，复可作消极之监督。既为负实际责任之政府官吏，复为变相的参议员，负有行政、监察、建议的多重意义，故于一郡县之行政得失，所见尤深。即有建议，亦不至于流之空洞；而兴利革弊亦能便捷从事。试以之与今日民主政治之地方人民参议会制，作一比较，正不知其孰得孰失也。而郡太守一秉中央为治之原则，以其民，治其地，而总其成。长官幕僚相互依赖，故地方既不致失其向心力；郡守亦不得以政入私门而刘公得道，鸡犬升天也。

而维系此优良的政治制度，自亦有赖于为政得人；而为政得人，端赖乎政风之高雅清正，而汉代政治即能充分表现其雍容儒雅之政风。上下一以礼为纪纲。居上者，既作之君，复作之师。不以位高权重而倨傲；居下者，既为之佐，复为之宾，揖让相处，不以居下为卑贱，以故政风高雅，无后世官场之陋习。以故郡守一旦征辟，则名流节士归之。虽微人皂吏衙役，亦能不失纯正。以故但有贤明在位，不亲小事，亦可一郡大治。如两汉知名之士，每多为毫无行政经验之匹夫，然一经政府征辟作不次之迁，亦有擢为郡守，一郡竟能大治者，良以此故。后世相传有所谓“卧治”为美谈者，良非史家专美之辞也。及观乎后世之政治场合，一味以官术相尚者，能无慨然。

窃以两汉之盛，基于民生之安定富庶，政治修明实为民生之本，而地方行政尤为国政之基。或谓两汉政治头重脚轻，实则汉代中央政局，虽仍限于帝制政府寡头政制之格局，而其地方政治组织与运作，却于无形中早开民主政治之先河也。

原载于民国三十一年（1942）12月13日及15日的重庆版
《中央日报·扫荡报》联合版，“学海副刊”
本文小标题为作者所补入

第三章

民国史军阀篇四圆四方图解

海外教授民国史经验浅介之一

在国外大学里教授近代、现代、当代中国史，其最难讲授的一段，我个人的经验，是莫过于中华民国初年，军阀时期那一阶段了。这一阶段的中国史是一段军阀混战史，而军阀又分“皖系”（安福系）、“直系”、“奉系”、“晋系”、“桂系”和有实无名的“滇系”、“粤系”，另外还有无数其他的小集团、小派系。

各系军阀之外，帮凶文人还组织了一些政客的小集团，什么“研究系”、“交通系”、“政学系”等等数不清的帮派；有的还挂着政党的招牌，从事政治活动。真是系类纷繁，莫衷一是——他们打起仗来，又是什么“护国”、“护法”、“直皖”、“直奉”、“定桂”、“援鄂”……打仗的将军们，又有什么绿林大学毕业、倒戈将军出身……总之，一个历史家要把这文武各系的来龙去脉，抽丝剥茧，弄出个头绪，真谈何容易。再要把这个错综复杂的故事，向你课室里一大群青年学生讲解清楚，那就难上加难了。你的学生如果再是对中国甚或东亚都一无所知的五色洋人，那几乎就不可能了。

在1950年代的中期，笔者尚在纽约的哥伦比亚大学当研究生的时候，由于毛周诸公闹出的“中国热”，使美东十数家大学都开了些“现代中国”（modern China）和“当代中国”（contemporary China）一类的课程。选课的学生除“本科生”、“研究生”之外，还有一些“成人教育班”（adult education 或 general studies）中的成人，及大批的中学教员和公务员。因为那时的中学教育也受感染，中学课程中也不免要讲授有关中国的课题。那些对中国毫无所知的公教人员，这时甚至在学校和政府的特别资助之下，也临时抱佛脚，来搞点“恶补”，所谓“在职训练”（In-Service Training）——因为他们之中很多人对毛泽东究竟姓毛或姓东，蒋介石姓蒋或姓石，都搞不清楚。至于“北京大学”是私立（像哈佛和哥伦比亚一样），或是州立（像加州大学），那就更莫名其妙了。再谈起“国立”北京大学，这“国立”二字就更费解了。美国有啥“国立大学”呢？！——所以那时各大学和补习班，对各阶层的中国学教师，真是需才孔急。

笔者这个“研究生”，那时在哥大所“研究”的原非“中国学”。但是打工自给的“蓝领工作”实在太辛苦；想找个“白领工作”轻松轻松，所以就经友人介绍，到纽约市立各学院的夜校，干起“月光教师”（moon-lighting teacher），教起“中国现代史”来了。

教中国现代史的第一堂课便是“军阀史”（China under Warlordism）。乖乖，皖系、直系、奉系、晋系、桂系……我从哪一“系”讲起呢？——最初我讲得结结巴巴，我的学生也被我讲得晕头转向。这宗新媳妇的过程，岂是老师没经验，学生没底子哉？未必也。君不见纵迟至今日，一谈到军阀，几个汉学大师不晕头转向呢？不信且去翻翻那本最近才出版的光彩辉煌的《剑桥中国史》（*The Cambridge History of China*）便知道了。这部号称最具权威性的巨著，说起军阀来，还不是结结巴巴，不知所云？

“北洋军阀”这段历史的确是很复杂。但是当老师的在课堂之中，不管面对的是哪一种学生，讲起中国军阀来，只能结结巴巴地蒙混过去，吾不信也。既然吃这行饭，就得讲个清楚。试讲若干堂之后，我乃以幼年学习英文文法的办法，把这群最复杂的军人和政客的故事，来“表解”（diagram）一番。这就是本篇拙作所想“浅介”的海外教学经验，那两张“四圆”、“四方”的图解了。

想不到这两张小图表——一张专讲“军阀混战”，另一张则讲“政客乱政”——倒十分管用。讲课时把它们分别向黑板上一挂，然后教鞭所触，不特来自非拉两洲的大一新生，顽石点头，那些早有硕士、博士学位的恶补教师和商场律师也大为称赏。后来在常春藤盟校研究院之内很多准博士和未来的大使学人，也不禁鼓掌欢迎。因为这两组小图表，原是可简可繁，可浅可深的——其浅也，则一目了然，游鱼可数；其深也，那就卧龙藏蛟，没个潭底了。各阶层学生可以各尽所能，各取所需，自得其乐而互不干扰也。个人一得之愚的小经验，对海内外的同行师生或不无参考的微效，因不揣浅薄，自珍敝帚，略事回译，聊博同文一粲。若不吝惠教，那就抛砖引玉了。

四个小圆圈，十二年大混战

什么叫作“四圆”呢？

那便是以四个圆圈圈，来把北洋军阀十多年的大混战表解一番。庶几能找出点头绪来，对民初那一段混乱的内战，做点有系统的了解。

原来民国初年的北洋军阀大致只胡闹了十六年（自 1912 年 4 月到 1928 年 5 月）。这十六年大致又可划分成四大段，每段四年，而每一段又正好由一个或一系军阀当权。当然他们的政权都是枪杆打出来的；而每一新政权的出现，在当时中国的政治地图上，也就画出了不同的层面。根据这些不同的层面，我们就可以用抽象的方法来加以图解了。

首先在"袁氏当国"那最初四年（1912—1916）里，虽然也是内战不停（"二次革命"和"护国战争"），外患加剧（"二十一条要求"），但在政治地图上至少还维持个"大一统"的局面；没有发生"一国两府"的现象。袁氏一死（1916年6月6日），中国就开始分裂了。

袁氏暴卒之翌年（1917）9月，孙中山先生忽然率领了一部分海军和八十余名国会议员，在广州设立一个军政府，与当时的北京政府分庭抗礼。接着他又领导并接济一批南方军阀，发动了对抗北京的"护法战争"。南北战争一起，统一的中国便一分为二，产生了两个中央政府——自此我国便维持了"一国两府"的现象，直到今天也没有再统一过了。

因此，我们如把统一的中国图解成个大圆圈，则孙公所发动的"护法战争"，便把这个大圆圈一切两半了。（见"图一"）

这次"护法战争"前后打了十五个月，不但未打出什么结果，南北交战双方的阵营之内，反各自分裂：

北方军阀分成皖、直、奉三系，依次控制着北京政府。

南方军阀则分成粤、桂两系。桂系是纯广西籍的地方军阀和政客。粤系则是以陈炯明为首的广东军人；他们也多半是支持孙中山的国民党党员——这两系先后霸占着广州，掌握着南方的军政府。

南北军阀既已自行分裂，则全国性的护法战争反而停战了。其后南北两地军阀分别搞其窝里反，一南一北却打起两造"区域内战"（regional civil wars）来。

北方军阀其时以"皖系"（安福系）最强，它控制了首都北京。那较弱的两系——直系、奉系，乃联合反皖。在民国九年（1920）7月，

民国史军阀篇主要战役图解

护法战争 1917.9–1919.2

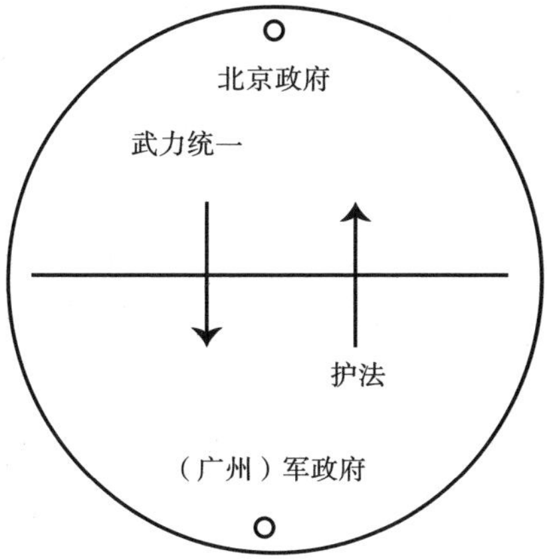

图一

（上）直皖战争 1920.7
（下）粤桂战争 1920.8

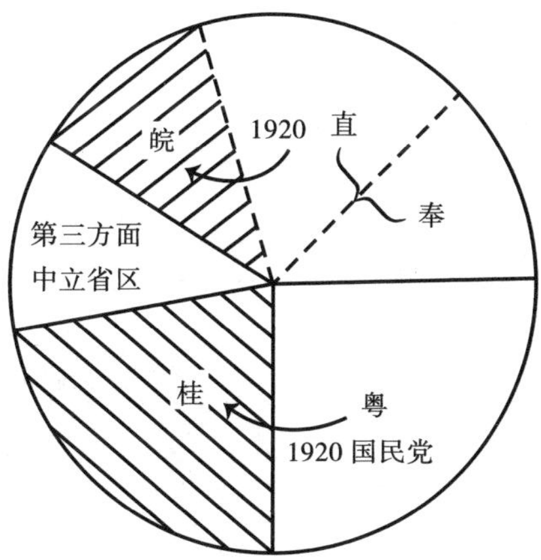

图二

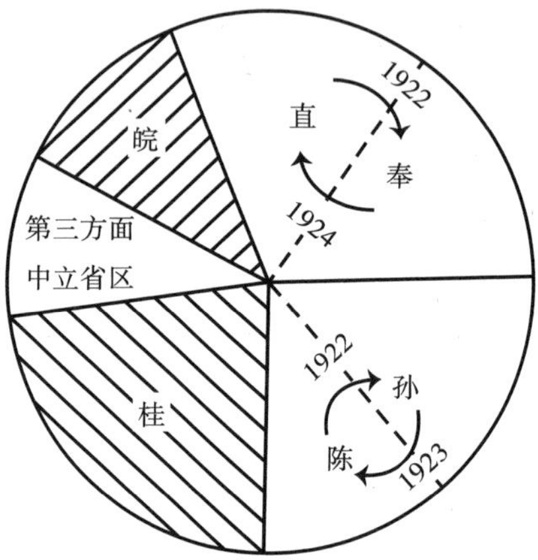

（上）第一次直奉战争 1922.4
第二次直奉战争 1924.10
（下）孙陈失和：陈叛孙 1922.4–8
中山返粤 1923.1–2

图三

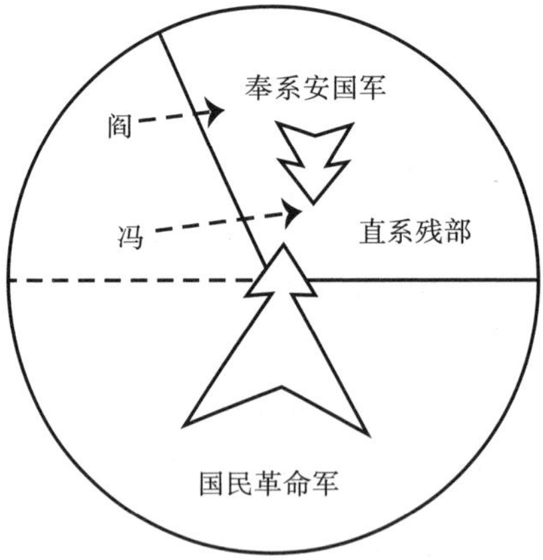

国民革命军北伐 1926–1928

图四

两系联合进攻，不出数日便把皖系打垮了——这一仗史家谓之“直皖战争”。（见“图二”上部）

南方军阀，此时“桂系”原占上风。他们霸占了广州的军政府。1918 年 5 月竟然鹊巢鸠占，把大元帅孙中山也排出广州，流亡上海。桂系客军嚣张，粤人不服。在“粤人治粤”的口号之下乃发生了“粤桂战争”。1920 年 8 月，陈炯明率粤军自“漳州回师”，一举“收复”了广州，并乘胜攻入广西，竟然连广西省会南宁也给占领了——这记粤桂之争，史家因而也叫它作“中山定桂之战”。（见同上“图二”下部）

无巧不成书！上述那个“直皖战争”和这个“粤桂战争”，虽然一北一南，却几乎同时开火，平行发展！因此看图（“图二”）不必识字，我们也就容易记住了。

平行内战，还有两次

巧事还不止于此！

这批好战的军阀，南打南、北打北，以后又分别打了两次内战。这两次战争，也是成双成对，南北同时开火的。面对图表，看图还是不必识字，也可一目了然。

原来，华北的三系军阀，在皖系（以安徽佬段祺瑞为首）被打垮之后，剩下的直系（以直隶今河北为老巢，以曹锟、吴佩孚为领袖，所谓“曹吴”）和奉系（以奉天今辽宁为根据地，以张作霖、张学良父子为领袖），又因分赃不匀，打了起来——是为“直奉战争”。这记“曹吴”与“奉张”之争，死伤好几万人。一共打了两仗：

“第一次直奉战争”爆发于民国十一年（1922）4 月。战场延及长城内外及北京郊区。这次曹吴锋头正健，而奉张准备不足。偷鸡不着蚀把米，入关未成，反被打得头破血流，退回沈阳（原名奉天或蒙古屯）。（见“图三”上部）

正当华北的曹吴对奉张在长城各口打得炮声隆隆之时，华南的粤系（刚打平两广的国民党）阵营之内也出了事——孙中山和陈炯明拔刀相见。孙陈失和始于民国十一年(1922)4月。粤军因此放弃了广西地盘(新桂系李宗仁因此乘势而起)，孙陈同时回据广州，到6月16日便发生粤军炮打孙中山总统府的事变了。

在粤军枪炮声中，中山易服出走，几遭不测，而孙夫人宋庆龄受惊过剧,竟至当街小产（见何香凝回忆录）——这次“广州事变”的过程，不前不后，正与华北的第一次直奉战争同时发生，又是一记同时平行发展的“区域内战”。（见同上“图三”）可是胜败原是兵家常事。这平行发展的两记内战中的胜利者，两年之后，又都变成了输家。

原来陈炯明既赶走孙公便独霸了广州,而广州却是当年华南最“肥”的城市（今日仍是如此），为南中国大小军阀所垂涎。中山既失广州，国民党的主流派乃号召散居邻省并与国民党略有渊源的游离小军阀，入粤勤王。果然各路英雄闻风而起，一致冲向广州，如水之就下。陈炯明孤军不敌，终于1922年底败退东江。1923年2月，孙中山又重返广州执政,改原“总统府”为“大元帅府”,自任大元帅。夺回广州地盘之后，中山原是当年华南“统派”（且用个今日台湾流行的名词）的领袖，不甘心雌伏于广东一省，乃信使四出，既要联络逐渐得势的奉张父子，也要争取皖系的残余势力，一致打倒贿选当政、盘踞北京的直系曹吴——所以孙中山先生在晚年率领一些大小军阀，不断地搞其“北伐”，和奉张父子率其奉军精锐，累次“入关”南下，事实上他们都是当年军阀混战中的主要成员。（见“图三”）

再者，孙陈之争最后中山转败为胜，卷土重来，其情况与张氏父子在“直奉战争”中，转败为胜，卷土重来，也是平行发展，一模一样的。

原来盘踞北京的直系军阀（曹吴），在打败奉系之后，因胜而骄，终于演出一幕“曹锟贿选”当总统的丑剧（1923），给奉系以卷土重来的机会。在全国各界一致支持之下，奉系的张氏父子于1924年9月再度率大兵入关。直系曹吴全师迎击,这便是史书上的“第二次直奉战争”了。（见“图三”上部）

奉军此战不但秣马厉兵、志在必得，战前并以重金贿赂直军前敌将领，那位有名的“倒戈将军”冯玉祥。因此在两军激战正烈之时，冯氏忽然于长城前线“倒戈”，并于10月23日回师占领了北京，幽禁了曹锟总统。前线各路直军因之一败涂地。吴佩孚仅以身免，自海上逃往华南。（见同上）自此华北和东北连成一气；长城内外九省三市（按：分别为辽、吉、黑、热、察、绥、直、鲁、豫九省及北京、天津、沈阳三市），就逐渐变成奉系军阀主宰的天下了。

民初的军阀混战发展至此，首先由合而分；接着再由分而合，便逐渐走向传统的套路，终至楚河汉界，刘项相争（或后来的蒋毛对立）的局面。但是在两强对峙、你死我活之前，双方还得清理战场，整合内部，才能短兵相接，一决雌雄。为此奉张不惜恩威兼施，以达其整合华北之目的。一面以高位重金招降旧皖直两系之残余，以为己用。另一面则以武力驱逐依赖苏俄、日渐赤化之冯玉祥。

奉张的另一着棋便是向广州的中山先生示好，也邀请中山北上共商国是。以奉系九省三市的地盘与实力，中国如能和平统一，则天下谁属就不难想象了。

可是以电脑细查凡四千万字的“二十五史”，我们也找不出中国历史上有“和平统一”的先例。试问我国历史上哪一个朝代不是枪杆打下来的呢？——刘邦叫作“马上得之”；毛泽东叫作“枪杆子出政权”。

孙中山先生原来也不相信“和平”可以“统一”。所以他晚年一直在搞他的毫无希望的“北伐”;与陈炯明弄翻了,也由于中山坚持“北伐”,并力主参加军阀混战而起。他的“遗教”上也分明指出统一中国必须通过一段“军政时期”。

不幸，此时蜗居广州的孙大元帅却英雄无用武之地。他的大元帅府设在广州的士敏土厂；可是他大元帅的命令却不出厂门。那时帮他赶走陈炯明的原是外省“来粤就食”的流亡小军阀，如来自云南的杨希闵、范石生；来自广西的刘震寰、沈鸿英；乃至中山的老同志在母省湖南政争失败的谭延闿、程潜和他们的湘军……甚至中山的老班底、蒋介石的老上司粤军总司令许崇智等等，都是一批不折不扣的旧军阀。他们来粤就食扰民是真，拥孙革命是假。他们就地征税征捐，包烟包赌包娼，大发横财，孙大元帅也分不到一文，但是他们都是大元帅的部下。当他们弄得天怒人怨，广东老百姓至忍无可忍之时，大元帅还要替这些小军阀背黑锅呢。

所以，在那一段“做广东人的悲哀”时代，真正能为“本省人”说话的，反而是那些主张“粤人治粤”的陈炯明、陈廉伯（广州商团总办）等反革命的“叛徒”——孙中山先生虽然说得满口的广东话，对当地广东老百姓来说,他所搞的却是一种令本省人不能睡觉的“外来政权”啊——所以那时广东省内真正的黎民百姓实在厌死了，就是因为中山好大喜功，召来了无数省内省外的虾兵蟹将，把广东弄得乌烟瘴气——笔者作此大不韪之言，深知两党史家都会口诛笔伐的。但是执简而往者总应以史实为根据嘛。

中山那时为南方小军阀搞得走投无路，乃玩个新花样搞“联俄容共”。可是俄岂好联？共岂易容哉？此事非本篇主旨，容另论之。中山其后不得已只好放弃“北伐”，转而于1924年秋，接受北方三大军阀（段、张、冯）的联合请柬，北上首都去搞其知其不可而为之的“和平统一”未成，却于翌年3月赍志以殁。

可是话说回头，中山如不北上而病死首都，则广东的政局便不能发生后来的蒋氏独裁、江浙帮回潮的局面。盖中山如仍健在广州，则蒋介石这位宁波佬要想一口气赶走三位“本省元老”（胡汉民、汪精卫、许崇智），实不可能也。蒋氏后来之能扶摇直上者，成败之鉴，关键在中山之短命也——中山一死，介石才能抓住军权不放。终能扫平东江、清除杨刘、放逐许氏、逼走汪胡、压抑共党、联络李白（新桂系）而统一两广。有两广地盘与实力作底子，搞出真正的“一国两府”，然后“革命军”的蒋总司令才能北伐中原，和“安国军”的张总司令，一决雌雄。直至张老帅于1928年6月4日在皇姑屯被炸身死，中华民国的“北京政府”也正式关门之后，南京的“国民政府”始被全国人民和世界各国，一致承认为中国的合法政府，才结束了那历时十六年的军阀混战之局。（见“图四”）

以上的四个圆圈的图解，目的只是把袁世凯死后，南北军阀十多年的“混战”清理出点眉目，找出点系统，让一般读者和本科学生不致因“混战”两字便对军阀时期这段历史，望而却步就是了。所以这看图识字的方法对研究“军阀史”只是个起步，虽然这个起步的知识，对许多非专业人士，甚或中学文史老师作为班上文史教材，已经很“够”了。我所教过的美国“在职训练”课程中的大批中学老师，便很诚恳地向我说过，有的还备有礼品相赠呢。

但是这“起步”对求知欲旺盛，有更上层楼愿望的读者和听众，就应该另有阶梯，循序渐进。这就是我想进一步浅介的“四方”图表了。

军阀大事，分段编年

什么是“四方”呢？

前节已言之，民初的“北洋军阀”，一共只胡闹了十六年。四四一十六，这十六年却可整整齐齐地划分成四大段，每段四年；而每一段正好由一个或一系军阀当权。其时间延续大致如下：

一、袁氏当国（1912—1916）

二、皖系段氏当权（1916—1920）

三、直系曹吴当权（1920—1924）

四、奉系张氏父子当权（1924—1928）

这个整整齐齐的四大段，每段四年，因此就可以四个连续的方框框，来解说一番了。

这自右到左，整齐划一，像四格玻璃窗一样的四个方框框，每框包含一个阶段的历史。各框之间虽有其因果关系的连续性，但是分割开来，也各自成家，各自有其独立性。

这种按时间直叙的写法，在我国传统史学上叫作“编年体”。不过传统史学中的编年（如诸家“通鉴”），都是没有选择的把诸事杂糅，按年份编排。读者如想知道某一特殊史事的原委，那就要打散编年，重行排过，是谓之“本末体”——我们这里则合二为一。四年一段，分段编年，而每段纪事，亦自有其本末。

袁氏当国

这四年一框来说，袁世凯是这段历史时空的重心。在这一框框之内所发生的史实，无一不是围绕着袁世凯这个历史重心打转的。抓住袁氏一人在这四年中的政治行为，然后顺藤摸瓜，则这一阶段的史事皆在其中矣。

且看：

袁世凯当国时期（1912年4月至1916年5月）

一、民初代议政府之实验与失败（1912—1913）

二、“宋案”与“二次革命”（1913.3—9）

三、袁在朝搞个人专制，终身总统（1913—1915）

四、孙在野搞党魁独大，以党治国（1914.7—）

五、日本提“二十一条要求”（1915.1—5）

六、袁氏帝制始末与“护国运动”（1915—1916）

七、袁氏暴卒（1916.6.6）

在这第一面方框之内所列举的前六条，是有其刀割不断的因果关系，条条也都与袁氏的政治行为血肉相连的。但是它们的内容却可简可繁。治史、读史，老师学生，乃至立监委国大代，红黄蓝白黑五色族群的职业人士，都可各尽所能，各取所需，随心所欲。

对一个非洲来的大一新生，他如能记住，中华民国头四年（1912—1916）是“袁氏当国”这一条，掌握了这一阶层的知识；那么他将来回到他的祖国埃塞俄比亚去，也可做个不大不小的“中国问题专家”了。

至于那些从事恶补的中学教师，他们如能了解上述六条确切的涵义与连续性，那么他们回到自己的课室里，搞点“现炒现卖”，也就不难应付了。百尺竿头，更进一步，那就看各人的学养与责任心了。

为着扎扎实实的史学训练，一位常春藤盟校的研究生，也可以上述六条为起点来钻研“袁氏当国”这段历史的真实内涵。上述六条每一条都可扩展成五千言的“期终作业”（term paper），五万言的“硕士论文”（MA thesis）或二十万言的“博士论文”（doctoral dissertation），甚或是“博士后”的专题，那就龙潭没底了。

简言之，画一个小方框，在框内罗列合乎史学发展逻辑的几项简短的编年命题，它便可解说一段自成单元的历史事实，而解说的语言，只要能提纲挈领把主旨（plot）说清楚，则五个字（如“袁世凯当国”）不嫌其少，五十万言不嫌其多。剪裁之道，则看自己的目的，和听众、读者的需要，而各尽所能，各取所需了。

段祺瑞也可作四年历史的重心

以袁世凯一人的政治行为作为四年中国政治的枢纽，在那“非袁不可”的年代，应该是顺理成章的。其实在权力上接他班的所谓第一号“北洋军阀”的头头段祺瑞，也照样适用。让我再画个方框框，把段氏的政治行为与影响编年一下：

皖系段祺瑞当权时期（1916—1920）

一、黎段接班（黎为总统，段为国务总理）、参战案起、府院

争权（1916. 6—1917. 6）

二、清帝复辟失败、段氏“再造共和”、废除旧约法（1917. 7—8）

三、广州成立军政府、反段“护法”（1917. 9— ）

四、广州桂系排孙（1918. 5）

五、“巴黎和会”引起“五四运动”（1919. 5）

六、华南：粤桂战争、桂系战败、中山复出（1920. 7）

七、华北：直皖战争、皖系战败、段祺瑞下野（1920. 7）

段祺瑞在北京当权虽只四年，然政情复杂影响深远。第一，段因力主“参战”（参加第一次世界大战，对德宣战）而黎元洪、孙中山反参战，结果闹出“府院之争”。地方军阀拥段反黎，张勋入京调解，反搞出国会解散、约法废除、宣统复辟的闹剧。段氏回京驱走张勋，“再造共和”，并要另选国会，因而引起孙中山和南方军阀的“护法运动”。这时德国为支持孙中山反参战，乃私赠中山两百万马克（孙实收百万）为秘密活动费。中山骤得厚赠，遂能说动海军与八十余位国会议员随他去广州开“非常国会”；并成立“军政府”，与北京中央政府分庭抗礼，搞出“一国两府”的局面。一国两府的怪事至今已七十七年！

第二，段氏为镇压护法运动，高唱其“武力统一”；大打其南北战争。结果武力统一不了，反招致南北军阀的大分裂，弄得全国皆兵，枪声不绝。其后吴佩孚、张作霖、蒋介石……最大兴趣，也都是武力统一。民无噍类矣，而始作俑者段祺瑞也。

第三，老段为着“参战”向日本借款练兵，秘密许下辱国条件。“巴黎和会”时东窗事发，惹起了扭转民族命运的“五四运动”；其后布尔什维克也随之而来。寻根究底，都离不开老段刚愎自用的政治行为也。

上述三段，任何一段都可写出百万言的巨著，然读者听众但一窥本框框中胪列之七条编年大纲，则可繁可简，经纬皆在其中矣。

段祺瑞的故事可以自成一独立单元。老段一旦被逐下野，我们的军阀故事，就进入另一单元，看曹吴当权了。

直系曹吴也自成一单元

论才干，甚或论道德，曹锟、吴佩孚二人纵以军阀目之，也未必一无可取。曹锟原是个不识字、跑单帮的布贩子，但是他有当领袖的天才。一旦投身军旅便扶摇直上。等到他于 1923 年“贿选”成中国现代史上唯一的一位“文盲大总统”时，顾维钧博士充当他的国务总理。顾公一辈子见过的和服侍过的“领袖”，据顾氏告我（off-the-record，不列入正式纪录），应以曹锟为第一云。顾说他是一位“天生的领袖”（a born leader）。曹氏其他部属后来之知名国史者，亦均有同感。余亦颇有涉猎，未暇多赘也。

附注：曹氏做大总统时，已略识之无，至少会签名。但在现代教育学的定义上，他仍然是个“实用文盲”（functional illiterate），识字而不能实用之，如看公文或写信——那时胡适虽已锋头一时，但是大总统府内公事公办，还得用“文言”啊！顾维钧先生曾一再很得意地向我说，他自己会以文言文批公事、改公文，甚至撰写公文。宋子文“画行”，往往只写“OK”二字母。“行”的意义本来就是英文的 OK 或 Go ahead 嘛。

若论“道德”，列宁不是说过，道德是依附于阶级的。你如属于曾文正公、左文襄公那一阶层，那自然言必称孔孟，以“四书五经”为道德规范（moral code）。但是你如属于曹锟、张宗昌、韩复榘、杜月笙那一阶层，那你就言必称关岳，你的道德规范就是《水浒传》和《三国演义》了——他们都是在各自道德规范之内的仁人志士呢。

至于蒋介石所提倡的“旧道德”，胡适、蔡元培的“新道德”，他们各自的“道德规范”，究在何处呢？鸡零狗碎的，他们自己也讲不出所以然来。所以如此者，则是传统的孔孟道德，和江湖道德，都有其“定型”可明确遵行。不幸我们生于一个现代的“道德转型期”，“新道德”尚未定型，还没个标准足资遵循，我们就各说各话，各是其是了。

且看曹锟“贿选”，固属不该；那我们国父私受德国政府一百万马克，来搞一国两府，是否也是“受贿”呢？若说，“革命无道德，以成功为道德”，岂不天下大乱哉？至于那位一生“不住租界、不积私财、不举外债”，而晚年以不愿附敌，或因此为日人所毒害的吴佩孚，试问有几个满口革命者，能望其项背哉？——抚今思昔，写历史的人，因为他们是“军阀”，就一定要曲笔而书之，吾人有所不为也。

不过话说回头，在直系当政那四年（1920—1924），曹吴却是过街老鼠，人人喊打。张作霖、段祺瑞、孙中山且结成三角联盟，必灭曹吴而后快。曹吴之为这四年的政治重心者，就是因为他们军力最强，同时也是全国围攻的对象有以致之。

1921 年底，中山先生在桂林策划反曹吴的“北伐”战事，列宁忽派专使马林（G. Maring）来谒，而中山淡遇之者，即中山深恐“联俄”会引起英国疑虑，在长江流域阻扰其“北伐”也。迨陈叛之后，中山于 1922 年秋避乱上海，对“联俄容共”，就大搞特搞了。

总之直系当政四年，中国政治是围绕着曹吴打转的。兹将曹吴年代的军国大事，依次编年于后，读者庶可一目了然。

直系曹吴当权时期（1920—1924）

一、中共秘密组党（1921. 7）

二、张段孙三角结盟反曹吴，中山北伐（1922. 2— ）

三、华北：第一次直奉战争，奉军大败（1922. 4）

四、华南：陈炯明叛孙，中山不敌去沪（1922. 4—8）

五、《孙越宣言》，中山联俄容共，胜利返粤（1923. 1—2）

六、曹锟贿选做总统，中山继续北伐（1923. 10）

七、国共合作，国民党第一次全国代表大会（1924. 1）

八、第二次直奉战争，直军全溃，直系下台（1924. 10）

读者如试阅上列八条条文而默诵之，则曹吴当权四年的中国政坛变化，便可尽收眼底。如打破砂锅，循序前进，由浅及深，则史学岂有涘涯？

安国军总司令对抗革命军总司令

“直军全溃，直系下台”之后，我们的第四个框框中的军阀故事，便以奉系的张氏父子为主体了。

奉系张作霖、学良父子当权时期（1924—1928）

一、冯玉祥“国民军”盘踞北京（1924. 10—1925. 5）

二、中山病殁北京，奉军入关胁段、抚直、驱冯（1925. 3—）

三、奉军郭松龄自组“国民军”，联络冯玉祥倒戈失败（1925. 11—12）

四、国民党汪蒋联合（新）桂系，统一两广（1925. 3—11）

五、奉系逼段二次下野，驱逐冯玉祥，整合华北（1926. 4—）

六、蒋介石逼汪胡出国，重振江浙帮，誓师北伐（1926. 5—）

七、张作霖吸收直皖残部，扩组“安国军”，自任总司令（1926. 12— ）

八、革命军宁汉分裂，清党分共（1927. 3—7）

九、张作霖自任中国元首“陆海军大元帅”（1927. 6. 18）

十、蒋冯阎李二次北伐（1928. 1—6）

十一、张作霖皇姑屯被炸（1928. 6. 4）

十二、张学良易帜（1928. 12. 29）

军阀混战中的中国原是中国现代史上最复杂的一段；而军阀末季北伐期中的中国，则尤为最复杂中的最复杂的一段了。笔者所知的一位海外汉学权威的老教授，就为“1927 年之中国”这一个命题，搞了大半辈子，还并未搞到一个差强人意的圆满结果呢！

“1927 年之中国”是什么样的魔鬼呢？稍谈几条吧。且看新老军阀：什么皖系、直系、奉系、新旧桂系、冯系、阎系、滇系、粤系、川系等等都还老而不死，四处在蠢动呢。单一个“新桂系”的头头，笔者本人就写了他六十万字（编者按：指作者所撰《李宗仁回忆录》），还算是半部书呢。他在 1927 年所发生的作用，大致还可加上六十万字吧。

再看他们革命党的红蓝两派，简直就无法下手啊！且看红派，它不但在中国搞得天翻地覆，在俄国也搞得人头滚滚啰。托洛斯基谈中国问题，一本小书就谈了六百页，多半谈的都是“1927年之中国”——他把我们的纽约市立大学，也搞得晕头转向啊。

纽约市大本部（City College）原是美洲第四国际的老巢。在一次年会中，我就被他们请去讲“中国托派史”和“托史两派斗争史”——因为他们在我的“中国现代史”班上听得意犹未足也。我称他们为“Trotskyites”，他们却自称为“Trotskyists”。因为前者是“反动派”Lenin-Stalinists对他们的称呼。我至今还不明其所以然呢。我记得我那时还谈到，老军阀冯玉祥如何由白变赤，如何再由赤变白。美国的那些小共产，还不知其名呢。

以上只以红派为例，至于1927年的蓝派、白派、黑派（上海的帮会）、研究系、交通系和政学系（军阀的老搭档、江浙财团的大护法一世祖），那还讲得完吗？不积跬步无以至千里。笔者因此就只提出上列十二条，要课堂里的学生，背诵背诵。知道个大略吧。再谈些什么“社会科学治史”，或“阶级分析”等等高深学理，那就未免画蛇添足了。

1994年10月30日于北美洲

原载于台北《传记文学》第六十五卷第五期

第四章

“护国运动”的宏观认知与微观探索

纪念云南起义八十周年学术研讨会讲辞节要

1995年12月25日是世界基督徒的“圣诞节”；也是“中华民国在台湾”的“行宪纪念日”；也是中国近代史上，反对袁世凯做皇帝的“护国运动”的“云南起义”八十周年纪念日。现在且谈谈“护国运动”。

“护国运动”和“云南起义”是什么回事呢？这一问题，不但是今日读史者和治史者，都不太容易说得清楚，就连当年亲身参与其事的基层人士，亦不甚了了。记得远在1958年，当我个人在哥伦比亚大学，襄赞李宗仁先生撰写他的“回忆录”的时候，我才知道李将军一生的辉煌事业，实是从他在“护国军”中“炒排骨”（当排长）开始的。在他第一次参加“讨龙”（龙济光，袁之爱将，时为广东将军，加封郡王）时，他头上中了一弹，打掉满嘴牙齿。这伤口如上移一寸，李排长就要为“护国”捐躯了。

他大难未死，因功递升连长，继续参加“护法战争”。李连长一次在战场上观察敌情，刚一站起，大腿上便中了一弹。他如迟起一秒钟，李连长也要为“护法”捐躯了。

李将军为着“护国”和“护法”，他生死之际，空间上只差一寸，时间上只差一秒。他当时如为一寸一秒之差而战死沙场，则后来的“北伐战史”和“国共内战史”，都要改写了——你能说，历史没有其“偶然性”？

可是李宗仁虽为护国、护法，出生入死，他当时对护国、护法，究为何事，却不甚了了。其后官高极品，戎马倥偬，当然就更是无暇过问了——直至他被毛、蒋二公赶出大陆，在纽约做寓公，经哥伦比亚大学之邀请，撰写其回忆录时，他对什么护国、护法就不能再马虎而要略知其详了。

我那时是李流亡总统的流亡秘书和研究助理，我有义务替这位上将研究员补课。为此我替他借了些李剑农的《中国近百年政治史》、邓之诚的《护国军纪实》和陶菊隐的《督军团传》等书，让他去“研究”一番，以帮助“回忆”。谁知这些史书，对一位退休老将，实在太枯燥了，引不起他的胃口。后来我灵机一动，竟借来了蔡东藩的《民国演义》。不意此书竟大受欢迎。不但李公本人，就连李夫人郭德洁也阅读起来，并参加讨论，由浅入深，触类旁通，就书到用时方恨少了。

你可别小看这部“演义”。它虽是一部小说，但是除了“小凤仙”一类花边，被加了些麻油辣椒之类的杂料之外，它对一般军国大事、政府文献、往来电讯，却都是抄自当时喧腾社会，而今已失传的史学“第一手资料”的各种报刊——李氏夫妇当年也都曾读过或听说过的各种报刊。一经提醒，再加史书印证，在回忆上，每每有豁然而悟之感，也充实了我们研讨的兴趣。

此事后来被郭廷以先生知道了，他对我竟大为称赞，认为是特有史识。盖中国近代史中所谓“护国”、“护法”等等的一部军阀时期的烂账，纵是资深史家，耄耋前辈，对之亦鲜有不晕头转向也。

宏观认知，微观探索

根据这一类治史的特殊经验，和个人数十年教读历史的些许心得，我也认为处理像“护国运动”这一种类似的史学个案，对它宏观的认知和微观的探索，二者是不可偏废的。所谓“宏观的认知”者，并非认定某种史学理论作为框框，然后去搞“以论带史”，甚或“以论代史”——吾之所谓“宏观的认知”者，是看这一脉相承的历史本身的变化，然后聚积其相关史料（data）而分析之，庶可回头看出这段历史发展的脉络。

换言之，历史家不是算命先生或诸葛孔明，未卜先知。历史家只是司马懿，“事过则知”——事情发生之后，把data输入电脑，按键分析，然后才能“恍然大悟”，长叹“原来如此”！因此“宏观认知”和“微观探索”实是社会科学治史的不二法门。所以我们治“民国史”，虽上智如胡适与梁启超亦难下笔，因其时间未到，“戴塔”（data）不足故也——近二十年来由于蒋、毛二公相继物故，中国与世界也同时发生了史所未有的变化。瞻前顾后，则为20世纪的中国史，做点从大看小的“宏观认知”，和对各项答案，像“护国”、“护法”、“西安事变”……做点从小看大的“微观探索”，下点“定论”，应该是此其时矣——所以本篇拙作，也就从“宏观”、“微观”两个层面，对“护国运动”加以透视而试论之。以就教于大会同文。

共和崩溃是历史的“必然”

在宏观认知之下，我们对“共和民国史”（republican history，包括ROC和PROC），看出些什么“脉络”呢？

我个人教读民国史数十年，总是坚信：一部中国近代史（包括现代、当代）便是一部中国近代转型史。什么是“转型”呢？长话短说，就是把落后的“传统中国”，转变成进步的“现代中国”。这种转型是一转百转的——小至鸡毛蒜皮，衣食住行，刮胡须，修指甲（微观）；大到宇宙观，人生观，政经理论，价值标准（宏观），无一不转。但是在中国近代史上，转得最突出、最敏感，影响最大，争议最多，牺牲最重的，则是政治制度的转型；尤其是中央政体的转型——我们最后的目标，是把“君主专政”转变成“民主共和”。

从总体说来，我国近代转型运动是从鸦片战争（1839—1842）开始的，但是政治转型则迟至五十年后的戊戌变法（1898）——康有为、谭嗣同等企图把中国传统的君主专政，转变成英国式的君主立宪。戊戌变法彻底失败了，才由杨衢云、孙中山接棒，要用暴力革命，来废除帝制，改采美国式的三权分立——总统、法院和参众两院制的共和政体。

果然1911年10月10日武昌城内一声炮响，为时不过八十三天，到1912年1月1日，美国式的共和政体，便在中国大摇大摆地出现了——这一记“辛亥革命”和随之而来的民初共和政体，在中国近代史上算个什么东西呢？那坚持“一次革命论”的国共两党理论家都说是辛亥革命“失败了”——国民党认为是“革命尚未成功”。共产党就干脆讥之为资产阶级的假革命。那在一旁冷眼观察的党外人士胡适之先生，则扼腕叹息。他认为中国丧失了那一段最能实行民主政治的机会——因为民初政坛上那批活动分子，“都是一批了不起的人物”（胡氏亲口一再向我说的）。胡适暗中之意，实在是认为民初那批国会议员，都是有高度共和信念与民主素养的人物。他们比后来国民党的“立监委国大代”，不知要高明多少——他们失去了实行美国式民主的机会多么可惜！

上述三种理论，事实上都是一种分析中国近代史，data不足的看法。

我们今日如聚积足够的data输入电脑，其结论就不一样了。通过宏观认知，我们觉得中国近代史上整个转型期，大致需时两百年（1840—2040），姑名之为“历史三峡”；而转型程序，尤其是政体转型则有明显的“阶段性”。因此“辛亥革命”既非成功，亦非失败，它只是这个历史三峡中的一个阶段之完成，一个险滩之通过而已——事实上，国共两党的政权，也只是这个时历两百年的历史三峡里，先后两个阶段而已。

事过百年（1898—1998）回头看，我们的政体转型（从独裁专制到民主共和），直至今日大陆上还在搞一国两制；台湾还在搞撤销党籍和护党救国。双方对民主政治，都还有一大段路好走呢！那么，我们如期望八十多年前历时只八十三天的辛亥革命，立刻就可化帝制为共和，岂不是天大笑话哉？！

胡适之之兴悲，良有以也。孙中山之流涕，岂徒然哉！——我们的结论是：民初共和政体、代议制度之失败，原是个历史上的“必然”。

这个近乎武断的结论，我想当今的读史者和治史者，都不会有二话吧！

失败既属“必然”，那么失败后的民国孤儿，总得有条出路——为求此出路，事实上，孙中山和袁世凯的意见是完全一致的。

孙、袁二人都认为民国政治其后的出路，必然是执政领袖的“个人独裁”。中山于1914年7月把国民党改组为中华革命党时，曾公开要求党员宣誓并按指模“服从”甚至“盲从”他一人。

袁世凯则自始至终图谋建立合法或非法的个人专制的权力，从终身总统，到专制皇帝——明乎此，我们就可以肯定地说，辛亥革命之后，时未到三年，以孙、袁二公为首的革命和保守的两派政团，都已一致承认：

（一）不适用于中国的共和政体已彻底崩溃；

（二）继之而起的政治形式必然是个人独裁。

三峡之水，不可倒流

因此民初孙中山、袁世凯，虽然在政治上是一对死敌，但是对独裁政权的看法，倒是一个铜元的两面，没啥轩轾。可是他二人在中国近代转型史上的历史地位，却有“收山”与“开山”之别。

孙是属于后一型态的开山之祖。他虽然也主张独裁，但是在理论上他是个有所为而为的独裁。他要通过“军政”、“训政”去实行“宪政”的“代议政府”的——做到做不到，是另外一回事。

袁世凯就不同了。他之个人独裁，在理论上，在实践上，都是个死胡同——袁是在民国元年3月10日继孙文先生做中华民国第二任临时大总统。在他于1913年秋季，镇压了国民党人的“二次革命”之后，就于是年10月由新成立的正式国会选为五年一任的正式大总统。其后他又赶走国会中的国民党议员，解散国会，并由新成立的参政院，修改总统选举法，终于民国三年（1914年，亦即孙中山的“中华革命党”创立之年），又把他的总统任期延长至十年，并可连选连任，甚至不连选也可连任，那就变成终身大总统了——不特此也，他还可以“嘉禾金简”提名，秘藏于“金匮石室”之内，指定接班人做将来的终身总统——这样他就成为中国近代史上第一个终身大独裁者了。

可是袁世凯虽是个近代中国独裁政权的始作俑者，随之而来者亦殊不乏人。但袁之不幸是他基本上是前一“型态”的收山住持，纯粹的旧官僚。他的思想作风和政治视觉是没有任何“现代”踪影的。因此他的独裁政权在理论上既乏远景与大任；在实践上，它也没有现代独裁政权，对群众与军队那样严密的组织和控制。因此一旦有大事发生，他只有向老传统和旧型态中去找老师、觅灵感、求解决。像上述“金匮石室”那件怪事，他就是向雍正皇帝学来的。在波涛汹涌的“历史三峡”中去学雍正皇帝，那就是反潮流、开倒车，难免灭顶了。

再者，他学雍正皇帝，却没有雍正皇帝驾驭军队的能力。袁是靠北洋六镇起家的，是北洋军阀之祖。不幸在他取得全国政权之后，六镇将领纷纷出任封疆，逐渐形成了藩镇跋扈之局。他们各有其个别利害，和私人政见，老上司亦不能随意左右也。

袁此外还有不易解决的经济问题。这时北京政府已面临破产，税收早不敷出，整军经武全凭外债。外债不举，国内如有内战，则军费一项，便可致命。袁似不乏自知之明，所以帝制运动初起之时，他皇帝本人倒不太热心。但他的政府这时已被领入一条死胡同，改共和为帝国或不失为解决之道。同时他自己和一些帝制谋士可能估计到，原六镇旧人如冯国璋、段祺瑞等，对帝制纵不热心，也不致公开反对。至于边远省份，尤其是与革命派有渊源的云南省可能不稳，然云南远在边陲，纵有动乱，亦非心腹之患，日久自平。谁知开国时曾一度轰轰烈烈的洪宪王朝，竟被这边陲区区一省所闹垮，似非袁氏之所料也。

云南闹垮洪宪

反袁的“护国运动”始自“云南起义”。“云南起义”中享名最盛的是蔡锷。蔡锷之享名，第一因为他本是全国性的人物，活动不止一省，芳名久播，全国皆知。第二是他那套“小凤仙”传奇，经好事者加油加醋，英雄美人，哄传一时。第三因为他是梁启超的学生，由梁老师大肆鼓吹的结果。

其实“云南起义”的关键性人物是唐继尧。其重要性远在松坡（蔡锷别号）之上，而享名则远在蔡锷之下。其原因则是：一、他是云南东川人，留日归国后，除短期出长贵州省政外，一直在云南服务，鲜为省外人所知。二、辛亥革命时云南都督是蔡锷，唐继尧那时是蔡的部下。三、蔡锷是个锋芒毕露的人物，而唐则比较木讷。李宗仁先生告我说，当蔡锷出长广西陆军小学期间（李是他的学生），蔡氏每次乘马的方式都不是“翻鞍上马”，而是自马后飞奔，以跳木马的方式，飞上马背，所以校中师生都以“飞将军”呼之，举一反三，足见蔡之光彩也。

可是在1915年底云南起义时，情况就不同了。蔡其时原羁身北京做经界局督办。光杆一条的京官，无拳无勇，没钱没枪。后因与唐继尧有密约，始于起义前八天赶到昆明的。

这时唐继尧原为云南将军，起义后改称都督，是云南一省之长。在那鸦片还在公开买卖之时，今日的金三角便是当时当年的云南，真是一省富可敌 国。所以继尧是个有地盘、有军队、有枪、有钱的实力派“本省人”，不像蔡锷，那个“外省人”（恕我用两个今日台湾的流行术语），空头将军也。

当民四末季“筹安会”的六君子和十三太保等活动正烈时，唐继尧则暗地招纳全国反帝贤豪，潜往昆明，共议倒袁大计。其时先蔡而往的计有李烈钧、程潜、陈强、戴戡、方声涛、王伯群、熊克武、但懋辛等人，皆一时人杰（见由云龙《护国史稿》）——这是当时全国唯一的一个实力派反帝团体。此后反袁独立的有八省之多，但那些都是云南起义后的“骨牌效应”。其中且有奉袁密令“独立拥护中央”的。

那时流亡在日本的孙中山先生和他的“中华革命党”，也在大呼反袁，但中山一群那时只是若干衣食难周的流亡革命党，他们想搞联日反袁，声势极小，算不得实力派。

所以昆明那时才是“反帝”中心。当蔡锷于12月17日抵达昆明时，滇方的军队、粮饷、军火、计划……早经准备就绪。旋即以唐继尧领衔与北京电战数通，云南省就正式宣布独立，反袁的号角也就响遍全国了。洪宪皇帝于1916年元旦登基，才搞了八十三天就烟消云散了——巧的是袁皇帝弄垮了历时八十三天的辛亥革命。他自己的洪宪王朝也只存在了八十三天，也算是偶合的报应吧。

1995年12月18日匆草于加州旧金山

原载于台北《传记文学》第六十八卷第一期

下 篇

段祺瑞政权

第五章

段祺瑞和所谓“皖系”是什么回事

皖系始末之一

在一部“民国通史”里，笔者在不同的拙著中，曾一再强调，最令史家和读者感觉头痛的，实在是民初“军阀混战”那一段。据个人对民国史数十年的探索，那些从事混战的大小军阀，就不下数千人。跟他们枪杆打转的，还有数不尽的政客和党人。他们结党为公，或结党营私，忽聚忽散，朝秦暮楚，你要把他们清理出个头绪来，那真是治丝益棼，不知伊于胡底。不信你去翻翻那一套西方“剑桥学派”，由已故汉学大师费正清（John King Fairbank）所主编的、最权威的《剑桥中国史》，看看它的第十二册，有关民国军阀那一段（有汉语译本）你就知道，尽信书不如无书。你要选用它作教材，去大学或中学课堂授课，那就变成不知所云了。

一扇玻璃窗，四个方框框

其实一部军阀混战史，历时不过十六年（1912—1928）。真是无巧不成书，历史家如把这十六年分分阶段，它不多不少，四四一十六，整整四年一段，可以顺序排列如下：

袁氏当国，1912—1916；

段祺瑞的皖系主政，1916—1920；

曹锟、吴佩孚与直系政权，1920—1924；

张作霖、张学良的奉系父子配，1924—1928。

你如再把他们四组，分别划成四个方框框，像一扇四块玻璃的玻璃窗。按时间先后，你再录下他们各组的大事记。如此的一扇嵌字玻璃窗，就是这十六年军阀混战的编年史了。清清楚楚，一丝不乱。笔者在前篇拙著里，就曾替他们装过这扇玻璃窗。因这玻璃窗，很简单明了。装卸都很容易，记忆不难，这儿为读者就便参考，就重提一下如上。读者稍事浏览，便可终身不忘。

一场混战，四个圆圈

至于他们之间的混战，我们也曾制出简单的图表，把这十六年的混战双方或多方，画成四个圆圈圈，以一个圆圈代表统一的中国。军阀混战，先是南北对立，把圆圈一分为二。章太炎曾为这个南北分裂，写出一副讽刺的对联，说："民犹是也，国犹是也，何分南北？总而言之，统而言之，不是东西。"再简化一下，便成为："民国何分南北？总统不是东西。"想不到的是，军阀既分南北之后，南北反而停战了。以后的内战，却变成南打南（先是广东打广西，所谓中山"定桂"；再来广东打广东，陈炯明叛孙，中山率南方军阀讨陈）、北打北（直系先打皖系，奉系再打直系）的两场平行的区域内战了。巧的是，这四场南北自打的区域内战，几乎都是南北同时开打的。他们再打出个南北对峙之局，就是蒋介石将军誓师北伐的时机了。用圆圈的分裂，来表解这场混战，也可以一目了然的。前章表解，已颇道其详，这儿稍微提一下，使读者有个大略的印象，就不再重复了。

本篇现在所要讨论的，便是这第二块玻璃，和第二个圆圈。内容是段祺瑞的皖系政权的始末。

段祺瑞的小档案

段祺瑞是继袁世凯而起的，我们民国政治史上第二个强人。皖系便是以他为中心的一窝军人和政客所形成的，有利害政纲的政治派系。袁世凯死后的四个年头（1916—1920），中国政权，就抓在段的皖系之手。但是段祺瑞是何等样人？他又如何崛起，而变成民国一人呢？我们首先得查查他的背景，把他的家世、童年，和青少年期所受的教育，编个简单扼要的小档案。

段祺瑞（1865—1936），字芝泉。安徽合肥人。比孙中山大一岁，比蒋介石大二十二岁，比毛泽东大二十八岁。在段的当权时代，人多尊称之为“段合肥”，亦如清末李鸿章之被称为李合肥也。合肥市现在是安徽省会所在地。但是在清末民初，它只是个大县，可能也是中国最大或次大的一个县，其区域除包括今日的合肥市之外，还包括今日的肥东、肥西和长丰三个县。

合肥也是清末内战时，李鸿章所统率的“淮军”的老家。乡人好武，淮军的士兵和高级将领，泰半是合肥人。段祺瑞的祖父段佩，便是个农民出身的，最后官至记名总兵（师长衔）的淮军战将。段祺瑞的父亲段从文，也还是个农民，可是当段祺瑞出生时，段家已成为官宦之家，他就是个小衙内了。在家乡启蒙读书之后，年方七岁，就被当时驻防江苏宿迁的祖父段统领，接往宿迁上学。在祖父的期望和督导之下，祺瑞又认真地读了八年的私塾。他对儒家的典籍，打下个很扎实的根基。段后来可写出很可一读的旧体诗文。其后在民国政坛上，像曹锟、张作霖、冯玉祥、张宗昌等人，都无法和他相比了。

可是，段祺瑞十五岁时，祖父突然病死，不久他更是父母双亡。因此他的幸福的童年，也就一去不复返了。在太平军和捻军乱后，淮军的薪饷是极其微薄的，段氏家无恒产，而有寡妇孤儿，嗷嗷待哺，青少年的段祺瑞，要养家和自给，他只有回营当兵，这也是对一个有志青年的磨炼吧。

当段氏年已双十，在旧制淮军里，正是四顾茫茫之时，北洋大臣李鸿章为改革军制，在外国顾问戈登（Charles George Gordon, 1833—1885）和汉纳根（Constantinvon Hanneken, 1855—1925）等洋将的设计之下，忽然于1884年在天津创办了一所西式的“北洋武备学堂”（亦名“天津武备学堂”），在旧制的淮军中招考，有教育文化的青年士兵为军校学员。这是近代中国，军制转型期中的第一所现代化的陆军军官学校，段祺瑞报名参加考试，竟以第一名的荣衔，考进了这所陆军官校。这时正是所谓“同治中兴”的高潮期。这所现代化的中国军校，办得十分认真。三年的基本军事教育，把一些像段祺瑞那样的有志青年，教育成一批扎扎实实的现代军人。

军校毕业之后，经过一番实习，段祺瑞又于1888年被遴选前往德国留学，入德国军校深造。其后再被派往当时世界上最先进的“克虏伯”

（Krupp）兵工厂见习，学习使用和维修当时世界上最尖端的武器。所以当段氏二十五岁，从德国学成归国时，他就成为当时落后的中国凤毛麟角的、也是史所未有的现代化青年军人了。

德式的军事教育，对段祺瑞后来的为人、从政、练兵、带兵，都太重要了。第一是在心理上，他一生崇德。据说他以后偶尔生病，要服食西药时，他首先要问明，是否是“德国制造”？连小小的阿司匹林，他都坚持非德制不服云。近现代中国崇德的最高领导人，非段一人也。后来的蒋介石都害有崇德癖。蒋氏当政后，他治军组党，都以德意志为理想模式。毛泽东也最看重普鲁士，并且说过：“如果中国是德意志，湖南就是普鲁士。”德国人的好处是苦干、诚实、爱国、重规矩、守纪律、做事有效率，欧洲大陆，无与伦比者。但是任何民族，有其长必有其短。德国人为人处世，过社会生活，往往也就独断专行，对“绝对主义”（absolutism），有其偏好。朋友，我们的“老蒋总统”和“毛故主席”，就是如此呢。成也由它，败也由它。我们的“段老执政”，也是如此也。没啥稀奇吧，此是后话。

可是在段氏从德国回国之时，却怀才不遇，被冷落了好一段时间，始学有所用。何以如此呢？我们还得回头翻翻“民国通史晚清导论篇”，简单地说个所以然。

陆军转型，晚于海军

笔者在拙作《晚清七十年》里，曾不厌其详地讨论过我国海军现代化转型的故事。因为“坚船利炮”，原是林则徐时代搞“师夷之长技以制夷”的第一个目标（也可说是近现代中国搞“四化”的嚆矢吧）。

到“同治中兴”时代，中兴名臣，尤其是左宗棠和李鸿章，曾停办旧有的“水师”，而集中全力去发展现代化的新海军。在导论篇里，笔者曾一再提到，他们以不到二十年的时间，居然从无到有地，建立了当时远东最强大的一支现代海军（其实力竟然超过当时英国的“远东舰队”）。不幸的是，这朵鲜花，却插在狗屎里。那个颟顸、腐败、落伍、无能的晚清大朝廷，却不能与这个一枝独秀的新海军相配合，结果被日本打得全军覆没，使数十年搞坚船利炮的洋务（也就是四化工作），前功尽弃。

在光绪初年，李鸿章对陆军现代化，也并没有忽视呢。上节所叙述的，段祺瑞受教“北洋武备学堂”，便是近现代中国陆军转型的开始。只是它略晚于海军罢了。其原因，第一是当时中国人所最羡慕的原是洋人横行世界的“铁甲”。对陆军他们倒还有若干自信，不急于改革。第二便是骄傲而又有实战经验的湘淮两军的将领，既藐视，又嫉妒新陆军的建设。这一强大的内在阻力，纵是李鸿章也不易克服，所以陆军的转型运动，就略晚于海军了。

因此当段祺瑞一伙，从德国学成归国时，一时却苦于有志难伸。因为大清帝国虽有此现代化的陆军人才，而无此现代化的陆军军制。有新式训练的回国留学生，就只好在旧制军队的“随营学堂”里，去做做学非所用的低级教官了。这一尴尬，不但是段祺瑞的遭遇，连晚一辈的李宗仁和白崇禧，都还有说不尽的类似经验呢（见拙作《李宗仁回忆录》第二、三编）。这也就是笔者近数十年来，曲不离口的“转型论”的重点所在了。从旧制转新制，其过程是长期的，也是十分艰难困苦的。孙中山所谓“破坏难于建设”是也。不破不立，可是“破”往往就更难于“立”了。

从新建陆军师长到六镇副帅

想不到清末陆军转型的难题，最后却被日本人，给一下解决了。中国旧式陆军在甲午一役，被日本人摧枯拉朽地击败之后，中国军制的转型问题，就再也没有反对了。因此，“新建陆军”也就随之呱呱坠地。

在导论篇中，我们已详细交代过，甲午败后，清廷在德籍洋员汉纳根策划之下，乃决定练“新军”十万人来重建国防。当袁世凯受命至小站（1895）出任此艰巨时，他就要寻觅现有的陆军专才，来帮助建设新军。这样，那批从德国归来的陆军留学生，就被袁世凯一网全收，进入小站，作其基本的干部了。其中佼佼不群的王士珍、段祺瑞、冯国璋三人，渐渐地也就变成袁世凯“新建陆军”的三大支柱，所谓“北洋三杰”的龙、虎、狗了。

迨庚子拳乱之后，袁世凯当上了北洋大臣，做了宰相，他乃把他原有的新建陆军扩大为北洋六镇（六师），成为大清帝国的第一支现代化的国防军。不用说段祺瑞、冯国璋等都分别晋升为六镇的统制（师长）。袁世凯因预防他这些部将逐渐形成他们自己的系统，他乃不时将各镇统制互调，庶几“将不专兵”（这是中国防制藩镇的老办法，其后蒋介石等，都曾一致奉行无讹，到时再细说）。如此则各将领就不会有他们自己的班底了。谁知这只是袁氏一厢情愿的想法。对段祺瑞的个人需要，却是个歪打正着呢。

段祺瑞原来只是第三镇的统制嘛。只因袁对他不放心，迨他把第三镇弄得驾轻就熟之时，袁乃改调他出长第四镇，接着又改调第六镇。结果呢，袁的六镇之中就有一半是经过他直接掌握的部下了。从此段就变成袁世凯一人之下的中国现代化的国防军的第二号司令官，和实际上的副统帅了。因此，在光绪和西太后同时病死之后（1908），摄政王载沣，公报私仇，把袁氏“开缺回籍”的三年之中，当时能以个人在职的威信，来继续掌握北洋六镇，而暗中却听命于袁的，几乎就只有段某一人了。

袁氏当国时的段祺瑞

“辛亥革命”(1911)和“二次革命”(1913),更使段的声势,再上层楼。第一，他是袁氏的一张王牌，也是能随时替袁世凯背黑锅的一张黑脸。辛亥武昌之役，段以封疆大吏湖广总督的身份，坐镇汉口，替袁氏养寇自重。这个举足轻重的位子，对段也是个政治资本的累积。其后南北和议粗成，在袁氏示意之下，由段领衔的一纸对清帝劝退的通电，竟使段氏摇身一变，成为誉满全国的中华民国的开国元勋之一，实在也是一桩意外的政治收获。

“二次革命”的战役,在革命党史上说,虽是袁世凯的“反革命”行为,但在当时的舆论中，和后世的史著里，亦未始不可说是中央政府在实行“削藩”,以完成全国行政权的统一。这一削藩工作，三千年中华通史中，历朝皆有，其后政权，也从无例外。当时连蔡锷将军在内的诸多革命元勋，对革命党人之武装割据，亦不以为然。但是不论正反两面的评价如何，段祺瑞的军权日盛，却成为二次革命的动乱中少有的受益人。

其后由于段冯二将在民初政坛上，日益坐大，袁世凯所一手缔造的北洋系军事将领，难免对冯段二人各有依违。因此纵在袁世凯的有生之年，他段冯二将已逐渐形成了派系。为对两位股肱有所约束，袁世凯曾有意扶植当时声望甚隆的蔡锷为第三势力，来加以牵制。无奈这时段、冯两派已树大根深，蔡锷一时无法插足来另起炉灶。再者，袁的整军计划，却也被他自己的帝制运动彻底地破坏了。一旦帝制祸起，蔡锷潜逃返滇，组织护国军讨袁，冯、段二人再窝里一反，洪宪皇帝，未及“登基”，就已被宣布死刑了。

坚持与凡是

我们在《袁氏当国》里，曾提到袁世凯搞帝制时，段祺瑞竟以中华民国开国元勋的身份自许，而加以消极抵制。迨袁氏自知大势已去，取消帝制时，他也认为只有段祺瑞才能收拾残局，段祺瑞乃在袁世凯死前数周，奉命出任国务卿，旋复名为国务总理，就是全中华民国的副统帅了。

本来在袁氏晚年倒行逆施之时，段某对袁的忠荩之忱，可说是已洗刷殆尽。但是袁氏一旦死亡（民国五年 [1916]6 月 6 日），段祺瑞立刻又变成“先大总统袁公”第一号的忠臣孝子了。他对袁氏的饰终之典，不用说是侪于帝王，他对袁氏生前的政法遗规，显然也是个大大的“凡是派”。这可能，第一是中国传统的伦理观念使然。人死病断根，眷恋数十年从属旧谊，亡者为大，过去的宿怨，自然一笔勾销。但是最重要的还是，第二，政治上的必需。试看民国通史里，袁大总统之“优待先朝”；蒋委员长之崇奉中山……都是政治上之必需，理至明也。搞极权政治要数典忘祖，就是政治自杀了。明乎此，我们就对段祺瑞继续崇袁的政治行为，不会大惊小怪了。

段氏谢绝黄袍，拥黎继承大位

袁死之后，民国政坛以声望与实力排列名次，袁的接班人，理应为段祺瑞。因此在袁断气之后，北洋系的军头与政客，如徐世昌、段芝贵、王揖唐等在京大员，和北洋系的封疆大吏冯国璋、张勋等驻京代表数十人，在中南海国务院，闭户密议，咸以段为当然人选。因此一袭群雄推戴的黄袍，在1916年6月6日的当晚，就要加诸段氏，而为段氏所力拒（不是“婉拒”）。这故事细节据说是这样的：

袁在弥留之时，未有留下任何遗嘱，只对在一旁送终的段徐诸氏，口述了几个字，一曰：“他害了我。”此“他”为谁？无人知晓也。袁又提到“约法”二字。然袁氏生前的“约法”，原有两部。一部是为他所废弃的，也是南方反袁派所要维护的“民元旧约法”；另一部则是袁某立法自制，而颇为美国宪法权威古德诺教授（Frank Johnson Goodnow）所赞许的“新约法”。袁氏但提“约法”二字，亦不知何指也。关于接班人的问题，他们只有拆阅袁氏留在“金匮石室”中的“嘉禾金简”了。在金简上，他们发现袁某提了三人之名，顺序是：黎元洪、徐世昌、段祺瑞。

段因反对帝制，为袁所憎恨。故袁在生前，殊不愿提段氏之名。第三名据内侍传闻，原为“太子”袁克定也。但袁在病重时，明知克定为扶不起的阿斗，乃易以段名。因此在袁氏尸骨未寒的数小时之内，段的国务院内冠盖云集。北洋系文武大员数十人（包括公私代言人），坚持要段氏黄袍加身，做继任大总统。段不但拼力拒绝，并于会前密携黎氏之心腹同乡张国淦，亲赴黎府推戴。且亲向黎氏行三鞠躬国礼，以表示其作为下级的忠荩之忱。黎元洪于此也就接受推戴了。段乃嘱张国淦留在黎府，以便联系（黎张的从属的“心腹”关系，可以作民国时代，包括两党政权中，类似关系的典型。民国政要人人皆然），就一人返回国务院。在国务院中，段就碰到拥戴他的北洋系文武大员一致坚持继任大总统，非段不可。段力辩其非，驯至舌敝唇焦，满头大汗，数小时不得解围，云云。

附注：关于这一段氏拒绝黄袍的故事，笔者所根据的，除多种第一二手史料之外，耳闻之于若干口述史料，盖笔者幼年便曾在“皖系”的眷村中长大。先高曾祖均系淮军将领，与段佩统领，原属一支。先祖均平公民初曾在北京居住，先叔祖伯平公且曾任安福议会的议员。父执辈亦多在北京上学，更与皖系要员，乃至段氏之左右手王揖唐等有亲戚关系。王揖唐原名王志洋，进士及第后，西太后恶其名，乃赐名王赓，自号揖唐，终以字行。王原为我乡合肥的穷秀才，升斗不继。因与先祖为童年至交，乃由先祖聘请为我家塾师。先父叔姑姨辈，多是他的学生。其人青年苦学，先祖敬其诗文，曾一反三代之抗议，与王结为儿女亲家。并大力资助其参加乡试与会试。在我家课读六年之久，不意王竟连科及第，并乘机赴日本留学，回国再中留学生特科进士。以双重科甲资格入仕，宦途畅通，在清末民初，迭任中枢要职。迨段祺瑞由国务卿，复建国务院时，揖唐出任内务总长，如在清末便是吏部尚书，国共两党政权中的内政部长。因此在当时权倾一时的皖系之中，王与徐树铮，并为段祺瑞一文一武的两大心腹。对北京当时的政治掌故，正确无误的大道消息（不是“小道消息”），皖系上下，真是无有不知者。笔者幼年即嗜史成癖。当年从长辈口中所听所闻，终生难忘，及长治民国史，广采可信史料验之不误始敢慎重下笔也。（本篇所用著述史料，包括哥伦比亚大学编纂之《民国名人传》；陶菊隐著，《督军团传》，后改编为《北洋军阀统治时期史话》；黄征等著，张宪文、黄美真主编，《段祺瑞与皖系军阀》；章伯锋、李宗一主编之史料丛书《北洋军阀（1912—1928）》，等新旧史书）

“北洋系”是何种怪物

不过话说回头，这批翎顶辉煌的大员、北洋军阀，所隶属的“北洋系”，究竟是何种怪物？这儿我们倒稍有厘清的必要。因为日月推移，去古渐远，当年老辈的口头禅，什么北洋政府、北洋军阀、北洋系等等，可说是无人不知也。前辈史家如细加解释，就难免画蛇添足。但是时至21世纪，吾人仍然开口北洋，闭口北洋，而不稍加诠释，一般读者就不知所云了。

所谓“北洋”，原从清末官制，所谓“直隶总督，北洋大臣”和“两江总督，南洋大臣”开始的。清制无宰相，各省拥有实权的封疆大吏，以接近京畿的直隶总督，兼北洋大臣，最为尊贵。清末重臣，曾国藩、李鸿章，都曾任此职，权倾一时，成为大清帝国的实际宰相。“庚子事变”后，李鸿章在直隶总督、北洋大臣任上活活累死。弥留时在病榻上修“遗折”，保荐袁世凯继任此要职。

袁世凯于1901年底出任此职，至西太后死前一年（1907），她深恐这位权相，在她死后无人可以驾驭，乃把袁氏明升暗降，调任军机大臣，去其实权。迨两宫同逝，摄政王诛袁未遂，只把他开缺回籍，但袁在北洋大臣任内，羽翼已成。而继任的满族亲贵又过度颟顸，因此袁在北洋任内的文武旧属（包括段祺瑞、冯国璋、徐世昌等文武官僚），暗中仍听命于袁。迨武昌乱起，袁氏应诏复职。他原有北洋任内的文武班底，虾兵蟹将，一时随之俱起。这就是后来民国政坛上所谓“北洋系”的原始核心了。

迨袁世凯做了民国总统，成为一人独断的大独裁者，他这个核心就开始膨胀了。首先加入袁党的，便是支持辛亥首义的各省咨议局的成员，和由他们推选的各省代表，和国会议员。这些人多半是康梁保皇党的同路人。大清帝国崩溃时，墙倒众人推，他们原是和国民党合流的。孙中山当选中华民国第一任临时大总统，若辈与有功焉。

迨南北和议粗成，袁氏代孙为临时大总统，他的老班底，和很多原是革命党员的政客，分别为各自的利害，组织了无数小“党派”，据吾友张玉法院士的统计，民初大小政党，多至三百个以上（见张著《民国初年的政党》）。大小政客或分或合，以便在内阁和国会中争权。其中最有实力的袁氏之党，如掌握当时全国铁道和交通银行的梁士诒为首的老“交通系”，及一些原是革命党，和保皇党合流的若干较大的小党派成员，甚至包括副总统黎元洪，也就逐渐倒向袁党，成为北洋系的新政客了。

更不堪设想的，则是拥袁称帝的“筹安会”的成员和赞助者，竟有一大部分为老革命党员也。其时他们也可算是北洋系的头面人物了。他们的第一号头头杨度，晚年曾由周恩来介绍，加入了共产党，举一反三，读者就可以了解到当年北洋系政客之复杂了吧！

等到民初新成立的“国民党”成为国会中第一大党，走向国会独裁的趋向时，异党政客乃毁党造党，重行组合，成立“进步党”以为因应。国民党当时名义上的党魁虽是孙中山，而志在组织“责任内阁”的实际领袖，则为宋教仁。进步党作为他们的反对党，在梁启超、汤化龙等率领之下，也就亦步亦趋地走向拥袁方向，甚至成为袁氏老北洋系的新细胞。也可说是北洋系的外围吧！

“研究系”、“政学系”也是北洋外围

袁氏称帝时，汤化龙、梁启超虽也加入护国军阵营，反对帝制，但

是袁世凯一旦死亡，民元旧约法、旧国会一时俱复，汤梁等旧进步党政客，乃另组其“研究系”（原名“宪法研究会”），加入拥段行列，成为段氏北洋系的新伙伴。

不特此也。在二次革命后，孙袁固然决裂，国会里的国民党，却依然合法存在，并曾参加票选袁氏为正式大总统，其后才遭走狗之烹。然随孙而去的国民党，却也发生分裂。当孙氏开始组织其“中华革命党”（1914），突出其个人独裁的企图时，反孙的民主派党员，乃自组其“欧事研究会”（研究欧洲大战）以为对抗。迨袁氏死亡，旧国会恢复，这组老国民党员，如张耀曾、谷钟秀、李根源、杨永泰、黄郛等人，乃在北京另组个“政学系”来与直皖两系新老政客相表里，变成一支新兴而有力的北洋系边缘政客。

且看黄郛（1880—1936），二次革命时，他本是头颅有价的孙文死党，名列袁世凯通缉名单的首要之一。此时返京参加政学系，与北洋派合作，最后曾在北京政府中做过“摄政内阁”的“国务总理”，成为中国临时的国家元首呢（参见笔者另篇《政学系探源》，原载于《海外论坛》，重刊于台北《传记文学》第六十三卷第六期）。

附注：黄郛是国民党先烈陈英士的盟弟，蒋介石的盟兄。“二次革命”后，他们都是逃亡海外、袁政府悬赏有价的通缉犯。迨袁氏死后，通缉解除，他们这些职业革命家，又纷纷返国图谋在新政坛另觅出路。据黄郛夫人沈亦云女士告我，说：那时党人回国，另谋出路，“有办法的”，都纷纷前往首都北京，见机行事。“没办法的”，则只有南下广州去依附孙中山，暂时栖身。显然地，黄郛是属于“有办法的”一群。去了首都北京，黄郛后来在北京政府中的崛起，原是从参加“政学系”，作了皖系大总统徐世昌手下的红人。渐次攀缘入阁。但是他的国民党的老背景，使他又变成有“倒戈将军”之称的直系军头冯玉祥的密友。当第二次“直奉战争”时（1924），冯玉祥“倒戈”回师占领北京，直系政权垮台，总统曹锟被迫去职，直系内阁总理顾维钧化装潜逃，国家无主，黄郛乃奉命组织“摄政内阁”，做了一阵短命的国家元首。此即黄夫人所说的“有办法的”实际意义吧！举一反三，所以笔者曾一直劝告同行治史者和读史者，评论历史事件和历史人物，不可以“现时观念”（present-mindedness），妄评古人。黄夫人的“有办法”、“没办法”的观察，说的是那一时代的话。至于国共两党后来都建立了各自的政权，把孙中山颂扬成国父，那时代的人，无从预见也。他们眼光中的广东大元帅府，只是一个灰溜溜的政治儿戏而已，为“有办法的”人，所不屑一顾也。

当我在三十多年之后，把冯玉祥和黄郛合营的这次“苦挞打”（coup d'etat）的内幕，告诉了当年的受害人顾维钧先生时，顾大笑，并以他不常有的中英双语，告我说：“想不到黄太太那时也是个 accomplice（共犯）。”我又说：“黄夫人说您那时是化装成一位美妇人逃走的呢！”顾微笑说：“她在胡说。”他二人那时都在哥伦比亚大学参加口述史计划，不时碰面说笑。而我却是他们两方面的共同助理，所以也时常参加他们说笑。

总之，民初的游离政客，摇摇晃晃，分分合合，一共组织了三百多个党派。吾人读通史，但须知其来龙去脉节要而掌握之。细枝末节，就留待专著以述其详了。所以笔者不揣浅薄，也就把民初政党浓缩成半页故事如上。这半纸之论，希望能帮助一般读者了解，何谓“北洋系”这个笼统的概念就好了。

兼论袁世凯、汪精卫之覆辙

读者贤达，如略窥上述北洋系的来龙去脉，便知道它是民国初年掌握中国命脉的最强大的政治军事集团，在袁氏倒行逆施，称帝之前，他对这一集团是可以绝对掌握，并可驱使他们来为人民服务的。不幸他权力太大，自信心又太强，终于滥用其权，来为非作歹，以致一失足成千古恨，终于王纲解纽，全盘崩溃，误国害己，莫此为甚！

袁世凯在民初的最后失足，其不幸，无独有偶，正与二十二年之后汪精卫在抗战期间所犯的错误，有其异曲同工之处。笔者昔年尝为文，“论汪精卫的十大错误”，认为他前九次错误都可以改正，而得到爱护他的全国同胞的宽恕，只是他最后当汉奸这一错误，做得太绝了，无法回头，临终虽幸免于枪决，但是青史无情，汪某就遗臭万年了。

袁世凯也正是如此。袁氏犯了一生的错误，都有其改正的机会，只有最后的一次，妄想做皇帝的错误，犯得太绝了，无法回头，他就和汪某一样，万年遗臭了。

袁氏濒死，终悟前非，乃有“他害了我”的模糊遗言。此“他”显然是他的孽子袁克定也。汪氏在敌国弥留时，不知是否亦留有斯言？若有人也“害”了汪某，则此人应该就是他的恶妇陈璧君了。人世无常，袁、汪二人，皆是一代才士能臣，一时之民族英雄也。生而不幸，遭遇到这么一对蠢妻、孽子，以致晚节不终，而贻羞史策。后之当国贤豪，以史为鉴，可不慎哉？

吾侪升斗小民，虽位卑言轻，然值此文化转型后期，法治民主的前程在望，众志成城，我们要以全民舆论的力量，对领导我们的英雄人物善加规劝，务使他们不再重蹈误国害己的袁汪覆辙才好。这当然是题外之言、一派闲话。

武义亲王不受封

现在让我们暂时丢开袁汪两位悲剧人物，再回头谈谈黎元洪、段祺瑞这一对袁世凯的接班人，看他俩在那段“转型中期”，搞些啥名堂？

先说说黎元洪（1864—1928），这位湖北佬“黎黄陂”。黎公胖嘟嘟，笑起来，上海人所谓“贼忒兮兮”的，看起来是一位憨厚的长者，大好人。事实上黎元洪也的确是一员“福将”。虽然那位嘴尖的国民党元老胡汉民，却偏要说他浑浑而有机心（见《胡汉民自传》）。

导论篇已交代过，黎氏在天津水师学堂毕业后，曾被送往德国留学，精修炮术。回国后曾在“定远”旗舰上做过“炮弁”。甲午大东沟海战时，他在“广甲”舰上服务。广甲沉没时，全船将士大都殉国，而元洪善泳术，泅水逃生，大难不死。

嗣后黎氏回籍，改行，转入湖北新军。迨武昌起义时，他已累迁至协统（旅长）。当时在武昌起义的革命党人，都只是一批新军中的小卒，苦于有兵无将。而有“黎菩萨”之称的黎协统，虽是个反革命人物，却颇得军心，乃被这批革命部曲所胁迫，出任革命军都督，领导武昌起义。其后竟能与袁世凯南北对峙，唱其对台戏，而名满天下。迨中华民国成立，开府南京，孙文出任临时大总统，黎论功荣任副总统。迨孙去袁来，民国政府迁往北京，黎连续当选为袁之副总统，却婉拒北上。以兼湖北都督身份，拥重兵盘踞武汉，成为中华民国开国后第一大藩镇，而袁大总统亦无如之何。

可是民国政局发展至此，黎氏也已逐渐摆脱革命阵营，而投入袁党。为树立其个人派系，黎氏竟将当年拥其出山的革命小将，所谓“湖北三武”，以个人权术连诛其二人，以防反侧。事详《袁氏当国》。至此革命与反革命两方，始知“黎菩萨”原非菩萨。

在“二次革命”期间，黎已公开镇压革命，为袁氏的马前之卒。然黎元洪当时虽贵为“一人之下”，然究非北洋嫡系。袁大总统对其割据华中，固早存戒心。迨袁氏敉平革命三藩（江西李烈钧、安徽柏文蔚、广东胡汉民）之后，狡兔死，走狗烹，乃以段祺瑞代黎为湖北都督，软硬兼施，以毒攻毒，迫使黎副总统北上，在北京供职。自此黎氏遂蜗居于袁氏之侧，形同软禁。至袁氏称帝时，黎氏以副总统之尊，被袁封以中华帝国之最高爵位的“武义亲王”。所幸袁皇帝对其原定接班人，尚略宽于后。黎副总统尚享有不受封的自由，从此这位不受封的“亲王”，就和他的老对手段总长相呼应，对洪宪皇帝作消极抵制。

段此时手握重兵，窝里策反，使袁痛恨不已。黎此时虽无一兵一卒，究竟位备储贰，非克定所能及。他黎、段二人，一虚一实，连手抵制帝制，以致袁氏登基未成，而股肱已折，新皇上对他二人，亦无可如何。再加上冯国璋那条猎犬坐镇江南，态度不明不暗，对新皇保持距离，因此不待蔡锷返滇，而洪宪王朝本身，固已山穷水尽矣，悲夫？！

两岸现势，源于黎段

以上诸节所述，笔者在拙著《袁氏当国》，曾作过更详细之缕述。本篇只是温故知新，将前篇通史简化而本末之而已。盖通史卷帙浩繁，读者一气呵成，从头读起者，实为数极少。其他半途插队，抽卷而阅览之，盖是现代化忙碌社会之一般习惯。试问当今史学界的博士教授院士者流，有几位有此耐性，能把司马温公的名著，从头细读一过哉？不能从头读起，而各取所需，半途抽阅之，如此则通史作者于关键章节，编其本末，而酌量重叙之，庶免中途插队的读者对书中所述故事未知底蕴而有一头雾水不知所云之感也。

话说从头，袁氏断气之夕，北洋派文武大员，曾一致叫嚣，企图对段祺瑞黄袍加身，作集体之推戴。而段氏则坚决谢绝，并力举黎元洪继承大统。关于段氏此时之谦逊，一般民国史大家，类多以讥刺语调出之。认为段之拥黎，是迫于环境之不得已，而非其私心之所欲为，才有后来的黎段互斗、府院之争，贻祸无穷。而黎之背叛革命，投袁自肥，偷鸡不着蚀把米，也是咎由自取。

只是他二人府院互斗，祸延国族，至今未已。治史者如寻根究底，则黎段之争，才是今日两岸对立的始作俑者。不信，试看他二人继袁未及数月，便势成水火。在所谓“府院之争”中，各拥党羽，互不相让。斗得你死我活，终于惹起溥仪复辟，民国中断。最后酿成孙中山开府广州，护法反段，弄出一国两府，国家从此分裂，再未复合。骨牌效应，直至于今日，仍然两岸对峙，各不表述。他二人所作之孽，贻祸至今未已也。

上述这项研究军阀史的传统结论，谁曰不然。这结论原未可厚非嘛。可是吾人以社会科学治史，如果把侧重人事纠纷的微观史学，看成历史的本体，就有违于社会科学的法则了。因为历史还有其宏观的一面。古语说：“形势比人强。”局于某种历史形势，虽齐天大圣，也跳不出佛祖的手掌心也。把人事纠纷，误为历史的全部，那就是“军阀史话”、“三国演义”的史学了。

我们在历史三峡之中，看艄公舵手，使尽他们的浑身解数之后，还得攀登巫山之巅，俯首观察江流大势，看看他们的王浚楼船，是怎样通过三峡，驶出益州的？读者如不惮烦，当于下篇谬作导游，与同游诸士女再细论之。

2001年5月2日于北美洲

原载于台北《传记文学》第七十九卷第四期

第六章

皖系政权的发展与“参战”的纠纷

皖系始末之二

上篇我们曾提到，在袁世凯死后，他的两位接班人黎元洪、段祺瑞很快地就势成水火，两不相让。二人斗得你死我活之后，终于把个统一的中国，弄得一分为二。骨牌效应，直到今天，还无法复合。话说到底，他二人为什么非斗个你死我活不可呢？为什么他二人斗争后遗症的骨牌效应，又拖得如此深远呢？一般史家都见怪不怪，认为这只是两个军阀的争权夺利，在那无法无天的军阀时代，不管是哪一派军阀，争权夺利都是免不了的，有啥稀奇呢？至于他们斗争的骨牌效应，大家多半也就忽略了，不以为意了。

问题是：军阀时代固然如此，根据我们读史的经验，不特他们的帝制时代的前辈早已如此，他们的国共两党的后辈，在后军阀时代也还是如此啊。试看“甲午战争”（1895）前后的翁李两派，对中日和战的辩论与斗争，和“戊戌变法”（1898）时的帝后两党，他们之间的斗争误国，比黎段二人严重得多呢！

再看后军阀时代，国民党之内的汪蒋之争，蒋李冯阎之争，甚至CC与黄埔之争，相形之下，黎段之争，都是小巫见大巫呢。

效验明时方论定，不怕不识货，就怕货比货，20世纪中国，史有明文，国共两党的党史家，如秉笔直书，不为亲者讳，我想这该是绝对否认不了的、绝对的事实吧！哪能专怪“军阀”呢？我们这群“丑陋的中国人”（引一句柏杨名言），尤其是政客、党棍，何以下流至此，这就发人深思了。

不过，朋友们，我们也不能专门迷信柏杨先生，只顾丑化自己同胞。其实所谓先进国家那些不可一世的洋人，也照样丑陋呢。有名的英国绅士，该是民主运动历史上最标准的模式吧！你知道他们唱“虚君实相”这出样板戏，唱了多少年，才唱出点名堂来？从1688年“光荣革命”开始，人家搞虚君实相，搞了好几百年，才搞出一套两造相安的制度来呢！其间闹革命、闹复辟、诛议员、杀大臣，不但丑态百出，更是人头滚滚呢。看人家挑担不重，我们只看人家美丽的结果，不看人家丑陋的开始，就以为我们包办了丑陋了。这是个制度转型必有的现象嘛。从比较史学的角度来看，我们的成绩，尤其是黎段之间的府院之争，还不算太见不得人呢！

因此，要知道转型期中国的政治问题，我们还得搜搜问题的根源在哪里？

近现代中国的两大根本问题

我们要知道，近代中国的根本问题，从宏观史学的角度来看，它有两个重大事项，有待解决：

第一，是现代式的“转型问题”，转个什么型呢？曰，从帝王独裁专制的制度（monarchical totalitarianism），“转”向议会政治的共和制度（parliamentarian republicanism）。我们原不要转型，而终于发生了这个转型运动，实在是西风东渐，受了强大的以夷变夏的外在原因影响的结果，但是要完成这项转型，根据世界历史的纪录，和中国秦汉变法之第一次转型的经验，我们认为至少需时两百年以上才能圆满完成。民国初年的北京政府时代，还停滞在转型的“初期”。这时能维持古老中国安定的专制式的老制度已被彻底破坏，能够维持共和中国安定的、制衡式的新制度还没有实验出来。在此新旧交替，青黄不接之时，国家没个维持安定的制度，社会就无法安定下来了。这不是人的问题，而是制度转型的问题，也是我们常说的所谓“历史三峡”的问题。航行在这个历史三峡之中，我们的船队，到今天的时代，还免不了在洄水中打转，何况当年？想透了根本原因，再把它概念化一下，则民初北京政府中，政治死结之形成就很清楚明白了。

第二，民国初年，也算是时机巧合，正碰上了一个传统式的“改朝换代”的问题也正待解决。因此新旧问题搅在一起，政治社会的病情就更为复杂，更难对症下药了。改朝换代的老问题是什么回事呢？最简单明了、最通俗的历史哲学便是《三国演义》上所说的，“合久必分，分久必合”的问题了。毛泽东说：“千载犹行秦制度。”我们这个打破世界政治史纪录的“秦制度”，其兴衰是有其“周期性”的。它通常是只能维持两百年就要来个“改朝换代”了。清末民初，不幸正碰上这个“改朝换代”的周期。此时老朝廷腐烂到底，气数已尽。纵使没个现代的革命党要打倒它，它也要自动地改朝换代了。

洋人研究中国历史，像已故费正清先生的“剑桥学派”，就把这个现象叫作“朝代循环”（dynastic cycles），咱们自己则叫作“改朝换代”。改朝换代的程序，便是罗贯中所说的“合久必分，分久必合”了。在罗贯中有兴趣的“三国时代”（220—280），这一分合程序，长至六十一年，下一个由分到合的“南北朝时代”，则由于外族入侵、五胡乱华，发生了比较复杂的“以华变夷”的同化过程，这一分合程序竟延长了两百七十余年（317—589）之久，到唐宋之间的“五代十国”，可能是由于内外在情势都比较单纯，所以只“分”了五十三年（907—960），就恢复统一了。

至于这最近的一次，读者诸公婆，您和我所及身而见的“分合”过程，若从袁世凯死亡之年（1916）算起，到“人民政府”宣布成立之年（1949）为止，这段中国历史上，最近的分合过程，虽然是文化转型和朝代更迭，两病齐发，患者更觉痛苦，但是为时也只有三十四年，算是比较短的一次了。当然，海峡两岸，时至今日，也还在“分”裂状态之下。若谈真正的“合”而为一，恐怕还有一段时间要等下去呢。

土郎中乱用西药

综上所述，我们就不难知道，在中国历史上合久必分，是从治世退化到乱世，而分久必合则是拨乱反正，再从乱世恢复到治世。但是历史的经验告诉我们，中国传统的“改朝换代”，或洋观察家所说的“朝代循环”，它是从一个崩溃了的帝王专制，经过一番换汤不换药的“分合程序”，再回转到另外一个相同的帝王专制，依样画葫芦，照本宣科，从头来过。新朝的一切设施，都有“前朝”的蓝本可循，新旧两朝之间的循环程序像三国前后，从西汉换成东晋；南北朝前后，由东晋换成隋唐；在五代十国前后，从唐朝换到宋朝。各朝惩前毖后，稍加改进，依样画葫芦，这葫芦，就容易画了。因此一些流氓、无赖，利用农民起义，打平天下做起开国之君来，也可以做得像模像样，不离大谱，照样可以造福生民。

可是，发生在近现代中国的“转型运动”，就不是单纯的改朝换代或朝代循环了。它是立国基本制度的转型,是一个“改朝换制”的运动。我们要从一个东方式的、帝王专制的传统“转”到一个现代化和西方式的民主议会政治上来。这个一转百转的、现代化的、改朝换制的转型运动就千头万绪了。

恢复《民元约法》的政治经纬

现在言归正传，再看看黎段二人在吵些啥子？袁死之后，北京政府由他二位来接班。他二人，一个是总统（黎）；一个是总理（段），二人的工作关系如何界定,就只有依靠所谓《民元约法》之中的几十个字了。读者如不惮烦，为明了他二人之间的所谓府院纠纷，我们还得把袁世凯时代所遗留下来的宪法问题，稍事温习一下，才能说得清楚。

原来在武昌起义之后，革命派试行组织共和政府时，他们本来决定以美国政府为蓝本，实行“总统制”。等到后来中山决定让总统大位于袁时，为防止袁氏独裁专制，党人乃又决定放弃美国的总统制，改采法国式的“责任内阁制”。因此以宋教仁为首的法制委员会，乃由宋氏执笔，于一夜之间草拟了一部具有宪法效力的《中华民国临时约法草案》。旋经参议院三读通过，并由临时大总统孙文于民国元年 3 月 11 日，明令颁布施行，是为中华民国的第一部基本大法。这就是中国制宪史上赫赫有名的《民元约法》。

当袁世凯接替中山为第二任“临时大总统”时，这部《民元约法》也是他就任总统的法律基础。按约法规定,中华民国中央政府是一种“责任内阁制”，总统只是个荣誉职位。可是这项革命党人试图限制袁氏独裁的设计,很快地便被袁氏所逆转了。当时中华民国的第一任内阁总理,袁的老友、国民党的新党员，和孙中山的小同乡、新朋友——唐绍仪，曾认真地加以推行。但是他只做了两个月责任内阁的阁揆就挂冠而去，继任者就变成袁总统的鹰犬了。

迨民国的第一个国会在民国二年（1913）之初正式诞生，新成立的国民党，在选举中大胜，成了国会中的多数党，年方三十三岁的多数党魁、野心勃勃的宋教仁，正预备按他自己主稿的《民元约法》，来组织“责任内阁”，想不到他竟因此而招致杀身之祸。其后在“宋案”的骨牌效应之下，孙袁双方都不依法行事，自此枪杆出政权，新成立的中华民国也就再无法统之可言了。

孙中山的“二次革命”（1913），被袁氏削平之后，袁当上了正式大总统，经过一番手脚，便废除了那个实行“内阁制”的《民元约法》，而于民国三年（1914）5月1日，另行颁布一套实行“总统制”的“新约法”了，故事复杂，事详前篇，此地就不须多赘了。

迨袁氏暴毙之后，南北统一，全国称庆，南方的护国派乃联络继任大总统黎元洪，坚持恢复《民元约法》和“民元老国会”为南北恢复统一的主要条件。所幸当时身任国务总理的段祺瑞，对新旧约法之选择并无成见，盖按“新约法”主政，则直承袁世凯之衣钵，虽是段之所望，然改依“旧约法”主政，实行“责任内阁制”，亦正是现任内阁总理的段氏之所好也。因此在黎的坚持、段的支持之下，黎段的新政府就废除了袁氏的新约法，而改行旧的《民元约法》了。

既非“内阁制”，也非“总统制”

按《民元约法》，北京政府原是实行“内阁制”的，但是在黎段联合当政时期，这个北京政府却变成个既非“内阁制”，也非“总统制”的非牛非马的政府。这也就是当时北京政府之内，派系斗争的最大的乱源所在了，何以如此呢？原来按政党政治之常规，实行内阁制的政府，理应由国会中的多数党的党魁，来组织所谓“政党内阁”。可叹的是，这次恢复了权力的国会，原已残破不堪，却没个多数党可以组阁，更没个可以代替段祺瑞来出任内阁总理的党魁。

更可叹的是，段祺瑞这位现成的阁揆，在国会内也没个他自己的政党。国会之内虽也有极少数，有心拥段以自重的小派系，甘心作为段的御用鹰犬，但是这些自称“中和系”的小党派拥段原属借势，影响力太渺小了，造不成气候，因此段要组阁，就非向其他党派，尤其是人才济济的国民党借材不可了。

再者，按约法，黎总统虽是个“虚君”，但是按挥之不去的中国传统，中国历史上除汉献帝和刘阿斗之外，有几个国家元首真是虚君呢？黎元洪这位开国元勋，又怎能甘心作汉献帝和刘阿斗呢？他不但自视是段的上级，那些拥有军政实力的南方的革命派和护国派群雄，也都要利用他来和北洋系争权。有了这些南方的实力派作后盾，他就更不是虚君了。

更可笑的是，段祺瑞这个封建传统出身的老藩镇，也没有把自己上司真正当成虚君的习惯，他也认为黎元洪是他的上级，是应该享有若干实权的大总统。因此段系人物中只有个精明强干、有现代头脑，而自视过高的政客徐树铮，真把《民元约法》当成护身符，而敢于去黎的总统府替段总理背黑锅，不时地颐指气使一番。因此，他这位秘书长也就变成反段派的众矢之的。黎大总统和黎系人物，非把他赶出国务院不可。这也就是拙著前篇所说的徐孙（洪伊）之争的关键所在了。

总之，这个转型期的北京政府，实在是个黎段共治的两头马车。黎认为段祺瑞是由他特派的部属，组阁时阁员的遴选，他也是责无旁贷的。

因此，黎的心腹股肱——孙洪伊，也就应运出任段内阁中炙手可热的内务总长了。段虽视孙为背上之芒，段派中的徐树铮更视之为眼中之刺，亦无可如何也。

再者，在黎段的联合汲引之下，带有国民党籍的伍廷芳、陈锦涛和程璧光就分别出任段内阁的外交总长、财政总长和海军总长了。因此这个段总理，如真的负起“责任”来主持国家大政，如参加欧战、举借外债、发行公债、废督裁兵，乃至一般的内政外交政策，而与阁员发生了龃龉之时，这些有举足轻重地位的阁员，由于不同党派，而闹出双重忠诚（double loyalty）的政治问题，来个联合杯葛或辞职，段总理就要变成孤家寡人，一个人单独到国务院去上其独人班了。

笔者作此事实的叙述，一般读者看来，可能认为是在说故事、讲笑话，来奚落我们的段总理，其实这是个真实的故事。您怎能相信，在后来“参战案”的高潮期，国民党籍和黎系阁员联合辞职，真逼得我们这位个性倔强、不善周旋，而又刚愎自用的段老总，真的一个人到国务院去办公，而上其独人班呢？黎总统就因为这位老军阀的国务院内只剩他一个人了，乃一不做、二不休地，下令把他“撤职”。这一下才引起北洋系督军的联合造反、溥仪复辟，一大串的政潮来，迫使他向外国使馆逃难，最后还要恭请老政敌——段前总理，回来收拾残局的荒唐故事。到时再详叙吧。

长话短说，在北洋军阀集团里，黎段二人都还算是正人君子，有节操、识大体而清廉可风的、难得的政治军事领袖，而民国政局最后崩溃到底，其骨牌效应至今未息者，他二人也是始作俑者。何以如此呢？说穿了，实在是那时适当转型初期，中国中央政府还未能转出个可行的制度来。这个非牛非马的中央政府，就非出纰漏不可了。

试看段祺瑞这位所谓“责任内阁”的内阁总理，在古今中外的议会政治史上，哪有个责任内阁之内，负责内政、外交、财政和海军的重要阁员，都由反对派（opposition）的政客来充当呢？有之，则只有段总理一人了，真是打破金氏纪录。因此，在这个既非内阁制，也非总统制的荒谬情况之下，谁也弄不上轨道。形势比人强，史家就不能厚责于两位还是相当可敬的老军阀了。

四无的总理，粗心的总统

事情之更有滑稽者，段祺瑞既然在议会政治上如此无知和窝囊（naive），那为什么这个总理位子非他出任不可？这我们就得说清楚段氏政治实力的根源所在了。段的政治力量，是建筑在他对当时北洋系所把持的地方藩镇的影响之上。这些藩镇老爷的现代名称，便叫作“地方军阀”了。我们读史者，不是动不动就说民国初年那个时代是“军阀时代”吗？的确，那时中国的政权是落在军阀之手，他们并且有个松散的组织叫作“督军团”。而这个督军团内，手握重兵的督军们，大半都是段祺瑞的门生故吏。他们为着群龙无首的实际需要，也是由于所谓旧道德，或封建道德的心理作用，促使他们都以段总理、段老师马首是瞻，这就是段的潜势力所在了。

其实段祺瑞本人倒是个四无的总理，他一无直辖的军队；二无可以盘踞的地盘（像张作霖在东北，阎锡山在山西，岑春煊在两广那样）；三无固定的经济收入，除由英国人所控制的若干“关余”之外，段内阁没个固定的财源——它初成立时连维持北京治安的军警、府院国会人员的薪饷，都无法按时发放，要靠有国民党籍的财政总长陈锦涛去四处张罗（见下节）；四无一个固定外国势力可以倚靠（像国共两党最初之联俄，国民党后来之联美），皖系直承袁世凯衣钵，原有其反日之传统的。段祺瑞其时之力主“参战”，而日本尽力加以阻扰，便是段要抵制日本对山东的掠夺，皖系后来之终为日本所利用，而日本又反而支持中国参战者，那是日本在“西原借款”阴谋得逞以后的事（详下节）。

从表面上看来，段在北京政府之内的政治基础，既然如此脆弱，以黎元洪为首的反段派，对他难免就有其过分轻视的心理了。黎元洪的错误，便是他得意忘形，眼看段老总在北京政府之内变成个孤家寡人了，就居然把他“撤职”，这一下他就触动了一个极大的马蜂窝，群蜂齐出，督军叛变，黎老总招架不了，就只有逃之夭夭。这一来，再经过一番“张勋复辟”的闹剧，此后在“安福系”控制中的北京政府，才真正地成为皖系的天下。此是后话。

绝对服从 vs 依法分工

皖系的政权既然靠的是地方军阀的支持，这些地方军阀又是什么回事呢？这儿也有稍事澄清一下的必要。

在上节我们不是提到传统中国有个合久必分、分久必合的“周期”问题吗？合久必分就必然会出现王纲解纽、法统扫地、藩镇跋扈的老现象。这一现象发生在近现代中国，就是所谓“军阀横行”了。

我们要知道，一个正常运作的国家，不论帝制或民治，总得有个维持社会安定的法统。老实说，当代中国所谓“转型运动”，也可说是从一个老的、不合理的维持社会安定的旧法统“转”到一个新的、现代化的、比较合理的新法统。

秦始皇以后，两千年来，在传统中国里，维持社会安定的旧法统是什么回事呢？引用一句《毛语录》里明确记载过的老话，那就是“下级服从上级，全国服从中央”这十二字真言了。那是毛主席从共产党闹革命，闹出来的经验之谈。

我们作为转型最后的目标，是现代化的民主政治，不是谁服从谁的制度。把它翻译成中文也有个十八字诀，那就是：“上下各有职守，彼此分工合作，大家依法行事。”在先进的民主法制国家里，地方政府和中央政府的关系便是如此的，这就和中国式的“下级服从上级……”那十八个字，在制度上完全不一样了。可是，这一套所谓“民主法制”，是完全与我们政治传统相违背的洋东西。我们要把它全部学会而掌握之，非数百年不为功也。民国时代一时学不到，大家搞起议会政治来，其结果反变成既不分工，又不合作，更不依法（例详下节）。哪能不打他个头破血流，弄得“民国不如大清”呢？

因此，朋友，上述的老制度、老法统，不论是如何地封建反动和不合理，它却是在中国一行两千年、有效率的制度。我们既然搞不出个新制度来代替它，弄得无法无天，全国大乱，那就反不如保留这个有效率的老制度为佳了。这也就是民国初年的老百姓，抱怨“民国不如大清”，当前大陆上某些保守的中国人，还在怀念“毛主席时代”的道理了。这也是“历史三峡”中，逆水行舟，不进则退，时时都要发生“洄水”最主要的原因了。这也就是民初的黎段交恶的症结所在了。在他二人之间的政治运作，没个制度可以遵循，维持旧中国安定的下级服从上级的“老制度”已经不存在了；依法分工合作的“新制度”还没有建立起来，他二人之间一旦发生了疙瘩，不论是大是小，不论为公为私，都无法和平解决了。把话说清了，则黎段之间的问题不得解决就没什么费解了。

王纲解纽、藩镇跋扈的现代版

在拙著《袁氏当国》中，我们曾提到民国元、二年之间，袁世凯和国民党之争的问题也在此，那个原有的“老制度”没有了，按议会政治的规则来解决政治纠纷的“新制度”，孙袁两方都还不谙此道，对之置若罔闻，不愿遵守，大家就搞起“枪杆出政权”了。孙的枪杆被袁的枪杆打败了，孙袁双方就都要恢复秦始皇的老办法了。孙在野，只能口说；袁在朝，就真的搞起上述的十八字真言了。在袁氏搞帝制运动之前，他也的确做到了，中国在表面上也真的恢复了短期的安定，革命党人不投降的，就只好到股票市场去打打股票的主意，以了余生了。

袁之胡涂是他得意忘形，要穿龙袍、做皇帝。他如有他后辈蒋介石等一样的聪明和机警，只搞搞“于右任（余又任）”、“吴三连（吾三连）”，做做终身总统，朋友！袁还是个治世之能臣呢。不幸他聪明一世，胡涂一时，要自己来搞黄袍加身，历史三峡，就要发生洄水倒流的现象，前功尽弃，言之可叹。

袁死黎继，上述三句真言就一句也没有了。下级既不服从上级，全国也不服从中央，中央也不服从一人了。这在中国古代的政治史里面，便叫作“王纲解纽”。在一个有两千年习惯于“国家强于社会”的国度里，一旦王纲解纽，便全国瘫痪，一瘫到底，法纪荡然，就变成藩镇跋扈、军阀横行了。

不受国家法令管束的“军阀”

既然在军阀横行之下过日子，我们也就可以把“军阀”二字慢慢来下个定义了。什么叫作“军阀”呢？“军阀”便是在王纲解纽、法纪荡然、制度瘫痪的情况之下，政府体制中以统率军队为职业的人，据其部队为私有，下级不服从上级，全体不服从中央，中央不服从一人，这种完全不受国家法令约束，或对国家法令阳奉阴违，而习于自由行动的武装军官，不论大小就是军阀了。

笔者记忆中，幼年时，曾知道我乡的农村小镇里，出了个诨名叫作“魏三闹”的“魏督办”，他拥有枪兵二十余人，为一镇之长。他在当时的政治体制中，原是一个低级的民团（美国今日叫作 militia）小队长。想不到一次军阀混战中，他的上级都不见了，他就变成我们这一镇的“督办”了。他可以随意征夫、抽税以自给。我们全镇也仰赖他防盗、防溃兵，而予以由衷的拥护。后来政治秩序恢复了，新建的地方政权，动摇不定，对他既不敢、也不愿强加管束。因此他这个督办，仍然是我行我素，做其颇有生杀之权的小土皇帝。这就是笔者幼年所亲见的一个军阀细胞了。

从这些小细胞开始，大到一县、一省，最大的军阀像张勋、曹锟、吴佩孚、张作霖，可以拥兵数十万，踞地数省，做其督军、省长、护军使、巡按使，甚至把持中央政府，做其大元帅、大总统。那些没有地皮可踞的游离军阀，像孙殿英、冯玉祥，或由孙中山所招揽的一些失去地盘的滇军、桂军、川军、湘军，则四处就食，随意倒戈，但他们既不服从上级，也不服从中央，更不受法令约束，而自得其乐，则本性不改也。

这种大至曹锟，小至魏三闹的，大小不同类型的军阀，据当时研究军阀有成绩的专著，和笔者个人的计算，在十二年之内（1916—1928），大致在三千人左右，他们所统率的枪兵，总共不下百余万。可怜的中国，就在他们这三千多个大小军阀的混战之下，而没有亡国灭种，也真是个奇迹（参见《孤军杂志政党专号》；文公直著，《最近三十年中国军事史》;以及章伯锋、李宗一主编,《北洋军阀(1912—1928)》,第一卷,页1—166)。

因此本篇所谓“皖系政权”,也就是漂浮在这种军阀混战的大湖之上的一只由段祺瑞掌舵的破船,可是如上节所述,作为这个中央政府实际领袖的段祺瑞本人,却没个直属的部队和直辖的地盘。他和冯国璋二人都是北洋系的元老,他们下面的省级军阀,分别依附在他二人的旗号之下,逐渐变成党同伐异的两大派系,这就是后来的“皖系”和“直系”军阀的来源了。因为段是安徽(皖)人;冯则是直隶(今河北)产也(两系名称亦另有说法)。因此他们直皖两系所控制的北京政府是什么个东西,也就不言可喻了。

府院和国会的三头马车

邓公如果是个史学教授,上台讲授早年中华民国政治史,他那套“三个政府论”就完全正确了。袁世凯之所以要做皇帝,就是要把那行不通的三个政府变成一个政府。后来皖直奉三系政客把个北京政府搞得一团糟,也是因为那“三个政府”的制度,在中国实在行不通之所致。

事有更可悲者,则是西方民主政府的三头马车,原是行政、立法和司法之三权分立也。“院”指的是“法院”,而不是“国务院”。因此我们民国初年所搞的,事实上只是“两头马车”——“府院”和国会,或行政与立法分立而已。他们把“法院”一直当成个冷衙门,被遗忘得一干二净。因此在民国初年,中国所搞的只是个两头马车,已搞得乱成一团,真正地搞起三头马车来,哪还得了?甚矣,议会政治之难学也。

据说台湾今日弄得水深火热,也有人要劝陈水扁“总统”去掉点祸水，并改名陈太平，那也是台湾搞西方式的三个政府搞出了毛病的结果。今日尚且如此，一百年前的民国初年，那还用说吗？历史发展形势如此，夫复何言！

所以议会政治行之于中国，直到目前为止，实在真是三个政府，一点也不错。邓子名言，只是言其在中国施行的特色而已，原无大错也。根据历史的经验，老江的话，亦未始没有道理也。不信我们试看本篇所谈的黎段之争，其关键便是这“三个政府论”，在中国无法实行的实例，形势比人强，非两个老军阀的二“人”之过也。

从“无法无天”到“法令如毛”

前节已言之，黎段二人的工作关系如何界定，就只有依靠《民元约法》上的几十个字了。一旦他们府院两造，对这几十个字的意义，发生了疑问，由谁来解释（释宪）才算正确呢？纵使另有权威（大理院）解释清楚了，有谁能来强迫两造服从（司法）呢？两造纵使都愿意服从国家的法律，则每项政治设施和处理，都得有其特定的法规（行政法）呀！这样一来，岂不是法令如毛了？

老实说，朋友，任何先进的法治国家，都是讼棍如林、法令如毛的。那些都是几十年，乃至几百年积存的成就，不可一蹴而几也。从这样一个无法的落后国家要转变成法令如毛的现代化法制国家，就非一朝一夕之功了。法令不全，则贪官污吏、高干子弟，就要钻其法律漏洞来化公产为私产了……

在民国初年，军阀政府的无法无天虽略胜一筹，但是当时中国的法令也没有几部，大家谈“法治（制）”，大半也都是搞不清楚的瞎扯淡

（例如作为黎大总统喉舌的饶汉祥，就不懂啥叫“法人”，他以为法人就是“公务员”，因而自称“汉祥法人”。为此，他也就有了个外国诨名，叫作“巴黎人”了）。

虽然那时政府之内，也有许多“了不起的人物”（胡适语），像梁启超、王宠惠、顾维钧等人，但是他们只是九牛一毛，一毛要牵动九牛，那就是幻想了。这些洋东西，直到20世纪，60年代、70年代都还不能掌握，民国初年的政客、官僚和社会大众，就更是花岗石头脑了。花岗石中所保存的就只有所说的“下级服从上级，全国服从中央”了。读者贤达，您千万不能以“现时观念”来厚责古人啦！思想转型是有其强烈的阶段性呢。一切都是黑猫白猫慢慢地摸索出来的，慢慢地培养出来的，哪能一索即得呢？明乎此，我们就知道，黎段两个老军阀，把个府院之争，闹得水深火热，就更不难理解了。

在老黎心目中，乃至在他身边，为他撰写文告的“巴黎人”饶汉祥先生的忠告里，他是一国元首，下级服从上级的最高上级，掌握着“印把子”，号令全国，怎能做橡皮图章，只盖印不管事呢？

可是在段的眼光里，乃至在他不可须臾离的秘书长徐树铮的认知中，中国当时实行《民元约法》是责任内阁制，他段总理才是全国的最高行政长官呢。黎总统只是个花瓶，哪能遇事干扰国务院的行政呢？所以徐秘书长对总统府就颐指气使了。

他两造原来是各有道理，在一个现代化的民主国家里，他府院两方的正常关系，应该是彼此分工合作，大家依法行事。可是行之于中国，双方的关系就纠缠不清了。长话短说，他们的关系就变成不分工，不合作，不依法行事。事实上，也无法可依。所以他们的府院之争，也就永远无法和平解决了。其骨牌效应，至今未已。

老国会是怎样恢复的

再谈谈三头马车之一的国会吧。袁死段继之间，那时各派政客和南方军阀，争得最厉害的，便是恢复《民元约法》和“民元老国会”，两者在当时都是神圣无比的，但是读者知否？所谓民元老国会，也是我国近现代史上，第一个只结不散的，没个固定任期的万年国会也。这个国会的上下两院，共有议员八百七十余人。他们是在民国元、二年之间，经各省“选”出的代表，在民国二年（1913）4 月 8 日正式就职开议的。在这民国史上号称“第一个正式国会”里，国民党原是第一大党，宋教仁便是想运用此第一大党来组织责任内阁，而招致杀身之祸的。

由“宋案”而引起的“二次革命”（1913 年夏季），虽然导致孙袁决裂，但袁世凯对国会中第一大党的国民党却曲予优容，因为他要利用当时的国会，来选他做中华民国第一任正式大总统。袁氏当选了之后，于 10 月 10 日正式就职。国会正在进行制宪，并曾推出中华民国制宪史上“第一部宪法”，所谓《天坛宪法》。可是这部宪法还有待政府正式公布施行时，袁就在国会中找个借口来驱除国民党议员了。结果有四百三十八名国民党议员的议员证，于同年 11 月 5 日被袁勒令吊销，国会失去了开会的法定人数，这个所谓“民元老国会”就被解散了。其后在外籍宪法顾问的鼓励之下，袁就炮制出一套适合他理想的“新约法”，并于 1914 年 5 月 1 日公布施行。

袁死之后，由于南方护国派的坚持、段的同意，“新约法”再度被废除，《民元约法》和“民元老国会”也就随之于民国五年（1916）6 月底 8 月初，相继恢复了。

早年国会的特点

笔者曾一再强调，“议会政府”（parliamentary government）原是我国近现代史上，政治转型运动的终极目标。不幸在转型初期，这个议会却是个无法躐等施行的体制，一个可笑的大衙门和政治盲肠。它那八百罗汉的议员也是颇为社会舆论所诟病的、生活腐化的高级官僚，何以如此呢？

首先是这八百罗汉之中，却没一个罗汉，是由中国老百姓真正投票选出来的。他们原是各省区之内，对革命有功的革命派和立宪派（老保皇党），甚或是一些特地为竞选议员而组织的各种社团的头头，相互斗争和协调，再经过各省县的咨议局或省议会（也不是民选的），和各省都督，分别指派出来的，他们没有选民。严格地说，他们也不代表老几。他们之中当然不乏才智之士，如胡适所说的“了不起的人物”。可是当时北京的政治环境，尤其是这个罗汉庙，却是个逐渐腐烂的政治酱缸。任何才智之士（包括梁启超），一旦投入，为时不久，就会变成一个党同伐异、争吵不休的北京特产的帮闲政客。

更可嫌的是他们人多势大，而位尊禄厚。他们个体的年薪，平均为六千银元。以当时购买力来计算，足够购买至少一千担华南的稻谷，或相同数量的华北大麦。这在当时饿殍遍地的中国之任何一省，都是个特大号地主的收入。另外，国会每次会议时，与会者更享有“出席费”的高额补贴。至于山珍海味的宴会，花酒、鸦片、赌博的酬酢，就更是家常便饭了。这与当时彻底破产的中国社会中亿万民众的贫富差距，未免太大了。他们事实上，与当时贪污腐化的军阀官僚，是一丘之貉。但却是统治阶层中，最大的一个官僚集团，哪能算是人民的代表呢？

再者，民初的议员也没有多少人，懂得什么叫作“议事规则”。在正常集会时，除吵闹不休之外，往往是会而不议，议而不决。因为会议时法定人数，时有不足故也。当时很多议员个人生活也非常糜烂。吃喝嫖赌，拉关系，走后门，都视为当然。当年北京的红灯区，住满高级公娼的“八大胡同”，便是国会议员最爱光顾的游憩之所。社会人士也见怪不怪。君不见，当时清望所钟的北京大学的文科学长（文学院长）陈独秀教授，不也是八大胡同的常客？那是近代中国政治社会文化转型运动的初期嘛。社会舆论不以为异呢。且用个今日大陆上的口语，八大胡同“你不逛白不逛”呢（关于当年国会之不得民心，参见张玉法著，《民国初年的政党》，1985 年台北版，所引媒体的报导和评论，页 450—451）。

或问：议会政治，在今日先进的民主国家里，都是全民景仰的体制，何以行之于中国，就糟乱若此呢？答曰：在先进的民主国家里，这种议会制度，都是数百年不断地实践，慢慢地一级一级发展起来的结果。我们来个速成班，搞东施效颦，一步登天，哪有这么容易呢？百年回首，时至今日，21 世纪了，且看台湾的议会政治，是否还有待改进呢？大陆至今对它还视为毒蛇猛兽，望而生畏，碰也不敢碰一下呢。

总之，咱中国佬，要想掌握这套本领，恐怕至少还要半个世纪的苦苦磨炼呢。近百年前，我们的老辈政客，看人家挑担不重，画虎不成，就出笑话了。

附注：我的好友，当代治民初国会和政党历史的权威张玉法、张朋园两教授，都相信书面史料，认为民初国会议员真的是当时具有选民资格（约占全人口百分之一）的选民选举出来的（见张著前书，第四章，第三节）。在下比两位张教授痴长半代，舍下亲友老辈，颇有当年国会中人。根据笔者个人幼年期所听到的“口述历史”，就没有一个所谓议员真是经过选民票选的。这也就是我个人所深信，“口述历史”往往可以弥补著述历史之不足的缘故。

再者，抗战后，我自己也具有选民资格了。在1947至1948年，所亲眼看到的立监国大代，也绝少是真正选民票选出来的。参选的候选人，其主要竞选的地区，不在他们参选的省县，而是在南京四处请托。当时大陆上最现代化的选区，上海、南京应该是模范了。可是我在先岳吴开先先生逝世后，一次和上海区选出的立委马树礼博士闲谈，马公就告诉我说，当年在上海参加选举，“没有开公点头，是不可能当选的”。其所以然者，是当时立监国大代的名额的分配，已由国民党各派系，和民社、青年两党议定了。竞选者只能在各该党派中和自己的同志去竞选，与社会上的一般选民，关系不大也。吴开先先生当时是执政党、CC系驻上海监管选务的要员。没吴氏点头，任何竞选者，都难得冒进了。上海尚且如此，其他落后地区，尤其是民国初年，那就更不用谈了。

笔者本人在离开大陆之前，也曾在我母省安徽当过一阵编辑和记者，个人所见所闻的选举故事，也是笔难尽述的。此处谈点个人的观察，绝无意低贬前贤老辈，我只是觉得“形势比人强”的历史古训。我们近现代中国的政治社会文化转型运动，是分阶段前进的。时代未到，新体制不但是无法躐等推行，甚至不断地在洄水中倒退，而且愈退愈远。

且看民初国会议员，在国会内曾享有许多独立行动的自由，包括拒贿和秘密收贿的自由（像曹锟贿选）。在国民党时代，虽然许多自由都没有了，但是竞选者如认为选举不公平，还有抬棺材抗议的自由……这就是历史三峡中的洄水，把躐等引进的政治社会体制回冲得愈来愈远的实例之一啊。

不是议会政治，是帮会政治

这也是转型期所避免不了的现象吧，这种不新不旧的政客，他们所表现的新旧之长，往往远不如他们所保存的新旧之短。前篇已言之，这种政客，在民初所组织的各种大小政党就不下三百余个之多，参众两院的议员，往往身兼数党，而且朝秦暮楚，为着一己政治利害，而变换无穷。

在袁世凯时代，所谓政党内阁，曾盛极一时。为着争取“入阁”，甚或“组阁”，小党派成员乃纷纷结盟，毁党造党，分别形成了亲孙的“国民党”和拥袁的“进步党”，事详《袁氏当国》。在两党之间发生了争执之时，不用说“肢体抗争”之激烈，不下于今日台湾之“立法院”。斯时去古未远，议员们所使用的文具，都还限于毛笔和砚台。在辩论激烈时，往往笔砚横飞，墨汁四溅，当之者就头破血流不成个人形了。所以后来国会之中数百只的石制砚台，都被钉牢在办公桌上，动摇不得了。笔者述史，为何连个小小的砚台，也不放过？无他，搞微观史学，从小看大耳。

我们要知道，台北今日所实行的议会政治中，一些肢体抗争的现象，只是大陆当年搞议会政治的遗传而已。一脉相承，没啥稀奇也。今日台湾，李“前总统”，和吕“副总统”，都不要做中国人了。但是他们政治血液的因子，还是地道的国产嘛，想做真正的日本人，也就很不容易了。大陆上，今日之所以坚决否定议会政治者，朋友，您看看博物馆中，民初国会中的砚台，和今日台湾闹选举的乱象，您或许也会同情他的恐惧的。大陆太大，乱不得也。

以上所说的，还只是民国初年，搞议会政治问题的冰山之一角。至于他们如何搞实际政治，则明暗、大小就各异其趣了。在袁世凯时代，他们要参加选举总统，组织内阁，场面大矣哉。所以要毁党造党，从小变大，庶几人多势大，进而掌握大政。可是到黎段当政时，总统和内阁人选早定，搞政治变成搞小圈圈，以便争取实权、实利，搞大党就不如搞小派运用之方便了。因此政客之间的兴趣，就集中于组织小派系，和组织小而收获大的政治俱乐部了。

在老国会恢复之初，首先老的“国民党”和“进步党”都萎缩了。前者的骨干乃另组其“宪政商榷会”和“政学会”（后来南京国民党政权中“政学系”的始祖）一类的小组织，以便在当时最热门的政治事件中，实际参加，并发生影响。一些沧海遗珠的国民党员，则仍然株守于其老巢，什么“客庐派”、“韬园派”和“丙辰俱乐部”一类的小组织。总之，原来号称“国会中第一大党”的“国民党”，是被一些亲孙、离孙乃至叛孙的小组织代替了。

至于老的“进步党”，它也以相同的道理分裂了。其骨干精英，在梁启超等人领导之下，与袁世凯时代就存在的老的“研究系”（以梁启超为首），和“交通系”（原来以梁士诒“财神”为首，把持了财政部、交通银行和铁道运输的亲袁老官僚的无形政团）联合，也组织了一个实力雄厚的“宪法研究会”。因此，这个恢复了的“民元老国会”，就变成两个以研究宪法为名的政团短兵相接的战场了（参见一卒著，《中国政党小史》节录，载上引《北洋军阀（1912—1928）》，第一卷，页213—230）。

可叹的是，他两方倾轧，重点不在福国利民，而是以各该系的本身的利益为主。因为两系都不是“选民”选出来的，没有对选民负责的问题。所以他们既不代表任何社会阶级，也不代表任何社会团体。因此他们争吵的内容，就纯粹以各该系政客最狭隘的私利为出发点了。这也就把最高级的“议会政治”，低贬成最低级的“帮会政治”了。事实上，上述所诟病的，不是英美式的议会政治，而是画虎不成，走了样的中国式、走火入魔的“帮会政治”。

在宏观史学的远景之前，议会政治盖为将来中国必有的客观实在。但是它在早年的中华民国，和现在，都还可望而不可即，一般人民和当国者,都被帮会政治（像“文革”时期,“四人帮”那样的政治）吓昏了头，便错把“帮会政治”，当成“议会政治”了。

顾维钧 vs 唐绍仪

经验丰富、观察入微的当年的国务总理顾维钧先生，就曾经告诉我一则他亲身经历的，和他岳父唐绍仪龃龉的小故事：

据顾氏回忆，在他第一次出使华府时，适逢袁死段继。国库枯竭，官府薪饷不继，财政总长陈锦涛，乃连电顾使在美国试举外债，以渡难关。顾氏奉命之后，乃使尽浑身解数，在美国银行界寻觅不带政治条件之放款。并尽量避免旧有借外债之陋规，压低利息，为中国举债六百万美元，以济北京政府的燃眉之急。交涉完满解决，北京大乐，优电褒奖。顾亦私心自庆，斯为中国政府举借外债以来，条件之合理与优越，均为前所未有之创举。殊不知正在此欢庆期间，顾家突然收到岳丈大人、前国务总理唐绍仪拍来的急电。严嘱顾氏停止此项交涉，注销此项外债。顾氏接电之后，夫妇皆为之惊诧不已。顾如遵岳丈之嘱，一通电话，便可立刻中止此一外债之签署，则北京政府便立刻陷入经济危机，段内阁即有倒阁之虞，国家势必再遭动乱，前途可能也就不堪设想。

当顾氏告诉我这段秘史时，我问：唐前总理此时退休在沪，何以忽然静极思动，起而干涉朝政呢？顾说：唐绍仪是国民党员，此时他显然是奉中山之命行事也。我问顾氏，在此公私两难的夹缝中，您自己何以自处呢？顾说，他身为国家驻外使节，一切当以国家利益为重。此时国家的安定问题要紧，他们自己私人间的翁婿之情，就不应该越分了。我再问，当时国家统一，国民党也是支持北京政府的嘛，财政总长陈锦涛，不也是国民党员参加内阁的吗？何以唐绍仪还要乘危捣乱，制造政潮呢？顾说，正是这话，他复电岳父，也就说这次举外债，是奉财政总长之命行事的。唐绍仪接到女婿抗命的复电，当然也是气恼不已。当顾公告诉我这段他们翁婿之间不快的故事时，他也向我感叹，那时反对党之反对政府，都是遇事必反，不谈原则，不择手段的。这就与先进国家反对党的作用，迥然不同了。所以当时中国政局之糟乱，亦不能专责于军阀政府也（参见《顾维钧回忆录》，中文翻译版，第一册，页 144—147）。

制宪、参战，两大政治皮球

上面的例子还只是唐氏以亲戚身份，私人干政；国会就不同了，它是中央政府中三个分权单位之一。它如遇事必反，把政府所制定的政策，当成政治皮球，在议会中踢来踢去，这个中央政府便要搁浅了。今日台北政坛的混乱，多少也似乎与这个传统有关。

从大处说，当年黎段当政时代的国会里，就有两大皮球被踢来踢去，最后闹垮了段祺瑞内阁，引起轩然大波，使尚在襁褓之中的议会政治瘫痪到底，天下大乱，至今还令人谈虎色变。这两大皮球，第一是“制宪”，第二便是“参战”。

先谈谈制宪，前文曾说过，当年搞政党政治的政客们，最高的理想，和最大的兴趣，便是制定宪法。他们认为，只有实行三权分立的宪法，才能约束独裁，防制寡头。让政党党魁组织责任内阁，使政党政治发生实效，才是解决中国政治问题的根本办法。他们这一理想，在袁世凯时代，被老袁彻底地粉碎了。如今到黎段时代，他们就企图重振旗鼓了。因此，在老国会恢复之后，国民党的精英都集中到一个新组织的“宪政商榷会”去了。进步党的精英则热衷于他们的“宪法研究会”。两党的本身，对他们活动分子来说，似乎都是次要的了。

一百年快过去了，今日我们回头看去，所谓宪政运动，在民初中国，似乎只是笑话一场。这就叫作“文章不与政事同”了。但是在当年的国会里，他们却搞得煞有介事。黎总统当时对政党政治就表示支持，段总理，尤其是段之下的省级军阀和政客，对他们就存有戒心，而要加以压制了。

但是国会毕竟是人多势大的机构，段系只是一些旧式军人和政客，他们一不会组党来以毒攻毒，二不会发动革命群众来助纣为虐。他们只能利用便衣军警拿零星小钱，来雇用街头失业游民，甚或乞丐妓女，来组织所谓“公民团”，以最可笑的方式来包围国会，作其下流的反击。反击无效，他们就动刀动枪来对付国会了。秀才遇到兵，这“民元老国会”，终于被张勋的枪杆解散了。

“参战案”是怎样开始的

第二个更严重的政治皮球，就是“参战案”了。

所谓“参战案”者，便是 1914 年 7 月，欧洲的德奥与英法两帮帝国主义之间，忽然爆发了一场国际战争，后来演变成“第一次世界大战”。这一战争虽然发生在欧洲，因为战争双方都是白色帝国主义，它就必然牵涉交战各国在亚非拉澳四洲的殖民地了。中国那时正是交战两方的次殖民地和半殖民地，而日本其时则是英国的同盟国，因而日本也就学模学样的,做了个外黄内白的“香蕉帝国主义”,加入了英法一帮的协约国,对德宣战。日军既然不能远赴欧洲去参战,他就向在我国山东半岛的德国租借地开战了。他不但占领了胶州湾和青岛的德国租借地,他甚至把中国整个的山东半岛,也给霸占了。并乘欧洲列强无暇东顾之时,向中国政府提出“二十一条要求”,要把中国干脆变成日本的殖民地,事详《袁氏当国》。

就在欧战正酣之时,我国朝野,尤其是对欧战有“研究”兴趣的知识分子和政客,也就发生了中国应否像日本一样地去“参战”的问题了。就在这研究中和辩论的当口,欧战转剧,德国于1917年2月,宣布了他在世界五大洋,各公海中,为封锁协约国的海上物资供应,而实行其所谓“无限制潜艇政策”。这一来就直接影响了美国的对外贸易了。

这时美国的对欧政策,本是偏向于支持协约国的。只因国内德裔公民阻力太大,一时尚需维持中立。迨德国的无限制潜艇政策一宣布,尤其是美国邮轮被袭击之后,美国便于1917年4月6日,向德国宣战了。美国既然参战了,美总统威尔逊也就有各种理由,邀约中国一同参战。美国对中国的邀请书一旦发出,中国政府如何响应呢?这在北京政府之中,和全国舆论之上,就发生中国参战与否的现实问题了。

参战利弊大辩论

当时主张参战最力的是国务总理段祺瑞,和他的“北洋系”的全班人马,这批“北洋军阀”之热衷于参战,其动机显然就不像段氏之单纯了。其时以梁启超、汤化龙为首而拥段的原进步党和研究系等有影响力的政客,也全力附和。他们认为参战对中国,有百利无一害。理由甚多:

首先是美国参战以后，协约国在欧战中的最后胜利已十分明显，因此中国应该参加协约国，庶几在将来的国际和会上，有争取胜利果实的权利。

中国的着眼点则集中在山东半岛，因为日本志在战后，承继德国在山东的殖民地而扩大之。中国要抵制日本，收回山东半岛，就非参加战后和会不可。要参加将来的和会，目前参战而成为战胜国，实为必需也。

再者，中国参战之后，不特可以立刻收回德奥等国在中国的所有租借地和一切财产，停付对德奥等国的庚子赔款；还可以参战为借口，要求缓付对协约国英法美意等国的庚子赔款，其年均总数皆在两千万元以上。由缓付开始，战后中国，更可乘机要求全部停付一切赔款。前途无限，利莫大焉。

抑有进者，在段党看来，中国参战还得有其参战军。段政府正可乘机扩大国防军，增加北京政府在国内外的军事力量。为着扩军，政府还得整顿税收，交涉外债。总之，对段政府而言，参加世界大战，对中国是有百利无一害的，所以段氏主张接受美国邀请，立刻参战。事实上，段氏为着参战，几乎废寝忘餐，全力以赴。其刚愎自用的个性，在参战政潮上也表露无遗。

反参战也另有理由

可是黎元洪何以反对参战呢？说穿了，黎与段至此已是势成水火的政敌。凡敌之所好，我必反之，已成为转型期中国政坛的公式（包括国共两党当政时期）。更重要的还是，黎此时是一位徒拥虚名的政治领袖，但他却有其被利用的政治价值。这时刚刚恢复建制的老国会，和国会之中的多数党（老国民党各派系），和他们现时在野的老党魁孙中山，以及当时盘踞西南数省的实力派，像原护国军首脑、现任云南督军的唐继尧、广西督军岑春煊、广东督军陆荣廷，也都声明反对参战。在他们的影响之下，京沪各大都市中一些商学团体也反对参战，并在北京政府中公开表示拥黎反段。这一来，中国是否应该参战的问题，黎段两派，就旗鼓相当，政府也就随之一分为二了。那位原无政治实力的黎大总统，在各实力派一致拥护之下，也就顶起了“反参战”的半边天了（关于参战辩论和舆论的原始文件，上引《北洋军阀（1912—1928）》，第三卷，颇有选录，见页56—199）。

反参战的理由何在呢？说来也是大可理解的。就以孙中山先生来说吧，站在一个民族革命家的立场来看，第一次世界大战，原来就是一场白色帝国主义抢夺殖民地的战争。我们这个深受帝国主义之害的中国，有什么理由来参加他们帝国主义之间的分赃战争呢？

再者，在一个革命家看来，中国问题之彻底解决，是个革命成功与否的问题。不幸的是辛亥革命半途流产，革命果实被北洋军阀拦路打劫去了。现在“革命尚未成功”（中山口头语），弄得民国不如大清。目前中国的当务之急，是打倒军阀，完成革命。如今袁去段来，军阀盘踞如旧，全国上下，还要拥护军阀，乘势壮大，去参加欧战，岂非舍本逐末？所以孙中山就反对参战了。孙中山当时在国内是颇享清望的，在他的号召之下，商学各界，就深受影响了。

至于西南各省的军头，为何也反对参战呢？那就更不难理解了。他们所反的事实上却是北洋系这一政治实体，而非“参战案”这个政策。因为时仅一年之前，在反袁世凯帝制的“护国战争”期间（1916年春季），他们初次摆脱了北洋系的控制，颇尝南北分治的政治甜头。如今袁去段来，北京政府虽然少了个皇帝，然北洋系控制北京政府的本质，却是换汤未换药也。加以他们原来又都和革命派甚为接近，虽然无爱于国民党，但是他们原和黎元洪一样，也都以民国的缔造者自居，对北洋系的军阀，忌嫉与憎恨兼而有之。如今眼见段派北洋系以参战自肥，他们以反参战为借口，而达其拥黎反段的目的，也就是顺理成章的事了。

若论部分国会议员之反参战，其所反者，实际上亦系北洋系之专政，非参战之政策也。中国参战与否，对他们实在非关宏旨。若在任何情况之下，能使北洋系政府垮台，由国会议员来组织责任内阁，则参战与否，原不在话下也。

一言以蔽之，这也就是“转型期”政治现象的可悲之处了。各实力派都要利用响亮的政策问题为借口，来大踢其与政策无关的政治皮球，从事权力斗争而已。还是李宗仁先生的话说得好：“在大家斗到白热化的时候，哪还想到什么国家民族啰。”

幕后的经济暗盘

以上所述都还限于中国政坛上冠冕堂皇的表面文章呢，历史家如揭开他们舞台后面的帏幕，看看他们台后的运作，就与台前颇有不同了。因为在民国政治史中的政争，和其他历史上的政争，也只是大同小异的，那就是政治背后往往还有其经济暗盘也。首先是第一次世界大战期间，也是国际关系史上所谓秘密外交的高潮期。表面的公开外交是一套，暗盘中的秘密外交又是另一套。一次大战期间，也是世界历史上国际间秘密条约最为茂盛的时代。君不见，我们轰轰烈烈的爱国“五四运动”，不就是因为中日之间的密约曝光，而爆发出来的？从秘密条约搞起，对本国或异国当权派，和有影响力的政客军阀作经济之贿赂，那就更是不在话下了。

在参战案初起之时，欧洲战场中对立的协约和同盟两集团，对中国的参战与否，都极为重视。对协约国的英法来说，日本既已参加了协约国对德作战了，中国再随之加入，德奥在亚洲的势力，不用说就全部扫地出门了。中国虽是个老大无用之国，她却有无限的人力资源、廉价劳工、原料和市场，能补协约国之不足。还有就是日本，乘欧战方殷，在东亚浑水摸鱼，已势不可遏。日本曾为英国在远东的贸易之劲敌，为久长之计，制衡日本，为战后重返亚洲着想，英法两国都有强拉中国入伙参战之必要。

对同盟国的德奥来说，中国一旦对德奥宣战，不用说他们在中国数十年来所享有的一切外交特权、租借地和所有的经济设施，立刻就化为乌有。他们留在中国的所有商人、官吏和情报人员，全部都要被作为战俘而失去自由。所以柏林也就使出全身解数，派出最资深专家和有影响力的外交家，挟大批马克，来华活动，并暗中资助（事实上也就是贿赂了）反参战人士反参战到底。口头工作效率不够，双方对中国各实力集团，就用美金、马克作重贵贿赂了。

中山也受贿百万马克

那时交战双方对中国所使用的金元外交，和银弹攻势，从公开借款和半公开的酬劳、佣金、手续费用等等，到干脆的秘密贿赂，是千奇百怪的。历史本来比小说有趣，我们如把它详细地记录下来，其故事之惊心动魄，就不下于福尔摩斯侦探案了。最难想象的是，连“一代圣贤”的孙中山先生，也变成他们帝国主义者银弹攻势下的受害人。为着“反参战”，他老人家也曾接收过德国政府秘密奉送的两百万马克的酬劳。虽然他实际上只收到一百万马克，另外一百万，被何人打劫了，或中饱了，至今还是个天大的疑案。

为着“反参战”，中山接受了德国的大量酬劳，在当时是早有蛛丝马迹的，国民党的党史家，对此也微有所述。但是数目多寡，两方授受的详细情况，却是个不解之谜。一直到二战后，德国国家档案被全部公开，再经过精通德语的资深华裔史家李国祁博士，对该项档卷的细心翻阅，始案情大白的。

李博士二战后留学德国，返国后曾任台湾南港“中央研究院”中国近代史研究所所长有年，接触广泛，著述丰盛，中外咸钦。关于此项发现，李教授在著述之余，也曾在南港“近史所”和台北“国史馆”都做过公开报告。笔者有幸亦曾亲往旁听。“国史馆”主持人，当时是曾经孙国父耳提面命的党国元老黄季陆先生。黄公也公开认为此项报告乃十分难得的一手史料。既是可靠史料，就该认真处理。

有的读者，读拙著至此，不免心有难安。认为“国父一代圣贤”，怎能收受外国的贿赂呢？须知中山是一位不治私产的革命者。孔门弟子不是也说过，只要大德无亏，小德出入可也。他们那时搞革命的人，往往也认为革命无道德，以成功为道德。为着争取革命的成功，则何事不可为？这一概念，对伦理学家来说，可能有保留余地。但是近现代革命家,很多都是奉为圭臬的。当然它也不会有伤于中山先生的日月之明也。

当时马克的国际汇率，仅略低于美元。百万之数，在当时中国是吓坏人的巨款。它对其后的中国内战，所谓“护法战争”，是有其决定性影响的。我们势将继续讨论下去。留待后文再说吧。

2001年10月8日于北美洲

原载于台北《传记文学》第七十九卷第五、六期

第七章

再造民国，段阁复起

皖系始末之三

我们曾经提到，在袁世凯留下的烂摊子中，黎段二氏首先就为着个人的“意气”和小小人事的纠纷（徐树铮和孙洪伊），闹得不可开交。将人比人，我们写历史的可以大胆地说，黎段二人还都不能算是“小人”。他二人都还算是有气度的政治家。君子之间的意气之争，如上所述，尚且不能化除，一旦碰到更复杂的、小人之间的政治斗争，就治丝益棼了。这就是在民初，几乎把国家闹翻，其后遗症至今未了的所谓“参战案”。

政治皮球没完没了

在美国正式邀请中国参战之前，中国国内的各派政客，已为参战与否，吵得不可开交。早在袁世凯时代，二十一条交涉之前，中国外交人员就为“调停欧战”，出了一大乌龙，而腾笑国际。原来那时刚当选美国总统的威尔逊，有意调解欧战。事为中国驻美公使夏偕复所知。夏乃自作聪明，认为调解欧战，中国的袁大总统，最为适合，乃未向北京请示，便径往美国国务院向国务卿建议，说袁大总统有此意向。华府上下闻报大惊，乃电嘱美国驻北京公使芮恩施（Paul S. Reinsch），一探究竟。始知是一大乌龙。袁总统闻报大怒，外交总长孙宝琦引咎辞职，乃有密派顾维钧使美之决定。顾氏在华府接篆未几，美国便正式参战。

斯时袁世凯已因帝制而暴卒。顾乃密电北京国务院，力陈中国参战之重要。其最主要之论点，为日本竟不顾中国之存在，而在国际交涉上，以东亚唯一代表自居。协约国之英法二强，不特早已承认日本之代表权，并有暗中缔结之密约，以加重其法律根据。美国在各方压力之下，也与日本订立《蓝辛—石井协议》(*Lansing-Ishii Agreement*)[1]，以“地缘关系”为遁词，予以变相许诺。顾氏认为，欲突破此一恶劣的国际环境，中国非参战不可。国务总理段祺瑞对顾之建议大为折服，乃不顾各方反对，决定中国非参战不可，终于引起政潮，余波至今未息。当我个人在四十年前与顾氏细谈参战政潮时，曾就各方史料，作出最详细之纪录。

最近笔者为撰写本篇，曾复查《顾维钧回忆录》之中文译稿和英文原稿，始知本稿当年在哥大打印期间，被过度删节，文气每有错接，而形成错误，甚是可惜可叹（可能是当时主持者，为节省助理费用所致）。谨补志于此，盼今后使用者慎之。

参战案，原只是政府政策之制定的问题。在一般正常的国家里，不论是君主或民主，正反两方，都要遵守“法律程序”（due process of law）进行政策辩论。是正是反，一二三就决断下来。除非是一国之内的政治社会问题，发生了无法解决的死结，像美国内战前所发生的“奴隶问题”。北方废奴，南方留奴。这个一国两制，双方都牵涉国计民生的重大的政治经济问题，因此一拖数十年，无法妥协。最后南方主张，干脆把“两制论”，变成“两国论”，使南北两部，各成一国，各自分治，各自独立了事。但是北方人民，在林肯总统的领导之下，却要维持美国统一，不许南方搞“分裂主义”，这样一来，南北战争，避免不了，就打起内战来了。结果南方的枪杆没有打出政权来，北方的枪杆维持了国家的统一。

我们中国那时的“参战案”，并没有那么严重嘛。参战与否，也是一二三就可以决定的政策嘛。它之所以变成没完没了的政治皮球者，是踢球的人，醉翁之意不在酒，借题发挥罢了。更惨的则是这场球赛，原也没个胜负的规则，因而它就踢得没完没了。最初双方所争的原是制度上的纠葛，渐渐地就变成二人你死我活、有你无我的意气之争了。

最不可恕的是黎段二人之下，还各有一群趋炎附势、幸灾乐祸、浑水摸鱼的小政客，来推波助澜，把府院两方，拖到毫无妥协余地的绝境。这群环绕着黎元洪，以秘书长丁世峄为首的小政客，是所谓“四凶”[2]；而围绕着段氏，则是以傅良佐最为激烈的所谓“四大金刚”[3]。下节所说的“公民团”包围国会的下流闹剧，就是傅良佐一手制造，而段竟毫无所知也。俗语说，阎王易处，小鬼难缠。他们这寄生于府院之内的两组“小鬼”之间的世仇，竟远远超过这两大“阎王”之间的宿怨。因此双方都把参战案，当成个政治皮球，就踢得没完没了了。

更可悲的是，黎段二人，都还算是正派人士，不是那种心狠手辣流氓式的独裁暴君。正因为如此，他二人都易为群小所包围，听信谗言。黎元洪原是一位每“为左右所左右”的菩萨；而耿直的段老总，号称“刚愎自用”，却每每变成“刚愎他用”（参见杜春和编，《张国淦文集》，2000年，北京燕山出版社，《北洋从政实录》诸篇。张氏湖北人，原为黎元洪的同乡好友，亦为段所信任，在府院之争最激烈时，担任段的秘书长，折冲于黎段之间，深知二人斗争的内幕，所言亦颇多持平之论，值得推荐。还有章伯锋、李宗一主编的史料丛书《北洋军阀（1912—

1928）》，第三卷搜集有大量新史料，颇值玩味细读。至于陶菊隐、李剑农等古典巨著，也未可偏废）。

不但要绝交，还要宣战

长话短说。国务院于1917年3月3日由国务会议通过“对德绝交”，而黎总统却于翌日拒绝用印。国务总理段祺瑞，乃以去就相争，并于3月5日，声言辞职，躲往天津私邸，向黎总统摊牌。黎不得已，乃请副总统冯国璋，专程赴津劝说，并怂恿国会参众两院，于14日一致通过《对德绝交案》。可是对德绝交，和对德宣战，还有一段距离。宣战之权既然操诸国会，段总理乃进一步向国会施压，要求国会立即通过《对德宣战案》。国会之内的老国民党系，和进步党分子，这时为着制宪和其他小问题，正在搞“肢体抗争”（且用个目前台湾的政治术语），吵闹不休，对宣战大事，无暇讨论，有意拖延，而迟疑未决。拥段人士，尤其是所谓“四大金刚”乃迫不及待，怂恿段氏于4月25日，在北京召集一个“军事会议”。出席者凡二十余省区的督军、都统、代表等数十人。大会一致通过，拥护政府的参战政策。且派出军人代表晋见总统，并招待国会议员，甚至遍访协约国驻华使领，对宣战案加以大力推动。

军事会议之不足，最荒唐的却是所谓“公民请愿团”之出现，并于5月10日，实行包围国会，强迫国会通过《对德宣战案》。由傅良佐所一手制造的这个“公民团”，实在是个最荒唐、最下流的政治工具。它是一些便衣军警，另加一些用小钱收雇的游民和地痞流氓，甚至乞丐娼妓，总共数千人，自称“公民请愿团”，把国会团团围住，以断绝饮食等下流方式，强迫国会议员，投票通过《对德宣战案》。这种下流的勾当，在当时不但激怒了“反派”人士，连“参派”议员也不以为然。对德宣战，就更难不宣不战了。

“制衡制”在中国的折磨

从这点荒唐小节，我们不难看到，近现代中国的“政治转型”，乃至后来所谓“体制改革”，和今日所谓“民主运动”发展的轨迹。单从外表来看，咱中国佬搞“议会政治”像模像样的，还是民国初年这一段呢。且看：段祺瑞这个搞责任内阁的国务总理，他制订了一个《对德参战案》。首先总统府不同意，他这个国务院就一筹莫展。好不容易，总统答应了，而国会不通过，段总理急得头大如斗，也还是毫无办法。

朋友，这就叫作“制衡制”（check & balance）嘛。所以我的老师，近代中国的民主圣人胡适之先生，那时也正在北京，目睹这一政治情况的发展，他恨铁不成钢，当时也跟着急得头大如斗。后来民初的“议会政治”彻底地失败了，适之老师，为之长吁短叹了一辈子，认为“可惜，可惜”。他后来在美国当难民，还不断地向我回味这段历史。他认为当初国会里那批议员，很多都是一些“了不起的人物”，议会政治，民主政治，和他们失之交臂，真是“可惜，可惜，可惜，可惜”！

笔者这个学历史的学生，当时就曾一再向胡老师解释。人家的议会政治，民主政治，折磨了几百年，其间也是血流如注，人头滚滚的。最后才搞出个可行的制度来。我们中国佬，看人家挑担不重，一下就想照本宣科，哪有这样容易的事体呢？谭嗣同不是说过，变法必须流血？流血就应该从他谭某开始。所以他竟真的引刀成一快，不负少年头，把个少年头颅，捐献出来了。谭氏殉国之后，又已百年，我们的旧法究竟变了多少呢？抚今思昔，足见变法改革之难也。哪里一蹴可几？胡老师认为我这个学生的话，也“不无道理”。但是他还是可惜、可惜地，可惜了一辈子。

事实上，所谓“制衡制”，并不全是洋货。在古代中国自从出了一个权力无限（unchecked power）的大独裁者秦始皇之后，儒家大师们，吃一堑，长一智，其后历朝都有其“内在的制衡制度”（built-in check & balance）。从西汉到清末所实行的“回避制”，便是其中之一。民国初年，这一制度被彻底地破坏了，才冒出许多“不回避”（以自己母省为地盘）的地方军阀来。

汉唐的三公，北宋的参政，都是制衡制度。中国自古读书人秉持传统治术为官，对于马上得天下的皇帝，也是一种制衡，那就说不完的了。因为一个成熟的国家体制，不论是君主或民主，“制衡制”都是必需的。只是现代化的民主政治，或议会政治，特别强调其重要性罢了。

相反地，凡是有独裁倾向的政治领袖（甚至包括二战期间的罗斯福），都是讨厌这种制度的。在咱们中国的政治传统里，也只有秦始皇……才是真正权力无限的独裁暴君。相比，纵是我们所最不齿的“军阀”（像上述的黎元洪和段祺瑞）都还有若干“内在的制衡制度”来加以约束呢。

段总理被黎总统撤职

因此在段祺瑞掌权的初期，老段倒是很忠实于《民元约法》的精神。他所搞的倒确是一种“三权分立”（至少是“两权分立”）的议会政治。但是这种现代化的政治制度，在民国初年，显然是“躐等”了。我们的祖国那时实在太落伍，还不配采用这种先进的政治制度呢（纵在百年后的今日，还是有人认为“不配”呢）。引进西方的制度，躐等了。过犹不及，在历史三峡的“化君权为民权”这一峡内，就要发生“洄水”。宏观历史的发展，就要进三步退两步了。

段派所搞的“军事会议”和“公民团”，既然发生反作用，反段派就益发气焰万丈了。在反对党和愤激的舆论怂恿之下，5 月 11 日，段内阁就发生了“阁潮”，导致“外交总长伍廷芳、司法总长张耀曾、农商总长谷钟秀、海军总长程璧光在一天内先后提出辞呈。内务总长范源廉本来就在家养病，新任财政总长尚未到任（前总长陈锦涛因贪污案去职）。这样，内阁就剩下总理一人，段祺瑞真正成了孤家寡人”（见黄征等著，张宪文、黄美真主编，《段祺瑞与皖系军阀》，页 67）。

可是段祺瑞却是个刚愎自用的军人，据说他还是坚持奉公守法，独自一人驰车去国务院“上班”办公。那时去古未远，总理大人一入公门，站岗军警，从前门到后院，都大声传呼：“总理到。”声震屋瓦。全体办公人员，都应声起立，以示恭敬。不幸这次“总理到”时，却因为六部皆空，公门冷落，署内小猫三只四只，显得无限凄凉。段氏却熟视无睹，孤家寡人，独自据案办公，旁若无人。情况十分怪异。

这一笑剧，经人报入总统府，黎总统就为这一消息所误导，再加上“四凶”的怂恿，以为段总理真个成为孤家寡人了。因此一时冲动，竟“为左右所左右”，意图一了百了，乃于 5 月 23 日，手令将国务总理段祺瑞“免职”，遗缺由伍廷芳暂代。这一下不得了，这位空头总统，竟然抓到并非空有其头的老虎尾巴，惹出了督军团造反。中央政府尊严扫地，近现代中国，变成军阀横行的下流国家了。

段祺瑞是有其双重历史身份的。

第一，他看来是个现代化议会政府中责任内阁的总理。这个阁揆由于政治失策，个人刚愎自用，被国会投了不信任票；同时也为其本阁阁员所杯葛，成为一个独夫。他那位政敌的黎总统，就想乘势而去之了。

第二，也是黎总统所严重忽略的，则是段的另一个历史身份，却是北洋系军阀和官僚的总头目。他原想做一个现代化责任内阁的国务总理，可是事与愿违，为着自保，他也走回头路，去搬出其北洋系的老班底了。这些老班底，旁观政局，早已为段不平，而摩拳擦掌，勒缰以待，不待段氏之乞援，他们就早已蠢蠢思动。再者，黎元洪和国民党系的政客，原来也是政敌满街的。黎与段决裂，正为他自己的政敌制造机会，群起倒黎。这一来，以后中国的政局，便按照这两条相反的路线，而大开其政治倒车了。

黎元洪把段祺瑞撤职这出闹剧，显然是他低估了段的潜势力，和过高地估计了他自己合法国家元首的权威。前节曾提到，当段于 3 月 5 日以去就相争，对黎摊牌时，黎曾一时为之手忙脚乱。怎么事隔不过两个半月，黎总统为何一时又天威大振，竟然主动地把段氏撤职呢？其主要原因是，黎认为段在督军团中，真正的影响力有限，是个银样镴枪头。因为那时把持各省的地方军阀虽有二十多个，并且有个松散的督军团组织，但是这些督军，相互争权夺利，彼此明争暗斗，派系分明。段祺瑞一旦被中央政府撤职，他们未必就会联合起来，为这个落水狗，群起对抗中央。就以段的母省安徽为例吧，安徽省长倪嗣冲，就不是段的死党。倪此次晋京谒黎，暗中对黎有私情请求。但是倪因手中无兵权，只是个空头政务官，对黎无适当的重要性，乃被黎以官腔训斥一顿，诚惶诚恐而去（见上引近版《张国淦文集》,《北洋从政实录》，页 170）。

再说原任“安徽督军”的辫帅张勋吧。张勋在民初专任“长江巡阅使”时期，驻节徐州，对黎副总统曾表示十分恭顺。如今他威震东南，曾数次召集各省督军，大开其所谓“徐州会议”，隐然以督军团领袖自居，但是张勋原不是“北洋六镇”出身的北洋嫡系。相反地，他是一贯被段祺瑞、冯国璋等嫡系将领们所歧视的北洋外围。他所统率的官兵，通通蓄发留辫，是有名的"辫子兵"，对前朝故主的宣统皇帝，胸怀愚忠，对有功民国的段总理，却永远阳奉阴违。因此总统只要运用得法，这位貌似菩萨、浑浑而有机心的辫帅，未始不是一张反段的王牌。这样，黎是在与"四凶"详议，加上自己深思熟虑之后，才使出一记撒手锏，把段氏"撤职"的。

从督军造反到张勋复辟

谁知事出意料之外。首先，段在被免职之后，虽因之再度避往天津，但却全力反击，他强调在责任内阁的体制之下，总统所颁任何命令，如未经总理副署，便属非法。因此这次撤去他本兼各职，未经他自己副署的总统命令，原是违法的府令。他自己不曾宣布自撤其职。因此不接受此项府令。

不幸在那时的中国，任何司法辩论，若无枪杆子为后盾，都是空话。黎没有为这件法律问题而改变初衷。他还是命令伍廷芳暂代阁揆，接着又发表老官僚李经羲为正式总理继任人，以便把内阁全面改组。不意就在这紧锣密鼓之际，张勋却在其任所，于5月23日，召开了所谓"第四次徐州会议"。张的原意是乘此时局动荡，策动各省督军，阴谋其拥护清帝复辟的活动。谁知那位黎总统所最不在意的安徽省长倪嗣冲，竟然也乘机公报私仇，首先发难，通电全国，对乱政滥权的黎政府"宣布独立"。安徽既然始作其俑，陕西督军陈树藩，河南督军赵倜、省长田文烈，浙江督军杨善德、省长齐耀珊，奉天督军兼省长张作霖，亦于数日之内，纷起效尤。其后接踵而来的独立运动，竟遍及十三行省之多。各叛将并拟在天津成立“总参谋处”来联合造反。张勋虽未独立，亦致电北京，以中央率先破坏法律，群情激愤，各省势将继续“自由行动”。

国会中拥段的研究系、交通系议员，更于此时火上加油，纷纷离京，以示抗议。北京政府遂陷入严重政潮。这时西南五省（粤、桂、川、滇、黔）督军虽也曾通电表示拥护中央，但是远水不救近火，通电勤王，究属空话。四顾无门，那位原来就是个孤家寡人的黎总统，不免慌了手脚，穷于应付。黎在四处扳请调人，以和缓政局，均不得要领，在此绝境下，不得已乃乞助于张勋。盖以张既非北洋系的死硬派，却是督军团的首领，至今也没有宣布独立。张如肯亲来首都，作诚恳之调停，则政潮或可消弭于无形。黎总统乃于6月初，连电张勋，希望辫帅惠驾北京，共商国是。可是黎大总统再也未想到，他这记电召，却是引狼入室，最后竟弄成个清帝复辟的荒唐局面来。张勋何以要拥宣统复辟，我们还得稍稍温习点清末民初新旧军的“转型”，和所谓“宗社党”的遗老们，暗中图谋清帝复辟的老历史，才能认识张勋这位“辫帅”、“遗老”，在民国史上所发生的反作用。

新旧军转型的一桩“个案”

张勋（1854—1923），字少轩，江西奉新人。幼年家贫，又遭洪杨之乱，父母双亡。他年不足十岁便被迫四处流浪乞食。稍长在湖南当兵，中法战争（1885）时，随军调到云南，曾参加谅山之役，以勇猛过人，立有战功，被迅速提升至中级军阶。随后曾被派携两万元巨款，往上海采购军械。不意他这位大老粗，敌不过十里洋场销金窟的诱惑，两万金瞬即化为乌有。但张勋是条汉子，不愿潜逃，挺身返滇受死。果然在昆明为军法处判处死刑。但是他的老上司，念其功，怜其蠢，乃网开一面，让他以潜逃销案。

张氏“潜逃”往华北之后，投效于宋庆的毅军，参加中日甲午之战，为袁世凯所赏识，乃随袁去小站。迨袁于1899年调任山东巡抚时，又随袁在山东率领地方团队，镇压义和团。据近年所发现之当年山东地方档案所示，这位对袁自称“标下勋”的张屠户，有一日杀义和团五百人的可怕纪录（见拙著民国通史晚清导论篇《晚清七十年》，远流版，卷四，“义和团与八国联军”专册，页67）。

在那个野蛮时代，能心狠手辣、杀人如麻的屠夫，便有升官的快捷方式。张勋经袁世凯的拔擢，至辛亥革命时已位至方面。段祺瑞出任湖广总督时，张居然官拜两江总督。与段氏平分长江中下游，东西遥相颉颃。二次革命战役之后，张军以纪律败坏，被调离南京，改任长江巡阅使，再兼任安徽督军，驻节徐州。徐州交通便利，张乃发起“督军团”之组织，并以该团首领自居。曾四度召集所谓“徐州会议”，拥督军团之集体声势，议论朝政。一时中外闻名，俨然是当时督军团中，最具影响力的军事领袖。

但是张与段的军事背景和政治信仰上，却是绝对的南辕北辙。段是一位德国留学的现代军人，崇拜德国，连服用阿司匹林都要以德制为准。并曾领导诸将领，通电强迫清帝退位，有开国功勋，因此他对维护民国国体，原是生死不渝的。张勋则是一位行伍出身的草莽英雄，对大清故主的皇恩浩荡，则肝脑涂地，没齿难忘。他虽曾奉袁宫保之命，大肆屠杀义和拳匪，但他的政治信仰，却也是“扶清灭洋”，终身无悔也。

新军多半同情维新和革命，旧军却是保皇的死硬派，这本是清末军界的通例。两者之间的冲突，往往是你死我活，各不相让的。李宗仁将军当年在军官学校毕业之后，便属于新派，他告诉我许多当年新旧军人之间冲突的老故事（见《李宗仁回忆录》第四、五章），颇足发人深思。

张勋是属于旧军那一派。他为感念故主之皇恩，不但终身不剪辫发，他所统率的“定武军”，约一万二千余人，也是长辫绕头，从不剃发的。在当年国际旅游史上，“辫帅”、“辫兵”，乃是外人来华旅游的一大景观呢。

据说，张勋在官仪礼节上，对“磕响头”有特别偏好。所谓磕响头者，便是磕头时，以前额触地，磕得叮咚作响，愈响愈为虔诚。忠臣面圣时，往往磕得满头鲜血而不能自已。张勋喜欢的正是这一套。朋友，您说这是胡涂，下流，虐待狂？但是一代有一代的不同风气嘛，“文化大革命”时代，跳忠字舞，把像章挂在肉体上，鲜血淋漓，有何不同呢？您说张勋信仰帝制，崇拜皇上，现代人信仰主义，还不是一样？时代不同，大同小异而已。因此，他段张二人在近现代中国军事转型史里，也代表着两个绝对相反、互不兼容的型态。

张段是军事转型前后期

张勋所代表的是清末，曾经盛极一时，湘淮军的老系统。军中得力官兵，往往不是无知农民，便是江湖出身的死士。所谓“砍掉头，碗大疤”，所谓“头有刀疤，屁股有板子花”，视死如归的草莽英雄（“板子花”，是江湖好汉犯法，被官府打板子的伤痕）。他们所凭借的是血气之勇和实际战场经验。但是这一老系统却只是近现代中国军事转型的前半期的旧军制，是要被淘汰掉的。

段祺瑞所代表的则是转型的后半期，所谓学生军。那是以欧美的现代化军制，由海陆军官校训练出来的青年军官，淘汰旧有湘淮军的老系统。因此他们在陆军中的起步和升迁，是以军校文凭为准。他们是军事专业化的技术人员。专靠血气之勇的时代，已成过去历史。这也可说，是宏观历史发展中的一桩“客观实在”。

因此这新旧两系统在清末民初，军事转型的历史上，相互嫉忌排斥，也是血泪斑斑的（参见上引《李宗仁回忆录》）。首先是湘淮旧军，尤其是缩编以后的淮军，把持了大清帝国的军政，力拒新军的蚕食。但是他们逆水行舟，首先在甲午一战中，淮军旧部被日军摧枯拉朽，消灭殆尽。六年之后，再经八国联军之役，淮军被消灭得了无孑遗，于是就被新建的六镇所取代了。这六镇就是后来“北洋派”的嫡系班底了。张勋不幸，他行伍出身的旧军背景，使他虽攀上袁宫保，却打不进六镇，因此终身只能是北洋系的边缘军阀，始终进不了北洋系的核心。

可是事有跷蹊的是，就在这旧军日趋消灭之时，张勋的辫兵“定武军”回光返照，不但在当时军制中，是一支硕果仅存的“旧军”。辫帅张勋,居然做了督军团的首领。也算是个异数吧。张辫帅效忠大清故主，拳拳以重扶大清王朝复辟为职志。他四次召集“徐州会议”，其真正目的是要说服各省督军，恢复大清，以救中华。各省督军对张勋的一派苦心，也都深有同情，并无强烈反弹（注意：当时纵是南方反袁、反段的军头，像岑春煊、陆荣廷、谭浩明，都有其恋清情结）。这就使辫帅对废帝溥仪的一片愚忠，益发不可收拾了。

其实这种在近现代中国，军制转型期中，新旧之对立，纵在张段之后，仍然不断地发生。在国民党北伐之前，蒋介石之赶走许崇智，改组粤军，讨伐刘震寰、杨希闵；广西李（宗仁）、白（崇禧）、黄（绍竑）之定桂战争，新桂系赶走老桂系的陆荣廷、沈鸿英等内战，也都是军事转型的一部分。再看张作霖、张学良父子所统率的东北军，老帅是“旧军”的总头头，少帅则是新式军校出身的改革派。他们父子两方的新旧之争，最后竟然弄出个拥护儿子、打倒老子的郭松龄叛变，几乎把老子真的赶出了满洲。

民初段张这两造的对立，是黑白分明得太明显了。所以我们要把他们当成两个个案，多说几句，做近现代中国军事转型史的注脚。

宣统复辟闹剧始末

现在言归正传。让我们再看看，张勋这个忠于大清皇室的旧军头，是怎样搞起复辟来的。长话短说。民国六年（1917）6月7日，张勋在数度电劝黎大总统“解散国会”以息众怒之后，乃亲率辫兵五千，专车北上。但是张没有径去北京，在路过天津时便停下。原来他要在十三省联合造反中心的天津，为清帝复辟，制造点政治气候。有人说，他曾试探过段的意思，而段不置可否，然后他才大胆上马的。但是据张国淦的回忆，段曾明告张勋：“你如复辟，我一定打你。”（见上引《张国淦文集》，《北洋从政实录》，页178）事实上这是故事的两面，并不冲突。原来段张二人，都是不善于搞口是心非、阴谋诡计的直肠人。但是他二人身边，却多的是苏秦张仪和鬼谷子之流。

段派的策士，这时显然是不顾一切地，怂恿张勋及早晋京，干掉黎元洪再说。而张派谋臣，则显然希望宣统早日复辟，庶几他们的老总，也可以爬上李鸿章和袁世凯都坐过的宝座：直隶总督、北洋大臣。随之大家也好鸡犬升天。设有不测，自有长辫子的头颅去引颈就戮，与他们何涉？所以大家就起哄了。因此段张对话之后，段的警告显然立刻就被一些苏秦、张仪所淡化了。

事实上，段氏当时也确实只是个孤家寡人。手边有将无兵，他能打谁？（见下节）张勋这位黑旋风大屠户，显然是被他自己的左右和段的左右说服了。他如搞起复辟来，段是既无此心，也无此力去打他的。所以这个张李逵，不顾一切地干了起来。

6 月 13 日，黎元洪被迫解散国会，张勋乃于 6 月 14 日偕李经羲、段芝贵等专车抵京。15 日晤黎，商讨重建政府。16 日张勋身着黄马褂，头戴红顶花翎，径往故宫跪谒废帝溥仪，请圣安，并恭请幼主复辟。这时才十三岁的溥仪亦盛服接见如仪。他虽只是个十三岁的幼童，但是面谕群臣，议论国事，态度沉着，见识深远，有模有样，殊非诸大臣始料所及。更不像四十余年之后，新凤霞女士笔下，那位颟顸老朽的“皇帝”。

这位英明的幼主，在接见那些老官僚和军阀时，首先以朕躬年幼，当此大事，恐才力不胜而谦辞。诸大臣则力奏，当年圣祖皇帝（康熙），冲龄践祚，还幼于今上，只要辅佐有人，年幼何妨？溥仪骤闻“圣祖”二字，不禁敛容起立，一再自谦：“朕何敢比圣祖？”他谦虚而庄重的态度，使面圣诸大臣，更是赞叹不已，由衷敬服。在辅弼大臣一再跪请之下，幼主始俯允所请，愿意重行登基，君临大清帝国，以慰亿万臣民喁喁之望。但是他也嘱咐群臣，应慎重将事，不可将此御前密谋，告诉“王爷”（他的父亲，前摄政王载沣）。因为王爷胆小，畏首畏尾，可能偾事。溥仪这番话，说得简直不像出诸十三岁的幼童之口。使辅政者更觉得圣上英明天纵，对复辟运动也就更具信心了（据参与者事后追忆，张勋此次“面圣”，确是十分戏剧化的，见冷汰［陈曾植］著，《丁巳复辟记》，载上引《北洋军阀（1912—1928）》，第三卷，页 238）。

此后再经过外事人员，向驻京各使领疏通一番，张勋乃于 22 日专访日使林权助，密谈四小时，以争取日本对复辟之认可。翌日，更遍访各国驻华使节，以争取普遍的国际奥援。6 月 25 日，他更安排李经羲正式出任阁揆，以安定北京政局。6 月 30 日，张再秘密入宫，除与陈宝琛等清室遗老计议之外，并与新近秘密抵京的康有为饮宴密谈。康仍主张仿效英国式虚君实相的君主立宪制，颇不为张所理解。因此二人所谈，并不太投契，其后康遂不能参与密勿云（见同上）。

在一切安排稳妥之后，张辫帅乃择定吉日良辰，于7月1日清晨四时，率领康有为、劳乃宣等清室遗老，及陆军总长王士珍、步兵统领吴炳湘、首都警察总监江朝宗等数十人，恭请废帝溥仪，于故宫太和殿升座复辟。并改元，以中华民国六年为宣统九年。这出清帝复辟的活剧，就在张亲自导演之下，正式地礼成了。

随后且由皇帝陛下，御诏封黎元洪为一等公，张勋、陈宝琛、王士珍等为内阁议政大臣。张勋兼任直隶总督、北洋大臣。冯国璋为两江总督、南洋大臣。陆荣廷为两广总督。其他官职，也各有其选。随后乃由张勋、王士珍等领衔通电，将此项喜讯，布告全国，通报世界。因此，亡了六年的大清帝国，在一日之间就蓦地复活了。

此时新皇既然登基，临朝主持帝国大政，当时有的议政大臣竟主张立威，将黎元洪杀头，以谢天下。并拟具“圣旨”，恭请幼主“用宝”（盖印），事为新皇帝“三请三斥”而作罢。足见这位小皇帝，颇有帝王资质，殊不平凡也（见章士钊著，《张勋复辟记》，同上书，第三卷，页 254）。

马厂誓师，收京讨逆

这幕复辟活剧在 7 月 1 日清晨上演时，黎元洪于前晚深夜始得知确息。深恐为帝制派劫持劝进，黎大总统乃夤夜逃往东交民巷，希图在法国医院暂避烽火。谁知该医院以夜深，虽总统亦不纳。黎乃改投日本使馆，请求庇护。黎与随从计议之后，乃于翌日电请时驻南京的副总统冯国璋为代理总统，起兵讨贼。另免去李经羲国务总理职，发表段祺瑞复任国务总理，嘱其火速率兵返京、定乱、讨贼（密派专人通知之外，并在上海发布公报）。

张勋这幕闹剧，演得太荒唐了。消息一经公布，老张立刻变成过街老鼠，人人喊打。不用说孙中山和西南五省，早已摩拳擦掌，计划乘势兴师北伐。但远水不救近火。其近水楼台，讨张最有效力而方便者，那就企望于在天津蓄势待发的段总理了，可惜这时老段孤将无兵。其时京津一带虽不无少数零星部队驻防，但是自从袁世凯死后，王纲解纽，将专其兵，兵为将有。部队多半变成了带兵官的私产。谁也不情愿自告奋勇，为空头民国和数千的辫子兵一拼死活。

老段在四顾乏术之时，忽然得报，驻防在京津之间的马厂，还有一支人数众多的陆军第八师。师长为李长泰。但是李是否听话，则殊不敢必。后经人献计，李长泰对民国虽无特殊的忠荩之忱，但李某惧内，其夫人倒颇可动以利害。经识者疏通，果如所传。李长泰既遵阃令，效忠民国，并愿听命于国务总理兼陆军总长，段乃单骑驰入马厂，用句古语，便叫作“夺其军”。段氏既有一师之众，就可以号召零星部队来归。加以原在北京的步兵统领吴炳湘、警察总监江朝宗，均系旧部。段既手上有兵，他们也就服从命令，里应外合了。

段氏起兵讨张，既如此得心应手，遂正式组织其讨逆“共和军”，自任总司令，于 7 月 4 日誓师马厂，通电讨贼。此处值得一提的是，这一通掷地有声的讨逆反帝通电，竟出于才子梁启超之手。而在北京附逆，被讨的帝制派、保皇党的中坚之一，却正是梁某的老师，保皇旧党的党魁康有为也。梁氏大义灭亲，亦是当时再造民国史上一篇佳话也。

复辟君臣的末路

1917年夏季，共和讨贼军的段总司令，在马厂誓师之后，便率领三军直趋北京。沿途设防的辫子兵，全无斗志，一触即溃。北京城内外，其他驻防军警，则相率附义如仪，服从总理节制。段军师长李长泰、陈光远，旅长冯玉祥、吴佩孚、王承斌，于7月12日，兵不血刃，长驱直入，光复北京。张勋遁入荷兰使馆。宣统皇帝则于13日，第二次下诏退位。段祺瑞总理乃于14日，率大批讨逆大员，凯旋首都，“再造民国”。黎总统亦于同日离开日本使馆，返回官邸，并立刻通电宣布辞职。遗缺由尚在南京的代总统冯国璋转正。这一来，那纠缠了一年多的府院之争，至此乃正式结束。北京就是段派的天下了。

再回头看看，张勋复辟这出滑稽剧。他老人家和幼主，从头到尾只表演了两个星期（1917年7月1日到7月13日），却搞得民国二度死亡，国会解散，总统退位。那时北京如没个帝国主义者霸占的东交民巷，我们真不能想象黎大总统和张辫帅，要躲到哪个胡同里去呢？据报，当张勋知道大势已去，曾上表幼主，恭请“开缺”。十三岁的幼主，览奏泪如雨下，奏折尽湿，实在也是怪可怜的。张大臣复辟失败，据说原是预备尽忠殉节的。当他左右力挽荷兰使馆的洋朋友，驰车前来解救时，张辫帅把辫子一甩，力拒登车。幸好这辆荷兰汽车的司机，是个德国大汉，他伙同荷兰保镖，二人把张辫帅连辫子一道，抬入汽车。张大臣不得已，才中止了他的殉节之志，又苟活了十来年，才随同先朝诸帝，颓然而去，也是愚不可及的一代遗老吧。较之陆秀夫，又何多让哉？中山闻之曰：“文对于真复辟者，虽以为敌，未尝不敬之也。”（见《国父全书》）国父之言，真是深得我心。

思想转型杂乱的实例

梁启超原是力倡君主立宪的保皇巨子，何以这时忽然又变成反帝英雄呢？这儿我们得从“转型”二字说起了。转型原是一转百转的。思想转型，便是其中极其重要的方面之一。梁某是位博学多才之士，对新旧思想接触之广泛，时人鲜有其匹。因而在不知何择何从之间，就经常发生，如他自己所说的，“今日之我，与昨日之我挑战”的现象了。您说，梁启超是个特殊的例子吗？非也。这是那转型期，知识分子的普遍现象也，各人多少不同而已。

那时国人，由于对固有的思想和生活方式，发生了怀疑，因而对外来的思想和生活方式，就发生了择善而从的心理了。有原则、有思想的正派人士，对不断涌现的外来思想，和不同的生活方式，择善而从，眼花缭乱之余，不免就要发生今日之我对昨日之我挑战的现象了。没有原则，不忠实于自己人格的人，就难免要唯利是图，趋炎附势，而变动不停了。这种人就是所谓变节无耻的小人了。

笔者在拙著《晚清七十年》论“戊戌变法”中，对梁曾颇有论列。他在青少年时期，中举之后，被个康秀才老师，一日之谈所启发，竟然尽弃所学而学焉。终至康梁并列，成为保皇党的伏龙、凤雏。康老师由于多种主客观条件的限制，其思想永远在原地踏步，终身不改。梁学生则不断接触外来思想，今日对昨日不断挑战，民国后他一反青少年时期所笃信的“君主立宪”思想，而改从民主共和了。这也可以说是此一时也，彼一时也，师生时代不同吧。

梁启超之外，我们还可看看，和他同时代的其他知识分子嘛。杨度原是策动袁世凯称帝的六君子之首，大大的一个帝制派。您可曾想到，他晚年竟然加入了共产党。他那样的转变，吾人搞历史的，不可轻率地便以“投机”二字，一笔带过也。再看蒋介石，他在北伐前期，曾面对美国记者，痛斥基督教的“伪善”。曾几何时，蒋却变成虔诚的基督徒。您也可以说，蒋是为着要讨个新式老婆而“伪善”一番，事实也非那么简单也。

再看最近谢世的张学良，他是在中国推动“法西斯主义”最早的、最高级的和最重要的领袖之一。曾几何时，他又向第三国际申请加入共产党，并痛诋蒋介石“太洋，太右”。及至被关起来了，他又大搞其佛学。佛学不搞了，又和赵四大信其基督教来，连“西安事变”都认为是“上帝安排”的。我曾劝少帅，把历史真相留下来。他夫人不同意，他也跟着叫说，有什么好留的？“一切都是上帝安排好的嘛。”您说这叫作信仰呢？还是叫作迷信呢？

站在杨度、蒋介石、张学良对立面的，那就是康有为、张勋这一类的人了。他们抱着一个教条打滚，至死不渝。海枯石烂，都要“信仰”到底。笔者在多种拙著里，就曾一再提过，康有为迷信的图腾是一匹“公羊”。张勋所最爱向其磕响头的，则是一个十二三岁的满族娃儿，“宣统皇上”。他三人对这三种图腾的顶礼崇拜，虽颇有不同，却都是一分不让的。但在一个思想上发生了王纲解纽的情况之下，他们各自迷其所信，和误人误己的心态，则是大同小异的。这是个时代现象，在咱们那个新旧思想杂陈的历史三峡中，是很普遍的现象啊。但是在一个一切有定型常规的国家里，就不是如此了。

笔者在1940年代留美的初期，曾和几十个华裔男女同学，共同接受美国几十家中产阶级基督教家庭的招待住食，至数月之久。我发现这几十家美国人的生活方式、政治社会文化思想和价值观念，简直是一模一样，找不出不同的语言来。而我们自己接受招待的几十个华裔男女青年的生活方式，和政治社会文化思想，以及价值观念，却各异其趣，各说各话，彼此之间往往大有不同，使我们的居停主人，对我们这些来自东方的古怪年轻人，大惑不解。

这一现象，朋友，其实没啥费解也。他们是住在一个一切都有个“定型”的社会里，彼此有其共同的语言，一切都有其一致性。我们来自中国的这批宝贝，在生活方式、政治社会文化思想和价值观念上，尚处于高速转型的状态之中，各说各话就是必然的现象了。这就是我个人十分相信的，我们要把这个各说各话的转型期，逐渐地搞到生活思想，渐渐趋向一致的“定型”（书同文，车同轨，行同伦）。等到我们也搞出个过得去的“定型”，转型结束，就天下太平了。

再者，我们转型后期的一些华裔高知，自命为自由主义者，现在自觉时髦了，竟然不时做了洋人的尾闾，反对我们自己的所谓“民族主义”。杞人忧天，言之凿凿。问题是：根据吾人在西方五十余年的观察，美国的白种公民自动自发的民族主义，远非我们华人所能望其项背呢。这次“九一一事变”之后，我们华裔，虽然也跟着在车上悬挂国旗。但我们哪能和白种公民的虔诚相比？

我也记得，十多年前，老美打波斯湾战争时，大家悬挂黄色丝带的往事。见那种黄带如潮，和今日的花旗似海，始觉得这才是真正的、格调极高的民族主义。我们中国人所搞的，那一丁点小儿科，还未脱离丑陋中国人的阶段呢。民族主义云乎哉？自我脸上贴金罢了。再看看那日益团结扩张的欧盟（EU），朋友，他们白种民族的民族主义，今后可能还要统治地球五百年，而不稍让呢。我们五分钟怒发冲冠的民族主义，算个啥？自命清高，自命世界化的华裔士大夫们，未免太自我膨胀，自以为是了。

再造民国，一切从头来起

黎元洪、张勋一时俱去，北京剩下个段总理，又作何打算呢？吃一堑，长一智，在段派的算盘里，那个专肆捣乱的国会，是不能再有了。尽管南方各省，乃至全国舆论都在叫嚣，要恢复国会，段老总是充耳不闻了。但是民国既有个总统，也有个总理，怎能没个国会呢？可是将来的国会，只能听话，不能遇事捣乱，才是个正常的国会嘛。段祺瑞和他的策士们，经过了多年的折腾，这下才恍然大悟：要组织国会，就得组织个“御用国会”。国会议员，只许听报告，举手赞成，不许捣蛋，就庶几乎天下太平了。

其实这项从实践得出的真理，原始发明人是袁世凯，而不是段祺瑞。袁世凯在搞垮“民元老国会”之后，本来就要再组织一个御用国会，来听他指挥。不幸这个御用国会还未组成，袁就和他的皇帝之梦，一道死掉了。

附注：老国会始会于民国二年（1913）4月8日。同年11月15日，因袁驱逐国民党议员，被迫闭会。袁死后，老国会于民五（1916）8月1日复会，至民六（1917）6月13日，黎元洪为张勋所迫，明令解散国会。复辟失败后，段祺瑞“再造民国”，乃拒绝恢复旧国会。

这次民国再度死亡，段在“再造民国”之后，就轮到他来组织五千年中华通史上的第一个“御用国会”了。段祺瑞的御用国会，虽然还不太成功，他后来的接班人，再继续加以改良，就大派用场了。

朋友，您能说，三权分立的“制衡制”，没有其若干真理吗？但是要把这套本领学会，非两百年不为功也。咱们军阀时代，在历史三峡中转得几转，画虎不成反类狗，历史三峡之水，竟开始回转倒流。结果弄得无数知识分子和士大夫阶级，寡廉鲜耻；可怜老百姓、小士兵，也就人头滚滚，言之可叹了。

话说回头，段祺瑞那时拒绝恢复老国会，一切从头来过的耍赖政策，其背后最大的智囊，不是旁人，却是名满天下的梁启超也。段祺瑞当时那个皖系的军阀集团之内，还找不到像梁举人那样的高级参谋呢。

根据梁启超政治逻辑的发展，这时才不过六岁的民国，已经猝死过两次了。第一次是袁世凯称帝，民国死了八十三天而复活。这次张勋复辟，民国又死了十三天，又再次复活了。既然死而复生，则一切典章制度，都理应从头来起。但梁氏认为，既然恢复民国，则民国赖以生存的《民元约法》，则不可废。这也是当时南北一致的意见。现在民国复生，则民国的一切的典章制度，就得按民元"开国"的旧例，一切复活起来。但是那个已丧失其作用和尊严的"民元老国会"，既已解散，却不应该让其复活。

如何从头来起呢？老段、老梁就认为按民元旧例，应由全国各省区自行选送二三代表来京，先行根据《约法》，组织个"临时参议院"，来代行国会所应有的职权，改组政府，制定《宪法》。然后再由宪法取代《民元约法》。再按宪法由各省重行选举国代，来组织正式"国会"。因为制宪和另选国会，都是百年大计，有待仔细琢磨，现政府的当务之急，则是组织个和民国初年一样的"临时参议院"了。

这一政治逻辑，显然是经过梁和段派策士详议之后，始由梁启超执笔，撰成通电文稿，才用国务总理段氏之名，于 1917 年 7 月 24 日，通电全国，再由北京政府明令执行。这就是那篇当时百祸之源的所谓《敬电》了（"敬"是 24 日的代日韵目）。这篇《敬电》，根据《梁启超年谱长编》所记，是梁氏起稿的，其内容显然就是他的智慧财产之精华了（"敬电”全文，见上引《北洋军阀（1912—1928）》，第三卷，页 296—297。载自《东方杂志》，第十四期，第九号。当时中国主要报刊，均曾刊载。外国媒体，乃至国家密档，亦有节译或全译）。

梁启超政治智慧试评

梁启超是胡适出现之前，在近代中国思想界影响最大的人物。晚年虽然与北洋系军阀合作，他显然也是想借北洋系的权势，来推行他自己的政治理想的。他这次和段派合作，反对恢复国会，而要重行建立人数较少的“临时参议院”，这项政治设计，如果不出于卑鄙的政治投机，是否也有若干可取之处呢？我们在八十年之后，爱人以德，虚心地翻查百年旧史，是否也能为这位前辈思想家，找出点由实践所检验出来的真理呢？

第一，从近百年政制转型的史实来回头检讨一下。辛亥革命之后，全国朝野都把“共和政体”，也就是所谓“议会政府”，看成一种天经地义的制度。其实这一制度，不但在当年中国，纵是在目前中国，都还是无法实行的理想。因此，在民国初年，几乎所有最重要的政治纠纷，都是从这个躐等引进的、不切实际的西方制度所惹起来的。迟至 21 世纪，还不是有人在说中国如实行西方议会政治，十二亿人口都要挨饿？

台湾呢？宋楚瑜先生不是也在问，今日台湾的制度，是“总统制”、“内阁制”，还是“乱七八糟制”？（见《世界日报》美东版，2001 年 11 月 5 日，A4 版）台湾政坛元老赵耀东先生，提起台湾现状，不也是“老泪纵横”，认为“台湾的民主，根本不是真民主”（见同上）。今日两岸情况尚且如此，那么八十年前的中国，还用说吗？所以民初的国会，弄得天怒人怨，实在也是它本身有缺憾，不可全归罪于军阀们的。

第二，议会政治搞不成了，在那时代，似乎就只有回头再去搞帝王专政，或个人独裁了。所以袁要称帝，张勋要复辟，孙要搞“盲从领袖”和“个人独裁”。因此袁世凯的美国宪法顾问古德诺教授才建议，与其搞最劣等的“非承继式的独裁制”（像后来的法西斯），倒不如搞“承继式的独裁制”（干脆做皇帝）之为佳也（见拙论古德诺专章，载民国通史北洋政府篇《袁氏当国》专册）。

第三，中国除掉搞“议会政治”和“独裁政治”之外，有没有第三条出路呢？路是人踩出来的；真理是实践出来的。梁启超辈有心人，显然就想，试试这既非议会政治，也非个人独裁的，第三条路的中间路线。它虽然不如先进的议会政治，但却优于反动的个人独裁。这第三条路，在现代政治学里，原有个专用名词，叫 aristocracy，老的汉译叫作“贵族政治”，我们可试译为“集体领导”，或“精英专政”。事实上，在打天下时代，和改革开放后（1979 年至今），所搞的就是这个制度。二者都是成绩斐然的。这至少表示，它在政治转型期中，是个暂时“可行的制度”嘛。

可惜在国民党的“百年老店”里，老 K 就始终未尝有过这种“集体领导”的经验。在上一世纪的 20 年代，汪、胡、蒋原有其三雄集体领导的契机，不幸这契机，未经掌握，一纵即逝。蒋中正先生在我民族史上，功高不赏，两千年来，初无二人，而他老人家最后竟弄到不能埋骨故土，就是他搞一人独裁的后遗症所致也，实在是十分可悲的。

话说回头，梁启超要作帝王师，他那时显然是想利用段的声势，把中国推向这个“集体领导”的中间路线吧。可惜他一介书生，手无寸铁，影响力极其有限，而他本人且久处酱缸，身有余臭，就号召不起来了。这也是政治转型初期，免不了的现象吧。我华族在民族翻身史上，该有如此折磨，夫复何言！

从宏观视角看黎段在争些什么

让我们再回头看看，我们的黎大总统和段总理在争些啥子？

在那个“袁后时代”，他二人的工作关系如何界定，就只有依靠《民元约法》之中的几十个字了。《民元约法》原是革命先烈宋教仁在一夜之间草就的。府院两造对这几十个字的意义，焉能没有歧见？啥叫法治（制），两个老军阀的木石头脑，都是搞不清楚的。所以在黎段联合当政时期，北京政府变成个既非“内阁制”，也非“总统制”的非牛非马的政府。此即当时派系斗争的最大的乱源所在了。

按政党政治国家的常规，在内阁制的国度里，一般内阁总理或首相，照例是由国会中多数党领袖出马来组其政党政治的责任内阁。可是在中国这一制度就不按理出牌了。段祺瑞没个政党，他做内阁总理，是靠他在北洋系里的元老声望和潜势力。

北洋系不是个政党。它是个辛亥前后，以袁世凯为精神领袖的北京政府中的老政客、小和尚，和老北洋六镇与衍生支派中，高级军官相结合的历史共同体。在这个无形的北洋系之内，段祺瑞和冯国璋二人，是最有声望和实力的两个军政领袖。他二人所倚靠的，都是门生故吏对他们的拥护。因为北洋军阀，很少不是他的门生；北洋政客，也很少不是他的故吏。老段就凭这前朝残余的潜势力，坐上北洋政权的第一把交椅。在袁世凯死后，北洋系就变成以冯段为首的两头马车了。他二人底下的门生故吏，难免各有所偏。后来就逐渐形成直皖两系了。

至于在当时北京政坛上，纵横捭阖的大小政客，再从大党变成小派，那就看政治上的实际需要了。像段祺瑞这样的实力派，却没个自己的政党，国会内外的政客党人，就要组织个精密的政治社团，狐假虎威，来拥段自重。这便是当时最活跃的“安福俱乐部”了。

意气之争和黎段其人

首先，他二人闹的是极其无聊的意气之争。但你却不能小视这种政客之间，最无聊的意气之争的时代和文化背景。这也是个政治文化社会“转型中期”的特有现象也。按《民元约法》，北京中央政府所实行的是所谓“责任内阁制”。总统只是个荣誉职位，政府的真正首脑是内阁总理。按法律，他二人的关系原是英国女皇（伊丽莎白）和首相（丘吉尔）的关系。在英国，他们搞革命，搞复辟，搞了几百年，最后才能搞出个制度来，而相安无事。朋友，美国的布什（George Walker Bush）、高尔（Al Gore）的政权之争（详下节），之所以能匕鬯不惊，和平解决者，这是他们几百年才磨炼出来的所谓“英美（政治）传统”（Anglo-American tradition），非一朝一夕之功也。

我们的老黎、老段搞“责任内阁”，才搞了几个月，您怎能对他二人解决政治问题，有“匕鬯不惊”的奢望呢？二人之间的面子和意气都太多了。怎能不“斗”一下呢？因此，单说意气斗争这一项，细说从头，就说不完了。笔者在《袁氏当国》的末章，曾略叙原委，这儿就不再噜嗦了。

不过我们要知道，黎段二人不但在民初军阀之间，算是具有现代知识的军人政客（他二人都是很有成就的欧洲留学生，参见哥伦比亚大学所编的《民国名人传》），纵与后来的两党的党魁们相比，黎元洪、段祺瑞二人，都还算是开明宽厚，而识大体的政治家和民族领袖呢。黎原有“菩萨”之名；段也以刚正而“素有廉洁之美誉”（参见黄征等著，张宪文、黄美真主编，《段祺瑞与皖系军阀》，1990年，河南人民出版社，页41。注意：这是大陆上最近出版的新书。段氏享此“美誉”，应该含笑九泉）。虽然他二人也跳不开转型中期，半新不旧的政客，所丢不掉的文化包袱和时代烙印。

且说点他们私生活上的小事，以举一反三：段祺瑞一人便公开地讨了五个姨太太，试问哪个号称现代化国家的国务总理，能享此艳福呢？这就是社会文化转型程序中，“中期”与“晚期”之别了。转型中期的政客，他们还可以搞搞多妻制，不搞白不搞。到“晚期”就不能再搞了。且看今日台湾的当政诸公，偷鸡摸狗都不敢碰，何也？这就是社会文化转型的“晚期”与“末期”之别了。晚期还可躲在深宫永巷之内，去偷鸡摸狗。到“末期”，政治就逐渐“透明”了，国家监察制度逐渐完善，正当的媒体报导也逐渐放宽了，甚至专事搜寻贪污腐化新闻的“扒粪队”（muckrakers），乃至专找刺激故事的“狗仔队”（paparazzi），他们利用新闻自由，就更是无孔不入了。在他们钻隙之下，政治社会名人，都成为玻璃水缸里的金鱼，和熊猫馆里的熊猫，日夜都在社会大众监督之列，他们的私生活就不一样了。

笔者试举这种“老妪能解”的最简单的实例，来帮助解释那最玄妙、最不易说明的社会文化转型的现象。社会文化之从中古、近古，渐渐地转向近代、现代，是一时不停的。也是潜移默化的，是肉眼不易觉察的。虽然历史三峡之内，多的是洄水、漩涡、逆流，但是三峡之水，无不东流，潮流永远是前进，非人力可以倒转也。我们试举出个像上述讨姨太太的小事，就一目了然了。

笔者就这样主观的，对黎元洪、段祺瑞这两位历史人物，臧否一下了。不怕不识货，就怕货比货。朋友，不信您就从两党的领袖名单中，找几位出来比一比嘛。相比之下，我想很多贤明的读者，是会和在下有相同看法的。

人事和利害之争

再者，中山说得好，“政治是管理众人之事”。政坛之上，没有真正的“单干户”。其大则有帮有党；其小则有婢仆妻妾，马弁副官，幕友智囊。在两千年的传统中国的衙门里，一衙之主是“老爷”。老爷照例是不亲细务的。为老爷大小细务，上下一把抓的，照例则有个“二爷”。这在国民党时代，便是什么“侍从室”、“秘书长”、“幕僚长”、“总务长”一类的建制。在专制时代的宫廷之内，那就是高力士、李莲英、小德张一类的太监了。

干这种“二爷”工作的，不用说都是些最为精明强干的人物，当然更是“老爷”最最信任的心腹股肱。因此，时在“转型中期”，以黎元洪、段祺瑞为首的总统府和国务院两大衙门，自然也各有其“二爷”。前文已言之，徐树铮便是段氏国务院内，总揽一切大小事务的二爷。而孙洪伊则是黎总统安插在国务院内的“心腹”。国务院内有了他，则国务院对黎总统来说，那就是个无事不可洞察的水晶球了。

作这种“心腹”和“二爷”的人物，不用说都是极其精明强干的幕僚人才，是那些只管大事、不管小事的老爷，所不可一日或缺的贴身助手。当然他二人也是两个最善于狐假虎威，也最善于为老爷背黑锅、当恶人的风云人物了。

我国的俗语说："阎王易处，小鬼难缠。"有时小鬼与小鬼之间，发生了纠缠，彼此原本十分友好的阎王之间，也会因之发生弥补不了的裂痕，而不可收拾。笔者在论袁的专著，就曾细说过徐孙之间的人事问题，而引发了黎段之间的府院之争。再强调一下，搞政治是没有什么真正的单干户。小徐和老孙，也各有为政治利害，而依附于他们的党羽。这一来黎段之间的"利害之争"，也就说之不尽了。

无法解决的政策之争

本来，在一个中央政府之内，两派政客，为着某项政策，而发生争执，是最正常不过的事了。在古今中外，任何政治体制中，都是不免。只是在一个有定型制度的国家里，这种政策之争，都是有其正常的、制度性的解决方法，来加以解决。可是在个转型期的中国，没个固定的制度来加以仲裁，它就变成政治死结了。

老实说，在寻找这项解决办法，我们的国共两党，磨炼了大半个世纪，笔者个人大胆推测，大致还要再磨炼四五十年，海峡两岸才能建立一个真正能解决问题的制度来。在民初军阀年代，当然就是政治死结了。

这一死结，差不多已过去一个世纪，今日的史学家才能看出，它原是一个历史上的"客观实在"，在那个转型前期军阀年代，是没有解决方法的。黎段二人解决不了这纠纷，实在也怪不得他们。朋友，那是个转型期的死结，解决不了，虽贤者不免，怎能厚责于两个"军阀"呢？

既然民国不如大清，我们也就想到，共和不如帝制，民主不如独裁了。因此我们的杨度，乃至孙国父中山先生也就想到，还是秦始皇那一套，最适合中国的国情。可是，如果我们搞来搞去，最后还回到秦始皇的老路上去，那还要革啥鸟命呢？

斗争的类别和解决的方法

老实说人就是人，不管是洋人、华人，他（她）们都是具有七情六欲、极其复杂的脊椎动物。尤其是那些最欢喜搞政治的脊椎动物，聚在一起，为着政治利害，就必然要斗个你死我活。人与人之间的友情，乃至国家民族的利害，对他们来说，就是屁话了。想起了我的前辈老友，李宗仁将军所谈有关国民党内政治斗争的那一句极有趣的"桂林官话"。他说："在大家斗到白热化的时候，哪还想到什么国家民族啰！"这是那位诚实的李宗仁先生，向我所说的最诚实的话。

美国的杜鲁门大总统，不也说过："你如在华盛顿想交个朋友，那就只有去买一条狗。"换言之，若论人情厚薄，则华府的白宫内外，和国会山庄上下的八千政客，都不如一条狗也。华府如此，北京、南京就不然哉？朋友，人就是人嘛，不管是洋人、华人，今人、古人，大同小异而已。

但是话说回头，这些万千政客，究竟在闹些什么呢？社会心理学家，和事后才知的历史学家，大致可以把他们所争之事，分为数类：一为最普通也是最无聊的，盖为个体之间的意气之争；其次则为人事之争；再则是公私利害的权力之争；最高级的应该是政策之争，这就包括党的所谓路线斗争了。朋友，这是古今中外，世界政治圈内的通病。当年的黎段之争，也没有跳出这四大范畴呢。

只是这种政治斗争，在一个现代化的国家里，有个斗争双方都能一致服从的解决办法，是谓之法治。法治不一定公平，但是法治可以解决问题。君不见近在目前的美国大选，共和党的布什和民主党的高尔，为着在佛罗里达一州的几百票之差，而僵持不下，最后只好由联邦最高法院开庭来加以仲裁。仲裁结果，竟以一票之差，而底定了共和党的天下。那文化低劣的“德州牧童”布什，当上了“少数总统”（minority president），而得选民票多数的民主党候选人高尔，竟然落选。使投票占多数的选民，气得嘴歪头大，但是还不是接受了这项法治仲裁的事实？终使美国政权依法易手，世界政局也为之大变。此事如果发生在当年的苏俄，那孟什维克（少数）与布尔什维克（多数）之争，岂能凭法官一票而决？

但是法就是法，坏法虽坏，究胜于无法无天。根据美国宪法，最高法院有此仲裁权力。它虽然仲裁不公，但可以解决问题。由最高法院用投票方式来加以判决，究竟比用枪杆或红卫兵来解决政治问题，要文明得多了，老百姓省下多少性命，这就是法治国家的好处。朋友，就凭这一点本领，你能说，美国不应该做现时代的“世界警察”？

帝制转民治急不得也

本篇我们所要讨论的原是黎段二人的“府院之争”嘛。怎么又把国共都请出来，陪斩一番呢？朋友，这就叫作比较史学，叫作效验明时方论定。我们如不请出来比较一下，专谈黎元洪、段祺瑞的斗争，读者可能就认为，那是单纯的“军阀现象”了。把他们汪、胡、蒋，甚或李登辉、陈水扁，都干脆搞到一起来比比看，我们就知道，这不单纯是个军阀的问题，党棍的问题，而是一桩近现代中国，“政治社会文化转型的大问题”之各阶段而已。这也就是所谓宏观史学吧。

更确切一点地说，从政治制度的转型来看，那就是，从传统的“帝制”，慢慢地转向“民治”；从传统的“人治”，慢慢地转向现代西方型的“法治”。这项转变，工程实在太大了。但是这一转型程序，我们今日回头看过去，也是阶段分明的。

“辛亥革命”就是这项从帝制转民治的一个重要阶段，它至少把“皇帝”这个政治名词给转掉了。名词之外转的就不多了，袁世凯做总统的独裁权力，比皇帝还要大。但是在转型过程之中，他再也不能顶用皇帝这个头衔了。袁氏不明此理，他还要恢复这个头衔，开倒车，他就遗臭万年了。

因此在近现代中国，从帝制转民治的“转型史”上来说，袁世凯时代，我们只转掉一个“皇帝”，其他转变甚少也。

不过，朋友，从一部近现代中国之转型史的整体来说，请稍安勿躁，通过这条历史三峡，是急不得的，过急是会翻船的。

现在话说回头，我们只要把20世纪的中国政治史宏观地温习一下，如上几节之所述，我们就不会厚责于黎元洪、段祺瑞那伙“军阀”了。他们在这条历史三峡里，也只是较早的一个阶段而已。明乎此，我们对中国近现代史里的一切难题，就可以像“庖丁解牛”，迎刃而解了。

从政治制度的转型来看，那就是从传统的“帝制”，慢慢地转向“民治”。这项转变，工程实在太大了。但是这一转型程序，也是阶段分明的，“辛亥革命”就是这项从帝制转民治的一个重要阶段。

人治转法治同样困难

再者，从帝制转民治，还有个同步进退的舞伴。他俩必须同步转变，不能一个转，一个不转。这个舞伴，便是“人治转法治”。从帝制转民治，一定要和从人治转法治，同步转动。二者不同步转动，这个舞就跳得不像样了。甚至干脆停舞出场，跳不成了。原来帝制是一个人的独裁专制，全国大事，全民休戚，由当皇帝的一张嘴说了算。他金口御言，句句发金光，一句顶一万句。全国大众，唯命是从。可是在民治时代，再没有任何人，能搞啥金口御言了。国家大事的处理，全民休戚的保障，全民都有份。大家七嘴八舌，解决不了问题，那么，大家就依法行事。法律之前，人人平等。没那个杂种，可以一人说了算。至于如何立法，则全国老百姓，人人都有个代表，能参加立法。一法既立，则人人都得依法行事。斯之为有“法制”；斯之谓“法治”。

近年中国“改革开放”以来，“民主法治（制）”的口号，被叫得震天价响。笔者每在拙著里，要颠倒其次序，而改叫“法制（治）民主”，何也？在中国近现代的历史三峡里，先要把法制弄好，然后才能谈民主和民治。盖搞民主政治，守法实为第一要务。有法未必尽善，有的法甚至其坏无比。但是坏法也胜于无法，守法与无法，则更是文明与野蛮的分野了。

但是，亲爱的同胞们，守法二字的经纬大着呢。不客气地说，你我也都是不爱守法之人，开车闯红灯，被警察抓到了，一肚皮气，要发泄呢。终于低声下气，领了罚单，非心甘意愿也。法律之前，不敢反抗也。我记得以前在祖国时代，有个小朋友学开车，被警察抓着了，他只轻声告诉那警察他爸爸的名字，警察向他敬个礼，就挥起白手套，让他专车前进了。子仗父势的儿子尚且如此，有特权的爸爸，那还得了？儿子小人也，开车小事也，无关宏旨。但是爸爸是党国要人，干的是党国大事，这种国家，就不配自称为国家，只能算个部落了。朋友，咱们中国人，搞革命，搞现代化，搞了几十年，最后竟然退化成为一个第三世界的部落。人治转法治之难，盖可思过半矣。

目无宪法的实例

读者如不惮烦，让我们再搞一点比较史学：国民党不幸，在“行宪”之初，就搞出“总统引退”（1949 年 1 月）的事故来。按现行宪法，总统蒋中正因故不能视事，副总统李宗仁理当依法继任，为（正）总统。可是退休总统，却只许继任总统做“代总统”。老李不干，非做“正总统”不可。他的老友，手握重兵的白崇禧也劝他：“要做皇帝，就做真皇帝。”老李因而坚持要做真皇帝。可是他的“秘书长”，同时也是蒋公当年曾托妻寄子的老友吴忠信，却劝他说：“您现在还要吵什么代不代呢？您身边的卫兵都是蒋先生的人。”（见《李宗仁回忆录》第六十五章）老李一听，此话有理，就不吵了。此事给书酸子胡适知道了，他大为老李不平，硬是要叫他“李大总统”，不叫“李代总统”，叫得我们“代总统”飘飘然，认为究竟胡适懂得宪法。

后来刘少奇竟以国家元首之尊，就那样无法无天的被虐待侮辱至死，而死得那么惨。无他，人治转法治，比帝制转民治，还要难上加难呢。

我们举这点小例子，让大家来比较比较，就知道从人治转法治是多么困难？稍微温习一下历史，我们就不能厚责于黎元洪和段祺瑞这两个“军阀”了。

意气之争加人事纠纷

总之，在民国初年的中国还不是个法治国家，因此，黎大总统和段内阁总理之间的行政关系，在法律上本来就搞不清楚。纵使搞清楚了，也不会有人遵守。加以他二人之间又各有强大的党羽，和无限的攀龙附凤的文武官吏，蝇营狗苟，纵横捭阖，各为私利，乘隙钻营，各取所需。这一来，你要他二人和平相处，那就完全要靠朋友之间的私情和“义气”来维持了。要不，那就是两造之间的力量和声威，绝对地不成比例，在一边独享的盛势之下（像袁世凯之与唐绍仪，蒋介石之与翁文灏）使弱者不得不屈服，纠纷就不会发生了。

可是黎段的关系就不然了。他二人在声望、地位和讲不清的法律之前，却是个“两头大”。两个头发生了争执，没个政治权威可加以仲裁，没个大众媒体、社会舆论，可以主持公道，而唯恐天下不乱、推波助澜的政客和军人，则日夜挑拨，他二人之间的纠纷，就永远不得解决了。

但是，朋友，人与人之间的私情和义气，那只有从《三国演义》和《水浒传》里去找了。一般社会上，尤其是政治圈内，是找不到的。欧美人士的友谊圈，有时还比我们中国人的友谊圈还稍大一些。他们至少可与狗交朋友。并有句名言说，狗是“人类最好的朋友”。中国人却最歧视我们“最好的朋友”，把社交上一切的坏名词，都给“狗”来承担了。例如什么“狗男女”、“走狗”、“狗屁”、“狗屎”、“狗娘养的”等等，恶言恶语，实在对狗同志有欠公平。因此我们中国人搞政搞党，在绝无朋友的情况之下，连“买条狗”也是枉然了。黎大总统和段国务总理的关系，正是如此。他们之间，没有刘关张那套桃园结义的友谊，也没有袁唐之间权力一头大的形势，他二人势均力敌，又没个法制来加以仲裁。两造一旦发生不论是小的“意气之争”，或大的“政策之争”，就没个转圜的余地了。明乎此，我们对近现代中国党政之纠纷，就可思过半矣。

民主不是忍让，是法律之前，实力平衡

朋友，话说回头，洋人之间的人际关系，并不比我们中国人好呢，他们养条狗也是枉然。因此他们才搞出一个有效的补救办法来：一曰法治，二曰民主。法治和民主，都是两种以上的社会力量的较劲，而不分胜负之时，大家止斗息争，依法和平共存的。所以，民主不是姑息，不是忍让；民主是两雄对立，互不相让之下，在法律之前的妥协行为。而这一妥协是以法为准的。没个两造都认可的法制，斗争的双方，不论斗的是个人的“意气”，或是政府的“政策”，尤其是后者，便无法妥协了。

再概念化地说一下，在帝制时代，皇帝便是法律，在法治时代，法律便是皇帝。从皇帝法律，转型变成法律皇帝，其中间至少有一百年以上的空白呢。这就是民初黎段之争的契机所在了。在黎段之间作仲裁的，既没有皇帝，也没有法律，两者之争，就没法解决了。

附注：2000 年的美国大选，民主、共和两党势均力敌，有些地区，投票者数百万人，高尔、布什之间相差往往只有数十票，尤其是佛罗里达州票匦出了问题，需用人工数票，佛州原为民主党的天下，人工细数的结果，高尔可能远超过布什，使现任美国政府由民主党连任。共和党有鉴于此，乃在选举法上找漏洞。盖人工数票，旷日费时，而法无明文。共和党乃向最高法院告上一状，由九位大法官投票仲裁之。而最高法院近年来却是保守派得势，竟以一票之差的多数，终止了佛州的“人工数

票”，使高尔败选，布什登上大宝。高尔只好到哥伦比亚大学去教书了。天下事之不平，无有愈于此者。这甚或是一项政治阴谋，使无数民主党选民气得胡须乱飘。但是法就是法。民主应从守法开始。我民族要做到把法律当皇帝的这一步，最乐观的估计，恐怕最少还要等四十年。

2001年10月8日于北美洲

编者注

[1] 1917年11月2日，美国国务卿蓝辛（Robert Lansing）和日本特使石井菊次郎换文，承认日本因领土接近，在中国拥有“特殊利益”。日本表示按照美国要求，遵守在中国的“门户开放”。美国事实上变相承认了日本的“二十一条要求”。

[2] 丁世峄、金永炎、哈汉章、黎澍。

[3] 徐树铮、靳云鹏、吴光新、傅良佐。

第八章

谈谈打打的护法战争

皖系始末之四

中国是当今世界史上，独一无二的文明古国，源远流长是我们的特色。甚至打了几千年的“内战”，也不例外。打内战对咱们中华民族来说，那真是与生俱来的好本事。但是咱们打了数千年的内战，也没有哪场内战，像美国内战那样，痛痛快快的，说打就打，说停就停的。它们总是婆婆妈妈的，打打谈谈，谈谈打打。最后结果则往往是当胜者败，当败者胜。然后才分久必合，重行来个天下一统。再出个伟大的太祖皇帝，让老百姓来享受几年没有内战的清福。在民国五年（1916）开打的“护国战争”，总算打出了个结果，打得袁世凯做不了皇帝，一气而终。但是从民国六年（1917）开打的“护法战争”，却打不出个结果来，最后无疾而终。可是，南北战争虽消灭于无形，却又搞出南打南、北打北的两个内战之内战来。

一国两府，祸延至今

在民国初年的政治史上，段祺瑞虽然始终是个关键人物，但是所谓“皖系政权”，从一个颇为像模像样的“责任内阁制”，逐渐变质，一直发展到段氏“马厂誓师”，赶走张勋；把溥仪二度拉下宝座，并要仿效民元“开国”的旧例，来“再造民国”之时，段祺瑞才真正地独断专行起来，走向枪杆子出政权、个人独裁的死胡同里去。段祺瑞所走的这条“回头路”，节要而言之，便是近现代中国的政治体制，向议会政治前进的转型发展中，躐等而行，一旦发现“此路不通”，转而走其回头路的客观形势也。

段氏当时的“责任内阁”，被三权分立（事实上只是两权分立）的体制，弄得一筹莫展，只有挂冠而去。所幸天如人愿，半路上杀出个“复辟”运动来。国会被解散了，黎元洪也被赶跑了。段氏借兵回京，惩前毖后，痛定思痛，他就要组织个只发生橡皮图章作用的国会，和选个听话的总统，然后来他个“武力统一”，搞个“枪杆子出政权”，就是顺理成章的事了。他这个新模式，是他从痛苦的政治经验中实践出来的。实践才是检验一切真理的标准呢。其后他在中国政治上的继承人，搞虚君实相，要橡皮图章，就青出于蓝了，此是后话。

正当段祺瑞发现了这条新路之时，那早就有意在华南另立革命政权，来从事三次革命的孙中山，这时也天如人愿地，利用了来自柏林整麻袋的钞票，率领了老乡亲，时任海军总长的程璧光，和大批失位、失业的国民党系议员八十余人，乘舰南下广州，组织护法政府，自称大元帅，和北京老段分庭抗礼，对干起来，中国就一分为二了。

在此之前，整个中国虽早已炮声隆隆，内战打个不停。但交战各方，向未否定北京民国政府的合法地位。占领了北京的军阀，所搞的只是挟天子以令诸侯而已。反对北京的地方军阀，也只是搞搞古代所谓“清君侧”的把戏，打倒所谓窃政的权臣罢了，从未否定北京政府的合法性，来搞其“一国两府”也。纵是袁世凯称帝时，蔡锷、唐继尧、岑春煊等，组织其都司令部和军务院一类的机构，亦未尝作此想也。

可是中山这次南下，组织军政府，开非常国会，自立为大元帅时，并正式与北京政府争夺“关余”[1]；后来又在“巴黎和会”中，与北京政府争夺中国的代表权，那就是在中华民国之内，搞起“一国两府”的“分裂运动”（secessionism）了。这一分裂运动，由中山开其端，其骨牌效应，像中山逝世后，1925年国民党在广州所建立的“国民政府”，到1931年，共产党在江西所组织的“中华苏维埃共和国”，至抗战期间建于延安的“边区政府”，以至今日的两岸，事实上都是当年的“一国两府”、“国内有国”的分裂现象绵延未绝而已。

至于李登辉的“两国论”、“去中国化”，就更是这个分久未合的走火入魔的现象了。因此，那些在实际政治圈里，搞争权夺利的政客和只着眼于目前现象的政论家，就和熟谙宏观史学的历史学家之所见颇有不同了。因为前者所看的，只是一时的平面现象，而后者所看的则包括这一平面现象之后的纵深背景。知道他打哪里来，才能预料他向哪里去也。

这宗一拖九十年、分而未合的现象，欲知其缓缓发展起来的纵深背景，我们得先了解段祺瑞所导演的“参战案”，看看府院之争是如何终了，再探讨探讨，孙中山先生如何在广东，另立山头、败部再起的这一串骨牌效应，然后再慢慢看这本连续剧，就不会为之晕头转向了。

孙中山是反段主力

在段梁集团大搞其“再造民国”，主张一切从头来起时，反对力量最大的就是孙中山先生和他的老国民党的集团了。其中包括政学系、韬园派等许多小派系和西南五省中三数个老护国军系统的地方军头，像云南的唐继尧，广西的岑春煊、陆荣廷等人。这个南方集团和北洋系有其相似之处。在得意期间，他们是四分五裂的，谁也不能为他们整合组织个统一的“反对党”（opposition），但是一旦这个集体，遇到全面威胁，像袁氏称帝和段氏独裁之时，他们又会在一个“强势领导”（且借用当代名词）之下，搞团结奋斗。因此这次反段斗争，就轮到资格最老、声望最高的孙中山来统一领导了。

中山在民二“二次革命”失败之后，老国民党集团，四分五裂，他自己虽然组织了一个中华革命党，来继续奋斗，实质上中山本人也变成个灰溜溜的失业政客，一筹莫展。所幸中山有个最倔强而不服输的个性，对他自己所“发明”的主义，有其最坚强的使命感（和他同时的俄国列宁，也是如此的）。

像列宁和孙中山这样个性的革命家，就有他们的特色了。由于他们从不消极，工作态度永远积极，他们是随时勒缰以待，准备行动，准备出击。因此一有机会，他们就可以立刻抓住，而干了起来。不像一些懒汉，只会守株待兔。真是兔子来了，懒汉也是抓不住的。像列宁和孙中山这样的人，就是捉兔子的好手了。中山这次领导全国反段，做了护法运动的总头头，就是他抓到了一个稍纵即逝的时机，而大干起来的。

上文我们曾约略提过，德国出巨资支持孙公反段、反参战的故事。那时欧战两方，对中国参战与否，都在大肆活动。合法的外交活动之不足，双方都使用银弹政策，大搞其“钱进”活动。协约国方面，因为国多，势大财足，他们对中国朝野的银弹攻势，也是多样的，包括借款、发行公债、贩卖军火等说不尽的花样。在一般对付政府、政团、政党等等整体之外，还有单独对个人的花招。例如佣金（commission）、回扣（kickback）、折扣（discount）和走私（smuggling）等，加上市场中的非法（illegal）或法外（extralegal）的陋规等等，各种办法，借满足当事人的私欲，而各为其国也。

德国档案中的赂华巨款

但是，朋友，可别把贪污受贿，看成中国酱缸的特产。其他国家也是一样呢。俄国当年要把阿拉斯加卖给美国，美国国会有无数议员投票反对，不愿出高价，去购买那个无用的“大冰箱”。最后国会还是通过以美金七百五十万元购买了。国会何以如此出尔反尔呢？后来俄国革命爆发，帝俄档案公开，谜团就揭穿了。原来卖掉阿拉斯加，俄国政府只实收五百万。另二百五十万，都分别用去贿赂那些投反对票的美国议员去了也。所幸那张受贿议员的名单，被帝俄销毁了。因此哪些美国议员收过俄国的贿赂，就不易查出了。

这件美俄交易的趣事，想不到无独有偶。二次大战后，德国的档案也被公开了。在这些密档中，竟然发现了大宗早年德华外交的密件。其中就暴露出，在第一次世界大战期间，德国驻华公使辛策（Paulvon Hintze，编者按：或译为辛慈）身怀巨款，俟机对中国政府中决策官员行贿的计划和事实。当民六（1917）3月1日，中国对德绝交已箭在弦上时，辛策晋见段祺瑞，告以中国如不参战，德国除给予中国政府一切如停止赔款、退还租界等优惠之外，他对段个人，亦当以一百万元相赠。

段微笑说："协约国所给远较此为多。"云云。

附注：辛策向段行贿，对柏林曾有详细报告。见德外交部未刊政治档案，China7, Bd.8-9,A24099, Hintzean Eethmann Hollwag, Kristiania, 3. Juli. 1917；及 A 27424 A. A. an Baron Bussche,18. August.1917。中文节译，载李国祁著，《民国史论集》，1990 年，台北南天书局，"第八章：德国档案中有关中国参加第一次世界大战的几项记载"，页 311—326。以下本篇所引用之德国档案，除另行说明外，均取自李书。

据辛策向柏林报告，协约国所费贿款，多至一千三百万元之巨，远非德国所能望其项背。钱雄者胜，因此辛策对段氏行贿就失败了。失败之后，他乃继续对投反参战票的国会议员行贿。据报是每票二千元。同时辛策也向其他中国官员行贿。重要性仅次于段的便是副总统冯国璋了，据辛策报告，冯原为反参战派，因收协约国重贿，乃变成参战派。辛策欲再以重贿扭转之，终未如愿。

中央官员和议员之外，辛策也曾向督军、省长、巡阅使等地方官员行贿，希望他们起而反抗中央的决策，这就毋需多赘了。

德使辛策对中山的接济

在政府官员之外，辛策的另外对象，就包括孙中山先生在内的在野党了。这时孙公正在摩拳擦掌，准备武力反段。但是无钱困倒英雄汉，正当他在上海一筹莫展之时，忽然间辛策公使（或辛氏代表）翩然而至，真是天赐良缘。根据各种迹象显示，德国当时用金钱在中国支持反参战运动，似乎不是什么严守的秘密。根据德国密档所记，当时一位留德粤籍学生程光耀（Tsing Kwong-yao，音译），即曾向德国外交部毛遂自荐，愿作是项交涉的中间人，并接受六千马克的补助，返华活动（见李书，页 317—318）。

其后中德于 3 月 10 日正式绝交了，辛策公使于 3 月 26 日被迫下旗回国。其情报工作乃由美籍传教士里德（Gilbert Reid）、在华的两个德国人（Dr. Krieger 与 Dobrikow）和德国驻沪总领事克里平（Hubert Knipping）接替。克里平乃透过原与德方有联络之国民党干部曹亚伯（Abel Tsao）[2] 与中山联络。德方并允以最高额可到二百万元的经援，来支持国民党的倒段运动。克里平同时也秘密联络其他反段人士，如岑春煊、康有为、孙洪伊、唐绍仪，甚至张勋，多管齐下，共同反段。

中山在曹亚伯安排之下，亲自会见克里平的情报员西尔穆尔博士（Dr. Shirmer），显然是 4 月、5 月间之事。中山答应起兵反段，但是他狮子大开口，要独吞这两百万元的德援，据报德方也欣然同意。德国佬原是近代世界上做事最有效率的民族。他们既然答应了，不久这宗德援百万元钞票，据目击者冯自由等人的回忆，就装满几麻袋，用黄包车拖到孙公馆了。福无双至今朝至，孙国父在一夕之间，就从一个升斗不继的穷老汉，变成百万富翁了。

事有跷蹊的是，根据德国密档，孙所应得的财富，应该是两百万马克。但是根据国民党的纪录，孙只收到一百万。李国祁先生向我说，另一百万可能是被经手人曹亚伯中饱了。余不谓然也，因为此事虽秘，但是毕竟数目太大，中山也不是个省油灯，曹君何能吞下百万之巨？再者，曹君且于翌年奉派去德国活动。他如有中饱行为，就不可能再有另次使命了。因此关于中山被打了折扣，最可能的解释是，德国人先扣下一半，视孙中山反参战活动的成效再付。孙中山反参战不成，乃不了了之。

有人怀疑，可能是由德国经纪人，直接送给另一反参战巨头的岑春煊了。然耶？否耶？就有待更深入的考据了。[3]

参战案的另一面：军火贸易油水最大

在拙著《晚清七十年》中，曾提到晚清中央机关中，“最肥的肥缺”，便是醇亲王所掌握的海军衙门（见卷三，“甲午战争与戊戌变法”专册，页40—46）。海军衙门“肥”在何处呢？那就是衙门的主管有购买船炮之权。船炮在当时军火贸易上的国际价格，已经是天文数字了。而国际军火商，对买主负责人的酬劳，照例都有或明或暗的佣金回扣，这佣金照例大致是售价的百分之六。在千万元的军火交易中，这佣金的数目，是大得吓坏人的。据笔者个人所认识的可信的知情者言，无孔不入的军火商，往往在酬劳大主顾、大掮客之外，还有回扣之回扣，以酬劳主顾或掮客底下的办事人员。这“回扣之回扣”，既然是从天文数字里扣出来的，其数目也不会太小。因此一桩军火交易完成之后，买方上下有关的大小官员，可说是见财有份，鸡犬升天。这也就是传统衙门里所谓“无官不贪”的成语之所从出了（记得当年看梅兰芳主演的京戏《苏三起解》，当苏三姑娘在哭诉官府不应该昧良心收受贿赂时，那位解差崇公道听不过去了，分辩曰，官家收贿赂，只是例行公事嘛。在这场黑金交易中，他崇老伯也分到了一双全新的棉鞋呢。虽是戏剧，它所反映的，却是古今官场的现实也）。

在近代经济史中，现代化企业，最先以千万富翁出现的，原来就是军火商人。如今颁给我们学术界最尊贵的诺贝尔奖金的诺贝尔先生（Alfred B. Nobel, 1833—1896）便是19世纪欧洲最大的军火商，享有国际专利，无烟火药的发明人和制造者。他发了亿万大财之后，晚年才转为慈善家的。

这种无本生意的军火掮客，在晚清时代的中国，差不多都为控制中国海关、路矿和银行的“洋员”所包办。尤其是李泰国（Horatio Nelson Lay, 1832—1898）、赫德（Robert Hart, 1835—1911）这一类的海关监督，兼做掮客生意，那真是百万腰缠（见上引前书，卷三，“甲午战争与戊戌变法”专册，页 10—11）。到民国时代，这类工作就逐渐为洋行大班、外贸采办官所分享了。而在这种军火交易中，更可悲的是，当事者收受回扣，往往视为当然，认为是军火贸易的当然报酬，取不伤廉也。加以此一陋规，实源自洋人、白人、老外，并非我们“丑陋的中国人”所发明的土产也。如今肥水不流外人田，当事人能与老外分享之，楚弓楚得，还是爱国的行为呢。

这桩从晚清七十年就延续下来的风气，不因国共两党革命政权之崛起而为之中断。试看喧腾中外，发生在巴黎和台北之间的“拉法叶购舰案”，其不知何往的佣金，还不是天文数字？分享此佣金的法裔和华裔的掮客们，还不是取不伤廉，视为当然？要不是搞出人命来，谁又来乱管这些“例行公事”呢？台湾“购舰”购了半个世纪了，这也不是第一遭。20 世纪 50 年代之初，不学如愚，为着职业上的好奇心，就曾翻阅过所谓“毛邦初案”被抖出来的原始史料。毛邦初将军当初就是主持空军在美国购买军火的负责人，拜读他们的公私密档，对学历史的人来说，真是阅人多矣。

朋友，你我小民的容量窄小，可能认为掮客们的佣金太大了。不知那也是人家挖空心思得来的辛苦钱呢。就以这次价值连城的法制拉法叶型高科技的军舰来说吧，英、美、俄制的类似产品多的是，怎样说动台湾主顾中意于你的巴黎特产呢？这就要靠足下的三寸不烂之舌，和其他相关的掮客本领了。

读者贤达之中，拥有私家住宅的，应该是所在多有吧。您对房地产掮客的百分之六的佣金，还不是照付不误吗？买卖军火的佣金，只是大上几百十倍罢了。同样是佣金嘛，有啥稀奇呢？房地产贸易（也就是俗语所谓炒地皮），原是现代大都市伦敦、纽约、香港、东京，乃至今日的上海，交易最大、利润最厚的企业。孙中山平均地权的学说，就是针对炒地皮而发展出来的。国际军火贸易也是类似的商业，只是一明一暗罢了。

升斗小民买卖房地产，各方牵涉甚多，劳人心思，众所周知也。殊不知买卖军火的牵涉，就更是说不完了。且看拉法叶的法国卖主，怎样才能说动台湾的买主，出重价来购买，固属不易。但是法国的卖主，还要怎样去说动北京的反对派，不反对这项军火买卖，那就难如登天了……

内外债也是热门股票

本篇的主题，原是讨论黎元洪总统和段祺瑞总理的府院之争，以及参加欧战与否的国家大事。怎么又节外生枝，大谈其军火买卖来，岂非离题万里哉？其实善读史者都知道，参战案是表面文章呢，而买卖军火和协谈外债，才是政治纠纷的主要内容。在民国初年，为政府协谈外债，乃至发行公债（Bond），都是经纬万端，机关无穷的。读史者如对这些微观小史实，初无所知，只是抱着官家档案，夸夸而谈其国家大事，就要被官样文章所误导了。欲知当年内债外债的底细，当然非经济史家的百万言专著，不能道其详。但是通史家也有对读者的义务，不让认真的史书读者，为官样文章的迂阔之言所误导，而画龙点睛地，试以三言两语交代之。

原来在20世纪初年，中国政府公债（Chinese Government Bonds）在伦敦股票市场都是蓝筹股（blue chips）。何也？因为当年军阀政府，受洋人特许，发行公债时，都存五日京兆之心，急于成交，折扣甚大。至公债到期，归利还本之时，由于有洋人管辖的关余、路矿、税收等为担保，本息均按十足票面价值核算实付。因之利润高而风险少，宜其位跻蓝筹也（此种公债，在今日大陆上则叫国债，也是一种blue chips，朱镕基总理曾说，每次发行，只要一个上午，便卖得足额了。其原因是国债稳定，利息又高于银行存款，以故引起抢购也，这就是另一种故事了）。

以上所说还是“公债”（内债）。若向洋人银行商借“外债”，则折耗之大，机关之深，就更是一言难尽了。据曾迭任公使、大使、财政总长、外交总长，乃至摄阁总理，并曾实际经手、交涉外债的顾维钧先生告我，当年外债之发行，中国政府的实收，均不到九成。至其所需的政治和经济的担保，则侵蚀国家主权之至深且巨，实是一言难尽（见《顾维钧回忆录》，中文翻译版，第一册，页144—147。顾氏之外，笔者曾为此专题与张公权、陈光甫等诸财经巨子，及前北京政府的老财长和摄阁黄郛的遗孀，作过深入的探讨，粗知其内幕操作的情况。但口述者类多坚持只能作off-the-record的谈话，而不愿作出正式纪录。然有火候的经济史家，根据此一线索，实不难追踪也）。

有关太炎先生的传闻

中国的政情既然如此，则欧洲交战国，为中国的参战与反参战，就使尽浑身解数，各尽所能。他们最后一着的撒手锏，便是对中国政坛实力派的两方，加以铺天盖地的金钱贿赂了。我做口述史所访问的顾维钧先生，和我的史学老师郭廷以教授，都肯定这大宗贿赂是事实。但他二人都找不到绝对的史实，来加以佐证。

那时在北京作名流的胡适之先生，后来曾告我说，他听说，当时在北京被袁世凯"软禁"，而终于恢复自由的章太炎先生，便在活动，想当一任交涉外债的掮客。读者千万不要被这"掮客"二字所误导。认为太炎先生，这位望重乾坤，清名盖世，而又疯名远播的国学大师，革命元老，一句洋文不会，如何能做协谈外债的掮客呢？这样想，那就是被官书误导的标准实例了。殊不知当外债掮客，乃是当时政府的一种挂其名义而收其实惠（往往是银元数万乃至数十万）的变相赏赐。一朝邀赏，终身康乐。太炎先生当时名满天下，人人敬畏，只是终年闹穷，晨炊不继，或许真想干一任掮客，一劳永逸也。

适之先生当年只是与我这个学生清客聊天，而无意中说出此民国掌故。我个人亦从未想到把这桩"无征不信"之闲谈记之于史书。只是后来发现已出版的《胡适日记》，似乎也有此记载，才想起与胡老师这段聊天的故事，而略记之耳。

这段小小的无征不信的传闻，却也提供一些实例，说明欧战的交战国两方，对中国政府中的参、反两派，都可以用银弹政策，而达到他们的目的。有关章太炎先生这记小传闻，显然不是事实。太炎先生纵有此意，他所牵涉到的，也不会超过五位数，为数甚微也。

借外债与反外债的是是非非

总之，当时南方反对派，反对举外债，和反对购买军火以扩建所谓

“参战军”，才是他们反段的主要内容。外债之弊，已如上述。扩军之弊，就更不用多说了。不特当时的中国，纵迟至今日 21 世纪，中国也不会派遣远征军，赴欧洲参战。扩军的主要目的，既然是内战，则南方反对派，就非反对不可了。因此，那位养反对党以自重的黎大总统，就变成南方反对派的中枢代言人了。

据顾维钧先生告我，在他第一次出使华府时，适逢袁死段继。国库枯竭，官府薪饷不继。财政总长陈锦涛，乃连电顾使，在美国试举外债，以渡难关。顾氏奉命之后，乃使尽浑身解数，在美国银行界寻觅不带政治条件之债主。并尽量避免旧有之陋规，压低利息，为中国举债六百万美元，以济北京政府的燃眉之急。交涉完满解决，北京大乐，有电褒奖。不意顾家突然收到岳丈大人、前国务总理唐绍仪拍来急电，严嘱顾氏停止此项交涉，取消此项外债。我问：唐前总理此时退休在沪，何以忽然静极思动，起而干涉朝政呢？顾说：唐绍仪是国民党员，此时他显然是奉中山之命行事也。

可是以后接踵而来，向日本举借的所谓“西原借款”，就是另外回事了。因为段内阁当时的财政危机，原是个无底之洞。六百万美元，真是杯水车薪，解决不了大问题。继续举债，别有用心的日本，就趁机而入了。

协约国当时利用银弹，在中国实力派上下各阶层中制造影响，单刀直入之外的辅助手段，大致就是这样转弯抹角的了。

日本在袁世凯时代，是强烈反对中国参战的。其理由很明显，毋待细述。谁知后来在段政府时期，尤其是美国正式邀请中国参战，而参战派在中国也渐占上风之时，日本态度忽然作一百八十度之逆转，乃至坚邀中国及时参战。段政府一时未决，日本竟诱以巨额借款，是所谓“西原借款”是也。

可是那感到事急而不择手段的同盟国的德意志，就开始对反参战的中国实力派，来铺天盖地行使马克政策了。

中山南下广州

中山原是个穷人，做了百万富翁，于愿已足。接着他便坐上了在广州开府的军政府大元帅宝座，反段才是孙公主要目的也。广州是个有钱的都市，可以派捐派饷，有了政权，此后民国史乃打开新篇章了。

在孙公之外，反段人士，多的是饿鬼。虽然记录无多，据说岑春煊也曾收过数十万之多。至于康有为、唐绍仪等又分润了多少，就无从查考了。一年之后，德国战败。在两年后的巴黎和会上，老日耳曼被套上了一个天文数字的赔款。百万元的数目不足道矣，也就被人们遗忘了。

一百万马克对一个立志定国、打天下的人来说，本也不能算多。但是我们国父却是个上海人所说的“穷大手”。他老人家虽家无担食之贮，却是个一掷百万的革命英雄。发了一笔百万横财，我们也发现孙公馆门庭若市起来。他的访客之中，有大批南下的国民党各派系，尤其是政学系的议员、策士，军人也多的是，最令人瞩目的，可能要算海军总司令程璧光了。

程璧光（1861—1918），广东香山人，是孙中山（1866—1925）的小同乡和少年伙伴，长中山五岁。幼年也曾侨居檀香山。嗣在马尾水师学堂毕业。甲午战争时任“广甲”舰的帮带（副舰长），是黎元洪的上级。民国以后加入国民党，并迭任海军要职。在上述黎段当权期中，任段内阁的海军总长。为拥黎而反参战，并曾与伍廷芳等四总长联合辞职，把段祺瑞逼成个光杆总理，而引起政潮，已如上述。

在民国六年5月、6月间，拥段的督军团造反，逼黎总统解散国会之时，一向与陆军对立的海军，在总长程璧光和第一舰队司令林葆怿的领导之下，乃策动黎总统乘舰南下，在上海另立中心，以镇压督军团。黎氏不愿离京，程林二人乃于6月9日，径自率领海军七舰，脱离中央，驶往上海。中山显然要抓住这一千载难逢时机，乃约同唐绍仪、岑春煊等反段要人，于6月23日公宴程氏于上海哈同花园，力劝程氏率领海军，加入南方集团，开府广州，共同护法、讨逆、反段。程氏以海军经费无着为辞，中山慨允负责筹募。随即于6月27日，“饬人送交璧光军费三十万元，以为护法进行之需”（见《国父年谱》，页759，及《革命文献》，第四十九辑，页371—372）。

当年在上海专搞黑金，而声势喧天的青帮巨头杜月笙，曾有名言曰：“花钱比赚钱更难。”如孙国父者，这次可说是得花钱之三昧，钞票是用在刀口上了。

孙公开府西南计划试释

上节已言之，孙国父这时只发了一百万元的横财，在6月23日一桌酒席上，眉眼不皱，就花掉他三十万。也真是气魄豪迈，胆识过人。更可讨论的则是收款者，程璧光其人。他虽是中山老友，但是他向无服从领袖或在政治上从一而终的习惯。这时溥仪尚未复辟，南北的界限并不明显。而程总司令也只是以海军为筹码，拥戴黎大总统，和陆军争雄。他的政治态度，一直是游移不定的。程氏竟以此于翌年2月26日，在珠海被刺殒命。刺客为何方所主使，当时彼此冲突甚剧的桂孙两方，俱蒙嫌疑，可见程之不洽于双方也。而中山竟能对这样的人，几乎罄其所有，下若斯之赌注，也可见国父之所以为国父了（参见关国煊著，《程璧光传》，载《民国人物小传》，第七册，页 383）。

中山之所以如此孤注一掷者，乃是有他革命计划的。盖革命家都有他们革命的最后目标。其他中途妥协行为，都被认为只是过渡的安排。孙公革命的最后目标，便是他自己所发明的“三民主义”、“五权宪法”之彻底实现。要彻底实现，就得把国民革命进行到底，而控制他自己的母省广东为革命根据地，实为第一要务。可是广东其时，却在桂系督军陈炳焜的掌握之中，所幸陈的掌握并不严密，留有足够的空间，可让革命党切入而就地生根。再者，陈是在陆荣廷、岑春煊、唐继尧的领导之下，和国民党又同在反参战和反段的联合阵线之中，两派可以和衷合作。因此孙公如能说动程璧光，率舰南下，国民党就可以与陈炳焜平分广东。论声望，论实力，孙公都变成这一新局面的最高领导人，使广东成为他的革命基地，所以他老人家就不惜一切地下此巨注了。

孙公对此一计划似早有腹案，今番复得百万巨款，他就付诸实施了。在 7 月 1 日张勋拥溥仪复辟，黎大总统失去自由之后，国家无主，中山乃一方面电邀黎氏南下，另方面通电西南六省（两广、湘、川、滇、黔），以中国不可一日无主，西南各省，“应火速协商，建设临时政府，公推临时总统，以图恢复”（见上引《国父全书》）。

一切初见眉目，中山乃于 1917 年 7 月 8 日，偕大批随员，章炳麟、朱执信、陈炯明等，登上程璧光总司令所特派之“海琛”、“应瑞”两舰，浩浩荡荡，离开上海，驶向大洋，直奔广东去也。从此开府广州，出任大元帅，后又改任非常大总统。孙公先例一开，中国自此就一国两府，逐鹿者前仆后继了。论其始也，不能不上溯自辛策公使之百万马克也。抚今思昔，夫复何言！

2001 年 10 月 8 日于北美洲

编者注

[1] 鸦片战争后，中国屡战屡败，结果海关落入外人之手，由外国人管理，所收关税先扣除赔款本息后，才以余款缴交中国政府。对外借款也以关税担保。广州成立军政府后，1917年南北政府协议分配，广州军政府只分到关余百分之十三点六九三八六。执行半年后，由于南方政局不稳，外国公使团停止支付。

[2] 据李国祈先生研究，Abel Tsao，此人在德国档案中的中文姓名是 Tsao Kun-chen（Kung-chen），其事迹与革命元勋曹亚伯相近，疑为曹亚伯之化名。参见《民国史论集》，页324—325。

[3] 近年对德使辛策贿赂国父的事，学界有种种不同结论，众说纷纭。自李国祁教授根据战后公开的德国密档，揭露此事后，叶阳明教授认为德国驻上海总领事克尼平（按：克里平之异译）透过曹亚伯，向孙中山提供二百万美元，请孙反对参战。见《国父对中国参战之态度及国父与德国人之关系》，《近代中国》，1985年，第四十五期，页49。

但是，哥伦比亚大学韦慕庭教授（C. Martin Wilbur）在所著 *Sun Yat-sen, Frustrated Patriot*（Columbia University Press, 1976）一书中，根据美国驻广州总领事亨兹曼（P. S. Heintzlmen）呈国务院的报告，则认为德人实交中山先生一百五十万银元。随后孙把五十万元交海军总司令程璧光，三十万元给南下的国会议员，余款由荷兰银行与日商台湾银行汇广州备用。这两个数字差别很大，因为按照胡适家书所载，1917年一美元相当银元二元六六。则二百万美元就是五百三十二万银元，与美国的记录相差极大。同时，以常理推断，德国总领事应以马克或银元交付的可能性较大。然而美国的领事报告，以广东督军陈炳焜所说为依据，陈并不支持军政府，给美国领事的情报不一定准确；而且孙交程璧光的数目与李国祁教授所说也有出入。因此，上述两种论断可能都还有商榷余地。

外　篇

民国史军阀篇余绪

第九章

民国军阀概述

历代的军阀及其定义

以国史而论，大概可以分为三个主要阶段，即军阀时期（1911—1928）、国民政府时期（1928—1949）和中共统治时期，其中军阀统治的时代超过三分之一。

但是，究竟军阀是什么？我们必须简要说明，才能展开讨论。

几年前云南军阀龙云在中国大陆出了问题，成为《纽约时报》头版头条的大新闻，当时他的幼子龙绳勋（Shing S. Lung）尚在大学商学院念书，就写了一封信给《纽约时报》，其中写道：

编辑先生：

我坚决反对你把家父称为军阀。根据字典所载的定义：军阀是以金钱为目的的战争贩子，这当然不适用于家父，他老人家参与的各大战役都是为了维护中国的利益。

龙绳勋

1957年6月28日

龙绳勋所引字典的定义正好适用于他的父亲，不过他所说的，在有些情况下也没有错。中国的确有些不错的军阀，为了民族利益而战，可是我们仍然不得不把他列入军阀的范围。

所谓“军阀”者，便是军人拥兵自重，甚或割据一方。既不受政府法令约束，而且不管好歹，他的话就是金科玉律。在名义上担任政府官职或军职，但是无论何人都不能依法把他撤换。如果由一个军阀统治全国，他就是独裁者。假如一个国家由几百个这类军人统治，这个国家就沦为军阀割据的局面。我们要讨论的中国正是面临这种状况。

我国历史悠久，军阀割据并不是新生事物，自秦代在公元前206年覆亡后，历代王朝垮台时往往出现这种现象。汉朝开国之君本身就是一个大军阀，结果削平群雄，才建立一个新王朝。自西汉以还，在中华帝国的悠长历史上，类似的军阀割据局面一再出现，不下三十次之多。描写各代军阀割据的大部头历史小说很多，最著名的当然是《三国演义》和《说唐演义》，而最新的就是《民国演义》。后者的故事非常有趣，而且言之有据，十分可信。作者可说是一个很糟糕的小说家，然而却是优秀的历史学家，现在还没有一本军阀史比这本小说写得更好。

军阀知多少

现在让我谈谈1916年6月6日袁世凯暴毙的情况。袁是一个大独裁者，也是一个大军阀。他死后，庞大的北洋军就土崩瓦解，于是中国近代的军阀时代就应运而生。由于中央和地方政府都非常脆弱，国家大权落入无数军阀之手，大小军阀数千人在全国各地展开混战，厮杀不休。我对这个时期的军阀做了概括的探讨，并且取得一些统计数字如下：

（一）大小军阀人数：按照保守的估计，这个时期的大小军阀最少有二千[1]。

（二）军阀控制的地区：最大的军阀有一个时期控制四省[2]，小军阀仅盘踞一个小地区，甚或只有几个村庄。

（三）部队规模：其中以直系军阀为最大，曹锟和吴佩孚拥有军队三十八万人。奉系军阀张作霖约有十七万人。皖系段祺瑞在 1922 年前后只有四万人。在同一时期，最小的军阀仅有士兵一百人，甚至有不足百人的，大多数躲在广西和四川的山区里。在这种情况下，军阀和土匪就很难区别了。

军阀横行的成因

民国时期在军事上沿袭清代制度，脆弱不堪。清代后期，全国有训练精良、配备齐全的部队四十师，其中只有四个师由清廷直接控制，其余部队归各省指挥。因此，有时候省政府的军事力量可能比中央政府还大。1911 年 10 月 10 日武昌起义后，各省纷纷响应，先后宣布独立，清廷束手无策，原因正在于地方的部队一般都由各省直接节制，中央政府能够调动的军队不多。这种军事制度上的弱点在民国时期基本上没有改变。

中央政府崩溃的另一原因是，袁大总统在民初是个大军阀，他的部队能够削平任何一省爆发的叛变，例如他轻而易举地击败 1913 年的二次革命。但是袁氏暴毙后，北洋军骤然失去领导核心，立刻分崩离析。既没有强有力的中央政府和强大的国家部队，各省督军或文职省长自然形成半独立状态。督军变成独立的军阀，互相攻击，而各省军阀混战的结果又导致强有力的省政府也土崩瓦解。

在督军败亡和省政府崩溃后，其结果与大独裁者的暴卒异曲同工，这是造成军阀横行的第三种原因。如果一省的强人倒台，麾下诸将一跃而成为小军阀，由于区域或地域主义作祟，这些小军阀很难控制，也很难铲除。

军阀坚持效忠同一区域派系可以说是第四种原因，这是哥伦比亚大学韦慕廷教授（C. Martin Wilbur）特别向我强调的。效忠区域派系是中国的老传统，在民初省里人把外省人视为外国人看待，这是很平常的事，一点不奇怪。毛泽东很自豪地说，如果把中国比作东方的德意志，湖南就是中国的普鲁士。蒋介石也认为浙江人比其他区域的人优秀。为什么？要回答这个问题，恐怕可以写一篇博士论文。

对主子效忠的中国传统是形成军阀横行的第五种原因。以儒家经典而论，孔子讲“忠”或“忠君”时，意指对主子效忠，这是针对个人，而不是针对国家。因此中国官兵的训练传统上要求他们对指挥官效忠，不是对国家效忠。

贫穷和无知是最后一种原因。对贫民、失业工人及农民以至知识分子来说，军人是不错的职业。如果所属部队解散了，他们就立刻失业。但是只要一枪在手，就可以像土匪一样随意搜括人民。而且元帅、将军、上校、中校、中士、下士等军衔多么冠冕堂皇，否则，沦为小偷、土匪，怎能相比？

军阀派系

一般而言，军阀可以分为三大派系，即北洋系、地方军阀和革命派军阀。

（一）北洋军阀

按一般用法而论，"北洋"与"军阀"是不可分的，我们谈到军阀时，一般都说北洋军阀，事实上北洋军阀仅指军阀中的一个派系。1895 年第一次中日战争爆发后，清廷打算推动军队的现代化，计划训练三十六镇（师）现代陆军，人称新建陆军。中国有十八行省，规定每省负责训练两个师。结果不如理想，因为很多省政府都没有认真执行朝廷的命令。即使切实执行训练新军计划的，最多只有一个旅的规模。袁世凯的仕途原是从负责训练新军开始的，他切切实实地执行了清廷的命令，1901 年晋升直隶总督、北洋大臣，并扩大新军为六镇，即六师，这是北洋新建陆军的支柱。而王士珍、段祺瑞、冯国璋就成为北洋的龙、虎、狗三杰。后来华北的著名军阀都来自这个集团，如曹锟、吴佩孚和徐世昌等。曹锟曾任袁氏新军第三镇统制，自命为中国最优秀的军人，事实上也确实如此。北洋新建陆军许多较低级军官都受过十二年的严格军事训练，才能晋升将校，而蒋介石的黄埔军校的学生仅接受六个月的军事训练。值得注意的是，从日本学军事回国的士官生永远不得其门而入，因为袁世凯对士官生十分怀疑。

（二）地方军阀

主要是东北的张作霖，"红胡子"出身；山西的阎锡山，曾在日本受训；湖南的谭延闿，进士出身；云南的唐继尧，曾在日本学军事；广西的陆荣廷，原为土匪。他们都曾先后受到各方的拉拢。

（三）革命派军阀

大多数都加入了同盟会，在辛亥革命和 1913 年的二次革命爆发时都支持孙中山，例如四川的熊克武，江西的李烈钧，云南的朱培德，湖南的程潜，广东的许崇智和陈炯明，河南的樊钟秀，陕西的陈树藩等。

军阀如何领导政府

袁世凯死后，中央政府先后由安福系、直系和奉系三派军阀控制。为求保持平衡，军阀通常推一个傀儡当总统（如黎元洪、徐世昌），却极力争夺拥有实权的总理一职，1922 年第一次直奉战争就是直系和奉系争夺总理宝座而起。

在地方一级，军阀竞相争夺督军的职位，视督军为禁脔。自民国创立以来，省里有两位首长，负责军事的最初称为都督，1913 年改称将军，袁世凯死后则称督军。文职首长起初称为巡按使，1916 年袁氏死后则称省长，国民政府改称主席。

势力雄厚的军阀可以各种方式出任一省的都督，到了势力太大，并征服了邻省时，中央政府只好给他一个特别称号，例如两广巡阅使、直鲁豫巡阅使，或长江四省川粤湘赣经略使。反过来说，如果一个军阀不幸被另一军阀打倒，中央政府便撤销其巡阅使等头衔。

以省级而论，小军阀可能控制一两个区，就授为镇守使或护军使。镇守使也可以同时担任县长。简言之，军阀在他的势力范围内犹如一个专权君主，可以为所欲为。

军阀小统计

现在列举在 1924 年之前倒台的五十四个主要军阀的个人资料如下：

担任政府的最高职位

都督或督办	30
统制	14
总司令	4
镇守使	11
统领	3
皇帝	1
巡按使	1
经略使	1

籍贯的地理分布

安徽	6
云南	6
直隶	5
广西	5
不详	4

教育水平

日本军校毕业	11
不详	15
行伍出身	7
（清国开办的）北洋军校	5
清国将校	3
国内师范毕业	2
日本师范毕业	1

保定军校	1
革命派	1
土匪	3
进士	1
举人	1
秀才	1
地方军校	1
海军见习生	1

倒台原因

被迫出国	29
被杀	21
监禁	1
自愿退休	1
死亡	1
背叛后沦为土匪	1

编者注

[1] 据新近研究资料显示，1916—1928 年的大小军阀约三千多人。见上文。

[2] 1925 年，张作霖控制八省三市。见下文。

第十章

论桂系

“桂系”，这个当年在大陆上，国民党中炙手可热的政治派系，现在四十岁以下的中国人，恐怕对它都感觉很陌生了；虽然我们学历史的人，却永远不能忘情于它。

在今日世界上政党横行的国家里，“党外有党，党内有派”，本是很正常的现象。孙中山先生说：“管理众人之事，便是政治。”因此在一个国家之中，有兴趣来“管理众人之事”的人太多了，他们就必然要结党。一个“党”太大了，党内必然就要发生派系。这是个人类政治史上，自古而然的现象；否则孔夫子也不会在两千多年前，就说什么“朋而不党”、“周而不比”一类的话了。所以从大处看，“桂系”便是这个历史通例中的产物，没啥稀奇！

当然，国民党之有派系，亦不自桂系始。它远在 1894 年“兴中会”成立时期，派系的形成便已开始。“辅仁文社”的领袖杨衢云，那时便是中山以外的一个派系的领袖。到 1905 年“同盟会”时代，派系就更多了。“同盟”一辞，顾名思义，便是个综合词。“同盟会”本身便是一些小团体——华兴、兴中、共进等等的综合体。等到 1911 年武昌起义时，革命军便由于派系不同而打出三幅不同的旗帜来，并且互不相让。

当“同盟会”于民国元年（1912）改组成“国民党”时，党内的派系那就更多了；有的分子甚至脱党组党，支持起袁世凯来！中山先生那时身为党魁，便深感党内思想不一，分子庞杂，而有指挥不灵之苦。所以在1913年“二次革命”失败之后，中山便觉得要继续革命，就非组织一个“一鼻孔出气的”一种独裁的政党不可了。

无独有偶，当中山先生在这一方向的思想尚在酝酿的阶段——也就是“国民党”被改组成“中华革命党”的时期（1914—1919）——俄国的列宁居然后来居上，搞出个行之已见速效的模式来。所以中山于1924年10月便正式提出“以俄为师”的口号了。

不过孙中山先生毕竟是一位民主政治家，他认为一党专政只是“手段”,不是“目的”。他要利用这个“手段”,通过他所预定的“军政”和“训政”两个“时期”来达到他实行“宪政”的“目的”。到“宪政”实行之时,他的“党”便“还政于民”,然后就由人民自己所组织的多种政党，来轮流坐庄，实行宪政了。

中山先生这套理论是合乎逻辑，言之成理的。当他还健在的时候，以他个人的威望，和革命同志的朝气，也确能使这套理论发出无限光芒，使全国人民闻风景慕。可是在中山于1925年逝世之后，再由以他传人自居的胡汉民、汪精卫来传其衣钵，谈什么“党外无党，党内无派”，便渐渐行不通了。

就拿汪精卫自己做例子来说吧，他在1926年掌握了“二全大会”之后，为对付党内同志的反对，他遇事便提出个“党统”来。但是等到他在1929年“三全大会”中失势之后，汪氏就再也不谈“党统”，而另搞其“改组派”;并与其他反对“中央”的势力相结合,来“护党救国”了。

胡汉民先生亦复如此。胡氏这位书生，自始至终以党内一人自居，领袖群伦，决不搞小圈圈。但是“三全大会”后不久，他也在中央失势了。胡氏倒还淡泊，但是和他一道失势的党人——多半是他的华南同乡——却扛起他的招牌，于“四全大会”（1931 年冬季）前后，搞出个有实无名的“胡系”来，和南京的“中央”、上海的“汪系”相对抗。

这些党内元老原都是一些“党外无党，党内无派”的专家；为什么血口未干，自己便大搞其派系来呢？无他，文章不与政事同也！在一个“一党专政”的政体之内，“党外无党”是可以硬性地做到的。“党内无派”，那可就不容易了。大家都是同志嘛！“管理众人之事”是大家都有份，也是大家都有“匹夫之责”的；怎能让少数人包办呢？要搞“轮流坐庄”——甚或单纯为着自保——大家也就党而不朋、比而不周了。这就是一个一党专政的政体内，“党内有派”要发生的必然因素。国民党内的“桂系”，也就是在这个必然因素之下逐渐形成的。

桂系三大特征

如上节所述，国民党在总理逝世之后，派系便逐渐兴起。但是“桂系”和其他各派系相比，则另有其特征。

第一，国民党内其他派系（包括“清党”前的中共），都是在党内寄生长大的。党是他们的胞母；脱离了党，他们便无法生存了。“桂系”则不然。它发端于一个单独发展的地方武力。这武力发展的经过，事实上与山西的阎锡山，东北的张作霖，没地皮的冯玉祥，云南的唐继尧和龙云，湖南的唐生智，四川的刘湘、邓锡侯、杨森，乃至后来新疆的盛世才，都是大同小异的。他们都是在一个中央集权解体之后，正如曹操所说的，“不知几人称帝，几人称王”的情况之下崛起的王和帝。这些小王小帝在国民党的势力逐渐扩展以至于统一中国的过程中，乃相率附义。但是在这些附义的群雄之中，只有“桂系”这一个实力派，卓然成家，成为国民党内的一个重要派系，垂名党史，为其他附义的地方势力所望尘莫及。

由于第一个特征也就必然产生了桂系的第二个特征：它是国民党中唯一拥有相当独立的武力、地盘和财权的派系。它和阎锡山、龙云一样，始终没有放弃它的老巢：广西。它也始终没有放弃它对它那部特殊武力的领导权。若说抗战期中，各系统军队的独立性，恐怕除了共产党所掌握的“第十八集团军”之外，便是桂系的“第二十一集团军”了。而桂系那时所统治的广西和安徽两省，虽然没有中共的“边区”那样不听中央政令，但是他们也有他们单干的作风和力量的。

因而桂系的第三个特征也就是它的“区域性”。它自始至终是个偏才。割地称尊是它拿手好戏，真要挤入“中枢”，为一国之主，它也就捉襟见肘了。

再者，正因为它区域性太浓，它也就始终难以洗掉它的地方色彩而真正地加入“中央”的大熔炉。不论它的领导成员是怎样地内为宰辅，外为封疆，他们也无法洗刷掉它原有的土气息，泥滋味。所以在国民党当年在大陆上二十多年的执政期中，“桂系”便始终以一个有半独立管理气味的“分公司”姿态出现。对“中央”只是“合作”而不是“认同”或“一体”。

但是国民党在“行宪”之前，毕竟是一个搞一党专政的革命党；革命党是有其革命纪律的。在理论上、在实际行为上，桂系这个分公司，都不能脱离它的总公司来“脱党组党”。它和“中央”是有“休戚与共”、血肉难分的关系的。它不能搞“合则留，不合则去”的美国办法。相反地，它和党中央的关系，则是“合亦不全合，不合亦不全去”，不即不离的古怪关系。它不能作为“中央”的棋子，完全听命于中央。但是“中央”如干脆让贤，这个只有“偏才”的“桂系”，也代替不了“中央”。这就是“桂系”与生俱来的内在矛盾；这矛盾一直维持到1949年它全部瓦解为止。

国民党中何以产生这样一个古怪的派系呢？这个派系的产生与消灭，在中国近代史上，又有什么特殊的意义呢？我们学历史的倒要搜搜它的根。

桂系的崛起

我国以前的历史哲学家罗贯中曾有句名言：“天下大势，合久必分，分久必合。”他这句话真是把我国两千多年的政治史的关键，一语道破。但是罗公没有学过现代的社会科学，因而他只知其然而不知其所以然。笔者在这一问题上，因其非关本题，所以也不想节外生枝，来略抒拙见。我只敢说，罗贯中这句话，是两千年国史上不争的史实。同时在这分合之间，则“合”难于“分”。“分”往往起于旦夕之间；而“合”则有时要经过数十年乃至数百年的折磨才能达到。

远的不说吧，且说最近的史例：

我们的中华民国，于辛亥革命之后，在“非袁不可”的时势之下，本是个“合”的局面。无奈袁大总统见识太小，智囊团太草包，他嫌“终身总统”还不够，偏要做皇帝。结果皇帝未做成，于民国五年（1916），一气而死。

袁氏死后，这个“合”的局面便立刻瓦解。从此王纲解纽，皖、直、奉诸系军阀，来他个天下三分，接着便形成南北各省军阀混战的局面。

在我国古代历史上的王纲解纽，往往是一“解”到底的。中央集权一旦崩溃，则大小军阀、英雄好汉、土豪劣绅、地痞流氓……都要一时并起，割据称尊的。在这个无法无天、各以刀枪相向的局面里，江湖好汉们便叫它作“遍地黄花开”，谁也管不着谁。因此在袁氏死后，军阀混战的十余年间，有的历史学家估计，那时各不相让的大小军阀，就有三千余人。在这遍地黄花的局面中，然后再强凌弱、众暴寡，以大吃小的方式，慢慢兼并；由小地方作局部的统一，由下向上，由小及大，才渐渐走向由小“合”而大“合”的局面。

参加这种“大吃小”或“小克大”的各路逐鹿英雄的成败，却又受两个客观力量所支配。一是“适者生存”；二是适者的机运。要做个生存在特殊环境中的“适者”，其中便有很多人为的努力的因素（如“意识形态”的选择，如“行政作风”）。但是要掌握时代的“机运”（chance），那就往往是非人力所能决定的了。

袁世凯死后，广西便落入一个以陆荣廷为首的“老桂系”手中。这个老桂系，不但统一了广西，它还控制了广东。但是这个老桂系的作风太“老”了，不“适”合民国初年新的政治要求，因而在1921年，它就被比较“新”的孙中山和陈炯明领导的革命力量把它打垮了。打垮了桂系之后，孙陈二氏又因革命策略问题失和，陈炯明于1922年叛孙，无力兼领广西；广西一时无主，成了一个群雄并起、“遍地黄花”的局面。而后来领导“新桂系”的所谓广西三杰李（宗仁）、白（崇禧）、黄（绍竑），也就是这时广西的三朵小黄花，成为一些散兵游勇的小头目。由于各种因素的配合与巧合，他们能以数千之众于三年之内，削平群雄，于1925年，用武力统一了广西——这便是“新桂系”的老底。他们就凭这个老底子，加入国民党，参与革命。它以后的穷通荣辱，全以此老底子为依归。这就是本文所要讨论的“桂系”。

两件奇事

李、白、黄三人之能统一广西，并不算什么稀奇。因为他们都是一些“新”人物，广西当年一时并起的群雄都太“老朽”。除旧布新，原是时代的趋势，历史的轨迹。但是在统一广西之后，所最难能可贵的是这三位青年将领的和衷合作、至死不渝的精神。在我国社会和政治传统上，照例都是单干的，尤其是英雄人物，而政治圈子的英雄人物更甚一筹。试看国民党元老中的汪（精卫）胡（汉民），我们就可以体会李、白、黄三人的友谊与合作维持到底是如何地不易。他们三人都是雄才大略野心勃勃的英雄，而他们彼此之间所表现的则是能忍能让。这一点实在是他们“桂系”所以能一直全始全终的最重要的条件。

第二件难能可贵的事，是他们能看清大局，尽率所部来接受国民党的领导。广西是他们三人打下来的。其间，国民党对他们并无一枪一弹的接济。但是胜利之后，他们竟愿率所部投向国民党——而不像阎锡山、龙云、刘湘、张作霖以割据称尊为满足。关于这一点，当然也是环境使然。广西地近广东，得革命风气之先。再者，便是得人和——这一点李济深实是个最要紧的居间人。李济深是当时中山部下粤军中最重要的领袖，而李氏却是“广西人”，这个地域观念的“封建传统”，却把他和这个新桂系联系起来，作为他们加入国民党的介绍人。

但是我们读历史的人，如撇开“现时观念”来看往事，则他们那时的加入国民党实为“亏本交易”。国民革命之成功，实始于“统一两广”。但是在统一两广的过程中，广西之统一实先于广东。再者，他们之加入国民党，并没有得到国民党中应有的尊重。那时在国民党中央，连仅有党员百余人的中共，也分得中央执行委员三人，候补委员七人。而拥有精兵数万、地占一省的桂系，只有李宗仁才分得一席“候补监察委员”。

而此后，国民党的党务也自始至终不让“桂系”插足，这分明是对“搞党”无经验的“桂系军人”的轻蔑。而李、白、黄三人始终不以为意，这也可看出他们的不凡——识大体，能忍能让，不像一些心胸狭窄的小党油子的把持。

北伐和清党

两广统一不久，国民革命军便“北伐”了。北伐之成为事实，可能是不像李宗仁亲自告我——那完全是他一手促成的。促成的可能还有更多其他因素，但是有个不争之论便是，没有桂系的全力支持，北伐是不可能发动的。

等到民国十六年（1927）的“清党”和“宁汉分立”，那桂系的作用就更大了。在十七年春季，当国民党三中全会和一、七两军之外的几乎全部国民革命军，对蒋总司令都一致杯葛，未受中共渗透的七军是拥蒋的唯一支柱。李宗仁说：“那时总司令对我们（李、白）真是言听计从……”的确如此，那时如没有七军对总司令忠贞不贰，一部民国史，今天是绝对地不一样了。那是任何公正的史家所坚信不疑的。

李宗仁和他的桂系对“北伐”和“清党”确是个关键因素啊。没有他，历史就得重写了，可能连孙传芳也都打回京沪了。

三年内战

国民政府的确立，桂系的支持固然是个必要条件，然国民政府其后未能完成统一中国之大业，最大阻力的发端也是这个“桂系”。1928年北伐完成之日，在表面上看来也是桂系势力如日中天之时。那时由于“中央集权”和“地方分权”的理论之争，同时也由于事实上的需要，北伐后的中国军队分成四大系统——四个“集团军”；在这四个集团军之上，又有四个“政治分会”，总揽国内四大区域中的一切党政军大权。李氏受任为第四政治分会主席，兼第四集团军总司令。但是那时桂系的真正力量则遍及全国，它的司令部已自广西移至武汉核心。那时白崇禧以一时名将，收编唐生智的旧属李品仙、廖磊等部（李廖二人皆是广西人）数万人，虎踞华北；李宗仁坐镇华中；李济深、黄绍竑把守两广；由于李白在“清党”时在上海尚有余威，那时上海市长张定璠亦是桂系人物，我们如试把中国地图一看，那桂系真是掌握半壁山河。

回想起三十年前的威风，郭德洁夫人于1959年还得意洋洋地告诉我说：“那时我们（桂系）的力量可真大啊！”

可能就因为力量太大了，“功高震主”，加以这批张牙舞爪的青年军人，也不会韬光养晦，结果引得全国侧目，一旦中央拿他们来开刀削藩，当时也弄得人心大快。加以桂系本身发展太快，也百孔千疮。它基本上是个军人的集团，冲锋陷阵是其所长，至于统兵百万，运筹于帷幄之中，决胜于千里之外，搞大的战略，他们就难免才有不济。至于搞大小政治，羽扇纶巾，折冲樽俎，这批只知喊“卧倒”、“放排枪”的小军官就无法胜任。因而民国十八年（1929）2月所谓“武汉事变”一起，桂系便一败涂地。不数月，当年统百万雄师的虎将，只有躲到香港去作政治难民了。回看当年七军和第四集团军的战绩，真是“天亡我楚，非战之罪也”！

“桂系”在“武汉事变”中所表现的纸老虎的成绩，也增加了中央以武力削藩的信心——接着便是讨伐阎冯的“中原大战”。这个中原大战，把个中原打得太糜烂了。这个烂摊子收拾不了，并发症便一个接着一个。举其大者：

一、张学良于 1930 年 9 月 18 日应召率师入关参战；1931 年 9 月 18 日乃引起了“九一八事变”。自此以后倭患便一发不可收拾了。如果，张学良不因中原大战而入关，有他坐镇沈阳，“九一八事变”可能就不会发生，没有日军占领东北——或延缓占领东北，中国历史就又不一样了。

二、江西的坐大。国民政府如果没那三年（1929—1931）的内战，那么肯定毛泽东那点“星星之火”，也就不会燎原了。

三、龙云、刘湘、盛世才，乃至后来的何键、陈济棠、韩复榘等等一些地方军阀，也就不会长期割据一方，称王称霸了。中央政府只要一纸文书，就可以把他们撤职。

换言之，没有 1929 年“武汉事变”所引起一连串削藩内战，国民政府的大一统江山，也就稳定了。外无强寇，内无反侧，那中国也就早走上现代化之路，可能早就富强康乐，物阜民丰了。而这个一着之错、全盘皆输的第一枪却是“桂系”放的！

至于“武汉事变”的是非问题，我断定今后历史家是永远搞不清的。但“武汉事变”和“西安事变”一样，都是中国国运的转折点。而这转折点的当事人，则是“桂系”。

俗语说：“一个指头打不响！”不论是非何在，桂系！桂系的责任，你是永远无法推卸的。

“剿共”和抗日

“九一八”（1931）前后的中国，民不聊生的情况（1931 年长江有大水，华北有旱灾），天灾人祸真有甚于军阀时期。倭寇的侵略，虽使国民党的南北内战暂时息兵，但接着便发生了“五次围剿”的重大战役。因为中共乘中原大战之机，在赣南、鄂西和“鄂豫皖边区”迅速成长，到30年代初期简直如火燎原，竟至喊出要“发展百万红军”的声势了。在这内外交煎的情况之下，南京中央拟定了有名的“安内攘外”的国策，而这国策实行的方针则是所谓“长期抗日，积极剿匪”。

正当南京中央为着“抗日”和“剿匪”弄得手忙脚乱之时，“桂系”诸领袖，反能忙里偷闲，龟缩于广西境内，心安理得地专搞他们的“三自政策”去建设其“新广西”。

抗战前五六年中，广西的建设也确是值得称颂的，誉之为模范省亦不为过。当时地方领袖廉洁奉公，有眼光，有作为，把广西这个有名穷省，建设得容光焕发，也确是难能可贵的。抗战一旦爆发，他们能全省动员，数周之内便能配备出四个军来，开上前线而战绩辉煌，我们治民国史的人是应该大书特书的。抗战一开始桂军便加入沪战，军中六个旅长，五位殉国，确是可泣可歌的。1937年10月南京弃守后，战场转入皖北，当时担任这一带防御战的便是“桂军”。他们那时士气之旺，纪律之佳，是笔者所亲见。其后李白二公所领导的台儿庄血战（1938年4月）更是战功彪炳。

要历史家秉笔直书，在抗战初期的战功来说，“中央军”之外，最值得称道的应该是“桂军”。在“五战区”，它卡住津浦南段，叫敌人不能挥军北上，直迫徐州，使大后方有个喘息之机，是功不可没的。

桂系的腐烂

但是桂系的光荣，在台儿庄一役也算是到了巅峰。武汉失守（1938

年10月）之后，我军退入山岳地带，日军也就势穷力竭，无力再进，我军亦无力反攻，双方胶着。加以这时共产党军队在敌后，一切小型游击力量，敌后所有游击根据地，几全入共产党军队之手，所余者唯大别山一区而已，而这大别山则在桂系掌握之下。1941年春“皖南事变”之后，桂军也就卷入剿共之战，防共甚于防日。

在这战事胶着状态之下，双方屯兵不战。在人类的战争史上，尤其是中国历朝战争史上，屯兵不战是最可怕的现象，因为它的结果必然是师老兵疲，兵骄将惰，相率腐化。唐朝的节度使、明朝的屯卫都有前例可循。在抗战后期，桂系所掌握的地区，除广西老巢之外，便是豫南皖西一带的“五战区”了。迨1943年，把“五战区”分割，另立“十战区”。嗣后李宗仁再调长“汉中行营”（遗缺由刘峙继任），桂系所直接控制的区域便只剩下大别山区——也就是以前张国焘“红四方面军”所占据的“鄂豫皖边区”。张国焘的老巢“金寨镇”，后改名“立煌”（1933年卫立煌逐走红军后改名），也就是桂系所掌握的“十战区”的首府了。

在李宗仁调往汉中之后，桂系的实力大将就是“十战区司令长官兼安徽省主席”李品仙了。而李氏主皖这一段期间，也就是桂系走向坟墓的开始。

这时论武功，他们除了零星的剿共战事之外，那真是百分之百的屯兵不战了。论文治，他们倒能统治大半个安徽省。征兵征粮还可取之不尽。地处敌后，天高皇帝远，在大别山区做起土皇帝来，那就可为所欲为了。这样，这批广西的统治者把当年他们统治广西有效的保甲制度搬到安徽，来个科学方法的组织和统治，结果就上下交征利，无恶不作了。西方政治家有句名言，叫作“无限制的权力，必然无限制腐化”，这就是桂系当年在安徽的写照。笔者当年大学毕业后曾在故乡做过短期的政府小职员。观察所得我可大胆而诚实地说，那时十战区和安徽省境内作

“主管”的大小官吏——上至司令长官，下至连长，自省主席以下至乡镇长——可说是“无官不贪”。贪而无不花样繁多，穷凶极恶！贪到甚至以大量战略物资，走私资敌。

当然那时官吏之渎职与贪污，十战区并不是个突出的例子，不过本文只谈桂系，桂系至此政治的生命也就寿终正寝了。

第十一章

从北京政变到皇姑屯期间的奉张父子

为纪念“九一八”六十周年国际学术讨论会而作

在本世纪20年代的中段，也就是中国南北军阀混战的末期，那发源于东北的“奉系”，可说是一枝独秀了。奉系自1924年秋，在“第二次直奉战争”中，一面以二百万日元的重赂（一说“是奉天官银号一百多万小洋买来的”——见全国政协《文史资料选辑》第五十一辑，页77，韩玉辰文），争取了冯玉祥对“直系”倒戈，发动了“北京政变”（10月23日），幽禁了曹锟，摧毁了他的“贿选政府”，由黄郛组织“摄政内阁”，以作过渡。

同时奉军以其重建的“一三联军”的精锐，在少帅张学良的指挥之下，突破了直军防线，在山海关、秦皇岛一带包围了吴佩孚的主力，缴械纳降三万余人。吴大帅仅率残卒数千，浮海逃遁，使“第二次直奉战争”成为奉系全胜之局。

奉系羽翼下的“段执政”

自此奉系大举入关。主帅张作霖（时任“东三省巡阅使”）亦于11

月初抵天津，晤冯玉祥商讨善后，并决定公推前“皖系”军阀首领，其时退休在天津闲住的段祺瑞，暂时出山担任“中华民国临时执政”，以后再另作安排。

段祺瑞这时原是个孤家寡人。但是他毕竟做过“北洋军阀”的总首领。百足之虫，死而不僵，还有其剩余价值，足资利用。所以张冯二人公推他作“临时执政”,实各具“挟天子,令诸侯”的私心。而段氏宝刀未老，在各派公推之下，依违其间，也颇有趁机再起的一厢情愿的打算。但是他也知道，论实力，冯则远非张之对手；论历史，他原是冯玉祥这位有名的“倒戈将军”第二次倒戈（民国七年）的受害人。所以他对张则一直是折节服从，对冯则难免阳奉阴违，虚与委蛇了。

就在这同床异梦的情势下，段祺瑞便于11月24日在北京就职。张作霖亦率奉军千人入京观礼。就职之后，段执政便按他自己一厢情愿的安排，假戏真唱了。第一他要废督裁兵、偃武修文，来解除各省实力派的兵权。“废督裁兵”原是前大总统黎元洪发明的。在中国军阀时代，凡无兵权的当政者都主张废督裁兵；有兵权者，则反对之。可是这一次段显然是得到张作霖之谅解的。张乃自请撤销他原有“镇威将军”的“将军府”并解除“东三省巡阅使”名义（仍“节制东三省军务”),改任“东北边防屯垦督办”。

由于张的支持,段也发表冯玉祥为“西北边防屯垦督办”,驻节兰州。冯在曹锟政府内原为“陆军检阅使”，屯重兵于京畿南苑。至是，段亦裁撤“陆军检阅使”名位，促冯去西北任所就职。段亦以同样方式电其他各省，废督裁兵，虽收效甚微，然其后凡以北京政府名义外放之省区武官，一律称某省“军务善后督办”。虽换汤不换药，然“督办”的名义在“执政”时期，就与“督军”头衔，混杂使用了。

段之另一着棋，便是他的“善后会议”。他要网罗全国实力派，如孙文、黎元洪甚至吴佩孚等，及清流如胡适、王宠惠等百余人，来开个全国性的“善后会议”（颇像后来国民党的“国民参政会”），然后通过这个会议,他想或可炮制出一部新的“宪法”或“共同纲领”一类的东西。如此,则他的“临时执政”或可名正言顺地变成“永久执政”或“大总统”了——这显然是段执政的一厢情愿的打算。他自 1924 年 11 月 24 日就职，至 1926 年 4 月 9 日逃往东交民巷，一共干了一年多的“临时执政”，他的如意算盘，就是这么打的。

孙中山的“最近主张”

再者,为着他的“善后会议”——善后会议的名单中,怎能没有“孙文”呢？——段祺瑞乃附和张作霖和冯玉祥的主张，联电奉请屈居广州的孙文大元帅北上，为和平统一，共商国是。

1924 年秋第一个电请中山北上的原是冯玉祥。冯在幽禁曹锟之后，无以善其后。眼看他的“首都革命”的果实就要落入张作霖、段祺瑞两大军阀之手，因而他就想起有盛名而无枪杆的孙中山。以冯的枪杆捧孙的牌位,岂非天作之合？加以冯那时已与赤俄的“第三国际”早有往还。与一位“以俄为师”的革命领袖相提携，也是最顺理成章之事。

奉张父子之邀请中山北上，也自有他们自己的主意。盖雨亭（张作霖字）、中山原为老友。他两人的儿子学良、哲生（孙科别号）也占“民国四大公子”的一半，交情不恶。雨亭曾以巨款济中山之急；而中山亦在雨亭危急时，为他卖过命。真是交非泛泛。

原来在 1922 年“第一次直奉战争”时,奉军被吴佩孚打得溃不成军，当全国都在幸灾乐祸之时，空谷足音，孙中山却在桂林通电援奉，大骂

“吴贼”。盖此时中山正率陈炯明的“粤军”，打垮老“桂系”，师次桂林，欲乘势“北伐”。为此中山竟与陈炯明闹翻。弄得叶举叛变，“炮打总统府”，中山几乎把老命送掉；而庆龄夫人受惊，竟至当街小产……孙公为之狼狈不堪。这在奉张看来，真是其志可嘉，其情可感。

1924年9月，当“第二次直奉战争”已箭在弦上时，中山又舍命相陪，指挥一些虾兵蟹将，什么粤军、桂军、滇军、湘军、赣军、川军、豫军……御驾亲征，北上韶关参战，讨伐曹吴。但是这时他在广州的革命根据地，竟危至一城难保。与近在香港的英帝国主义呼吸相关的大班陈廉伯，和他配备精良的“广州商团”正阴谋“倒孙”、“杀蒋”，并摧毁黄埔军校。因此黄埔校长蒋介石和政治部主任周恩来等，均在一夕数惊之下，向孙公连电告急，而此时孙之内战兴趣正浓，为着他那绝无可能之“北伐”，他老人家广州也不要了，黄埔也不要了。远交近攻，联张反吴“孤注一掷”（孙公致蒋函）而去。

1924年9月、10月之间，孙中山在韶关的蛮干，在当时独守孤岛的黄埔蒋校长看来，可能是荒唐透顶，但是在北方的奉张父子眼光中，孙文还是够朋友的。当他们在10月底打垮吴佩孚之后，有志以武力解决长江各省时，远在两广的“孙文”（“孙文”是当时北方军人对中山的习惯称谓），还是要交结的。所以奉张当时也欢迎孙文北上，是有他父子自己的主意的。

可是我们这位国父却是一位私心极少的正人君子、爱国者、直肠人、理想家，甚或“大炮”，他的考虑虽然全属空想，却是从民族整个利益出发的。正如他在后来的《遗嘱》上所说的，他应约北上是有两大“最近主张”的。这两大主张便是：“开‘国民会议’及废除‘不平等条约’。”

中山先生要开个什么样的“国民会议”呢？像“民元国会”或像他自己在广州搞的“非常国会”（1917），或是“安福国会”（1918）？或段氏正在搞的“善后会议”（1925）？抑或是像国共两党后来所搞的“扩大会议”（1930）、“国民参政会”（1938）、“人民政协”（1949）、“国民大会”（1947、1948）、“人民大会”（1954）……他老人家并没提出具体方案。纵是提出了，历史也会证明它是一场无用的闹剧。

至于“废除不平等条约”，则更属空想。那时神州大陆，各省均在关门砍杀，遍地枪声。那些战败了的军阀官僚（包括中山本人，除掉吴佩孚一人），都还要靠“不平等条约”体制下的“使馆区”（东交民巷）和“租借地”（旅、大、南满日本站、威海卫、九龙，甭说香港和沿海沿江的租界……）亡命存身呢。那些战胜者，也要靠这些地方去吃喝玩乐呢……“废除不平等条约”，岂是中山号大炮一放，就可立刻做到的？

不过在我们的民国时代，朝政失纲，在野者总比在朝者有舆论声望、有道德权威。他可喊口号、讲大话、唱高调以赢得全国喝彩而成为“君子”、“圣人”，名满天下。何况中山的确是当时中国最高层政坛上唯一的“现代人”（modern man），和无私忘我的圣徒（saint）。

不怕不识货，就怕货比货。人民的眼睛是雪亮的。所以中山先生当时在中国声望之高，是举世无匹的，虽然他所唱高调之不切实际，也是与他的声望成正比的。因此当他在民国十三年（1924）除夕抵京，至翌年3月12日病殁，在全国的爱国情绪上，是打了一剂强心针，而在实际政治作用上，确未泛出应有的涟漪。奉张父子对他也就不太重视了。

张作霖“武力解决”的腹案

“北京政变”后，张作霖对时局的腹案，显然就比孙中山的实际多了——张搞的是“枪杆出政权”，用武力统一中国。“武力统一”这四个字是段祺瑞在搞“安福国会”（1918）时发明的。继之而来的接班人是吴佩孚;吴之后才是张作霖。其实奉张之后,所搞的还不是“武力统一”?反观我国三千多年来的历史,哪有什么“和平统一”这回事呢？所有“分久必合”的现象，都是“武力统一”的结果嘛。民国哪能有例外呢？

作霖当时的腹案分明是：屯重兵于华北，压制冯玉祥，最好能不战而屈之。然后招降或中立那善于观风的山西阎锡山；再挥军南征“以武力解决长江各省”；消灭直系的残余势力，如盘踞沪宁一带的齐燮元、闽浙一带的孙传芳，甚至包括仍然寄生于武汉、洛阳一带的吴佩孚本人。长江既已在掌握中，则华南、西北，不难传檄而定也。事实上奉军于 1925 年春季南征，便是循这条腹案脉络前进的。

张少帅的震主威权

这次奉军（第三次）入关南下的编制，是自“东北陆军”中编出六个“军”，由姜登选、李景林、张学良、张作相、吴俊升、许兰洲分任第一至第六军军长。每军之下各辖三至六个“旅”及若干“独立团”，如炮兵、工兵、辎重兵等等。另加空军、海军由少帅张学良直接指挥。六个军的总人数，盖有二十余万人。

在这六军之中，再以最精锐的一、三两军合组“一三联军司令部”，以张学良为司令，而以第三军副军长兼第六混成旅旅长，也是当时奉军中最具现代化头脑和最干练的将才郭松龄为副司令。第二次直奉战争后，奉军再次扩编，改旅为师、改军为军团。改“一三联军司令部”为“京榆驻军司令部”，驻天津。直辖步兵六师十二旅，骑兵一师两旅，炮兵两旅，工兵一团。少帅张学良任第三军团军团长兼司令，郭松龄副之，共有步骑炮工辎各兵种七万五千人。奉军六大军团的张家父子兵之精华，悉在此中矣，张学良若非“少帅”也就权高震主了。

至于“京榆（或作津榆）驻军司令部”设立之确切日期，当事人如张汉公（张学良字汉卿）本人及郭大鸣（松龄之弟）等之“回忆”及诸史家著录，均略有出入。盖“军团”之设立，“司令部”之改制，均发动于民国十四年（1925）春，而完成于同年9月也。

奉军南征与诸将分封

可是当奉军于1925年春季沿京奉、津浦线南下，志在以武力解决长江各省时，少帅这支奉军主力并未动用。它的主要任务显然是稳定华北、控制北京，并监视正在迅速发展中的冯玉祥的“国民军”。

至于奉系其他次级部队和杂牌军的首领，则随奉系地盘之扩张而就地分封为各地军政长官。第二次直奉战争后，东三省老巢之外，第一块落入奉军掌握的地盘便是“热河特别区”。第五军副军长阚朝玺乃奉命率两个奉军混成旅及若干地方部队，出任热河都统，驻节承德。

第二块落入奉军掌握的则是直隶省（今河北）。第二军军长、直隶人（满族）李景林乃奉命出任直隶督办，驻节天津。所辖奉军及改编后的地方部队凡六万余人。

自北向南的第三块地皮，便是山东了。1925年4月，第二军副军长、山东人张宗昌，乃衣锦还乡出任山东督办。

张宗昌（1881—1932），少年贫困，“跑关东”（山东人去东北谋生的习惯语）谋生。曾在海参崴卖过烧饼，在东三省当过“胡子”，并学会了一些下等俄语。嗣后经过招安当兵等一系列行伍过程，终于能在直皖各系军中逐渐升迁，最后回东北投老少帅，至此竟做了山东督办。他所统率的除少数正规奉军之外，也改编了大批直鲁两省地方部队，号称“直鲁军”，及少数“白俄军”，盛时竟拥众十万以上。虽然这位出名“三不知”的“狗肉将军”，并不知道他自己有多少兵，多少老婆，多少银子。

1925 年初，张作霖以张宗昌凶猛善战，又在长江流域有作战经验，乃予以“苏鲁皖剿匪司令”名义，嘱其挟前“淞沪护军使”、因战败而投奉的卢永祥，挥军南下。张、卢于 1925 年初击破直系齐燮元军进占南京。卢永祥并于南京一带网罗一些淞沪旧部增组“宣抚军”，仍以张宗昌为总司令，率军循沪宁路东进。一路取常州、夺无锡、占苏州，终于 1925 年 1 月底占领上海；再循沪杭线南进，与直系另一悍将孙传芳所部相持于沪杭之间。奉系势力发展至此，可说是臻于极盛了。然奉军此次南进远及苏杭这块天堂地区，张宗昌实居首功。

因此当张宗昌得胜班师之际，论功行赏，张作霖乃授意段执政将山东督军郑士琦他调，遗缺就由张宗昌这位民国史上的“标准军阀”递补了。张宗昌督鲁一督三年，直至“济南惨案”（1928 年 5 月）爆发之后，才被北伐军赶出山东。最后被白崇禧在滦东缴械，始结束了他的政治生命。1932 年他返鲁扫墓，误入韩复榘的圈套，终被枪杀。

1925 年 4 月张宗昌北返督鲁时，张作霖乃派心腹智囊总参议杨宇霆任江苏督办，第一军军长姜登选为安徽督办，并统率长江下游的奉军。

奉军既占苏皖，则奉系此时所夺地盘已扩及八省三市——关外：黑吉奉热（热河是省级特别区）；关内：冀鲁苏皖，及北京、天津和上海。天津、上海在政治区划上虽直属冀、苏二省，其实际影响力较其母省容有过之。

以中比西，则此时的奉系地盘实较中古欧洲的“神圣罗马帝国”或近代西欧之英、法、德、奥、意、荷、比、西八大列强疆土之总合，犹有过之。

奉系此时拥有精兵三十七万人，陆海空军俱全，训练、装备、补给皆举国无双。奉张父子之权力，至此可谓登峰造极了。

就在这奉系势力如日中天之时，民国史上最大的国耻之一的“五卅惨案”（1925 年 5 月 30 日）在上海爆发了，一时举国沸腾。学运民运的目标都集中于“打倒帝国主义”，而上海的各国租界也就成为众矢之的了。正当这华洋对峙，双方于春申街头摩拳擦掌的紧要关头，少帅张学良奉老帅之命，忽于 6 月 13 日率奉军精锐两千余人，进驻上海。这时被中国工运学运吓惨了的英法租界当局，见奉军入沪，竟联衔向少帅要求派军入驻租界加以“保护”。

此次中国军队进入租界，不论各方解释如何，也是中国租界史上的创举。这时的少帅，年方二十五，官拜中将，风华正茂。其为人也，又面如冠玉，潇洒风流，周旋于这五光十色的十里洋场之中，真是如鱼得水。

在一次前国务总理唐绍仪女公子（顾维钧博士的大姨子）的高级宴会上，他这个“小把戏”也结识了其后名播国际、在“西安事变”中发生决定性作用的蒋夫人宋美龄女士。没有他夫人于凤至的这位“结拜姊妹”的不时翼护，则汉卿在其后五十年的“管教”期中，也就要辛苦多了，危险多了。此是后话。

郭松龄叛变的历史意义

不过话说回头，这时不论奉系势力是如何地强大，它终究是个“北洋军阀”的一支。它上下所搞的还是刘邦、项羽那一套——穷兵黩武、逐鹿中原。谁把鹿捉到了，谁就做皇帝。这个老套套，在“民国时代”就不够用了。

知父莫若子。张学良总欢喜把他老子与他的上司蒋中正作比。他说前者是“有雄才，无大略”；后者是“有大略，无雄才”。所以他二人是各以短取败，要各以长相辅就好了。

“雄才”者何？“水浒”英雄，“说唐”好汉也。隋唐之际最大的雄才，便是秦王李世民了。“大略”者，建国方略，建国大纲，民主专政，农村包围城市，等等是也。换言之，你得对你自己的政治措施、政治布局有认识，有远见，有策略也。斯为张老帅之所无。他老帅口口声声要“以武力解决长江各省”。长江各省，真的被他武力解决了，则“以暴易暴”耶？这点他就讲不清楚了。讲不清楚则不但长江各省武力解决不了，他用武力强占的苏皖二省，在1925年秋又被南方军阀孙传芳等夺回去了——军阀失之、军阀得之，于我老百姓何有哉？这就是没有“大略”的毛病了。

再者，对自己的政治措施无认识，则连自己内部的问题，都无法解决，这样就爆发了1925年冬的“郭松龄倒戈”的闹剧。

郭松龄（1882—1925），于民国十四年（1925）11月22日，突然叛奉自立，号称“国民四军”或“东北国民军”。历时不过一月零一天。虽是昙花一现，而功败垂成，意义深远。当时若天如其愿，在东北取张而代之，则其后国民党的“联俄”、“容共”、“北伐”、“清党”一连串的历史故事，也都不会发生了。今日的中国甚至整个东亚，也不是这个样子了。“历史的偶然性”，可不信哉？

郭松龄叛变是怎么回事呢？简言之，它是奉系内部矛盾的表面化，而奉系内部矛盾又是当时整个中国内部矛盾的一部分。

盖奉系在20世纪初年张作霖接受招安开始，二十年中他们就建立一个伟大的“神圣罗马帝国”，在这帝国之内因而也就派系丛生。而派系中矛盾最尖锐的盖有三大集团。第一是随张作霖招安而来的“元老派”，包括张作相、张景惠、汤玉麟等人。这元老派原是一群绿林豪杰，略识之无的老粗。当他们觉得他们的帝国之内需要充实一批新人才时，他们便延揽了一批留日归国的“士官生”——这是当时中国各省区的普遍现象（只有袁世凯的嫡系“北洋六镇”是个例外。袁不用士官生）。士官生既在地方武力中得势，奉军中因而也有一个“士官派”。它在20年代的首领便是杨宇霆（1885—1929）。士官派本依附于元老派，渐渐地它却掌握了元老派，成为奉系中的当权派。至于奉军的中下级骨干，则又是“陆军大学”和它自己“东北讲武堂”训练出来的毕业生。无形中他们也就形成一个强有力的“陆大派”或“讲武堂派”。这一派的精神领袖原是该校1919班毕业生张学良；而张学良是“少帅”，是全军的副统帅，职责繁多，又欢喜声色狗马，不常在军中，因此他们的实际领袖便是出身陆大并曾任讲武堂教官的郭松龄了。松龄掌握了“京榆驻军司令部”，也就掌握了奉军精锐。

上述三派在奉军之中不特时为权位而倾轧，他们的生活方式和思想倾向亦大有不同。要言之，则元老派与士官派早已形成一个官僚集团，在位攘权；思想生活也都比较保守，甚或腐化。而讲武堂派则比较年轻、笃实，所受当时的潮流——如“十月革命”（1917）和“五四运动”（1919）——的冲击也很大。他们反对祸国殃民的内战，同时对元老派的旧军阀统治，也有反感。其中尤其是郭松龄影响最大。郭的夫人韩淑秀是学风比较新颖而激进的燕京大学毕业生，与冯玉祥的老婆李德全同学，感情甚好，过往亦密。而冯此时已与“第三国际”挂钩，北与苏联驻华大使加拉罕（Lev Mikhailovich Karakhan），南与中山的俄籍顾问鲍罗廷（Mikhail Borodin）都在暗中往还。至于苏联对冯氏“国民军”的弹械支持，和国际共党在冯军中的顾问活动，也早已不是秘密。凡此种种，对郭松龄都是新鲜的刺激。尤其是冯玉祥对直的“倒戈”，以及冯军在“北京政变”后的迅速发展，郭氏显然也不胜羡慕。他既然深知他在奉军中所掌握的实力，远超过一年前冯氏在直系中之所有；他也深信他如挥戈“倒奉”，那真如探囊取物了。倒张之后如再与冯玉祥连成一气，并得苏联之奥援，则华北可大定也。因此郭氏于 11 月中在日本观操奉召归来，席不暇暖，便与冯玉祥订了七条攻守同盟的密约，随即于 11 月 22 日发出通电，公开反奉了。

反奉倒戈必败的原因

郭松龄的反奉倒戈，其军中显然是有文人（如他所特请的林长民、饶汉祥）无策士，不像冯氏倒戈，有个黄郛为他出谋划策，所以他一出手便铸下大错。为着与冯玉祥的“西北国民军”相呼应，郭把他手下奉军番号改成“东北国民军”。冯的“国民军”那时与共产国际挂钩是尽人皆知的。郭之叛奉，一开头就与冯玉祥摆出个没有必要的搭配；这就未蒙其利，先受其害了。郭不要冯的支持，冯也不支持他并乘机浑水摸鱼。

那时唯一能左右郭张内战的是日本的“关东驻屯军”。日本人本不喜欢奉张父子。但是两害相权取其轻。日本人更怕带有共产色彩的“国民军”进入满洲。日本人终于决定不让郭军穿过南满路,并将他们的“驻屯军司令部”移入沈阳。这一来，奉天便成为铜墙铁壁，张老帅也就决定率残部反攻了。

再者，兵骄必败。郭氏自信心太大了。兵未发轫，他就要搞个原一、三军团的嫡系，把那些有心投靠的杂牌地方军，如热河的阚朝玺、直隶的李景林，以及其他的吉林军和黑龙江地方部队等，均拒于圈外，太阿倒持，化友为敌。

郭君也忽视了，20 年代中国的道德观念的基础仍是君君臣臣的“封建道德”。他所统率的原是张家的父子兵。奉张父子虽“大略”不足，却各有“雄才”，有礼于士大夫，亦有恩于士卒。他们将帅士卒之间，是有深厚的情感，离间不易，而郭氏怀偏将之才，反而疑忌成性，如今却要奉“少帅”以伐“老帅”，然其对少帅亦口是而心非。如此司马昭之心，将士之间亦何尝不洞若观火呢？

所以郭氏如早怀异志，欲成大事，则应效法他的小东人搞“西安事变”的干法：出其不意，劫持统帅；然后以三两天工夫，底定奉天，才是有效的办法。舍此不图而称兵犯上，一经胶着，旷日持久，则叛军就要鸟兽散了——这就是郭松龄原本克榆关、取锦州，势如破竹，然终于 12 月 24 日兵败巨流河（沈阳西南），单骑走麦城，而夫妻双双被擒伏诛之原委也。治史者走笔至此，有余慨焉！

冯玉祥是众矢之的

郭松龄兵败身死固然是他夫妇的悲剧，而郭之倒戈对奉张父子也是个致命的打击。郭在日本观操，奉老帅之召回国的目的，原是要借重这位猛将西伐冯玉祥，南征孙传芳的。他的突然叛变把奉张父子这一军事计划，完全扭转了。他的叛变也使奉军内部的裂痕更为表面化。虽然郭氏死后，张学良曾仿效曹操“官渡之战”（200—201）焚卷的故事（曹操把自己将士与敌人勾结的信函掳获之后，未加查阅便全部焚毁，并说：

“斯时孤且不保！”），把麾下将士与郭松龄私交的证据全部焚毁，既往不咎，然军心究非昔比。有的郭氏死党如参谋长兼炮兵旅长魏益三便拒不归队，终率余党数千人，仍称“国民四军”，依附了冯玉祥（见魏氏自述，载全国政协《文史资料选辑》第十五辑，页215）。

可是尽管郭之对冯颇有敬慕之情，而冯之于郭，则显乏投桃之报。当12月初郭氏“讨奉”战事正烈之时，冯忽挥戈东向。他不是援郭而是挖郭的墙角，向已宣布“脱离奉系”的直隶督办李景林大举进攻，抢夺了直隶省的地盘，并霸占了天津作“出海口”；他也乘阚朝玺鼠首两端时，突然夺取了热河。鹬蚌相争，渔翁得利。这时冯玉祥的声势自然直线上升。东起天津，西迄兰州，长城内外的草原牧场，尽成冯氏“国民军”的天下。在北京他驱策段祺瑞，挟天子以令诸侯，也炙手可热。因此郭松龄死后，奉军重振旗鼓的第一个对象便是冯玉祥了。

1926年春初，张家父子乃整编残部，率师再度入关。守关原“叛将”魏益三不支，率其“国民四军”逃往保定。少帅精锐乃占领滦州，直指天津。

这时奉张父子对冯玉祥是必除之而后快。事隔六十余年了，恢复自由了的张汉公在台北还向我说：“冯玉祥作假作了一辈子！”那时他父子对冯的办法，除奉军正面进攻之外，并檄调败退山东的李景林和张宗昌的“直鲁军”攻其南；作霖更遣专使与吴佩孚释嫌修好，约他自武汉北攻冯军于信阳，并诱引阎锡山出娘子关取保定，使冯之“国民军”四面受敌。

在冯氏四面楚歌之时，那位寄冯氏篱下，无兵无将而徒拥高位的段执政，处境就更为困难了。他深知他只能“执政”于张、冯、吴三派的均势之下。一旦其中任何一派独得其势，武力失去平衡，他就要下野了。因此段执政在国民党“北伐”前夕，实在是个三处磕头、四面讨好

（三面之外再加一面便是原八国联军时帝国主义所组织的“公使团”）的一位最可怜可嫌的国家元首。

“三一八惨案”与天安门喋血

冯玉祥原是“北洋军阀”集团中唯一的一个没有固定地盘的主要军阀。他游击全国，四处依附，四处“倒戈”，竟成为民初全国知名的“倒戈将军”。当然他倒戈最成功的一次便是1924年他叫作“首都革命”的“北京政变”了。这一下他忽然搞到个全国第一号大地盘——北京。但是北京太重要了。玉祥无意中得之，得到了，他又消化不了。只好捧出个老军阀段祺瑞做幌子。可是段祺瑞的资格又太老了。他竟然要假戏真唱，不愿做冯玉祥的傀儡，已如上述。冯既指挥不了他，而自己又不愿做自己傀儡的喽啰。因而这位“作假作了一辈子”的“倒戈将军”对段执政呈请“辞职”又“辞职”，而段执政对他则“慰留”又“慰留”。二人心知肚明，都在唱戏。只是直至1926年春，这台假戏再也唱不下去了——受他唆使向张家父子倒戈的郭松龄已兵败身死。死敌奉军已倾巢南下。而被他倒戈几至身败名裂的吴佩孚，又信誓旦旦必报此仇。玉祥处此逆境，唯一可以自保之道便是南交汪蒋，北靠苏联了。汪蒋对他自然是欢迎之不暇；而斯大林、托洛斯基也早已看中了他。1926年初，他们之间的关系也索性公开化了。

俄人援冯既然公开了，则日本援张，英人援吴，也就更加积极了。一部中国近代史，原即是一部帝国主义列强在华角逐史。这次北洋军阀的内战，帝国主义的阵线也是十分明朗的。因此在2月初旬当奉军舰艇在大沽口外出现时，冯军乃在大沽口沿海设防，并以俄制水雷封锁大沽口，并一度与故意穿过封锁线的日舰炮战。如此一来，帝国主义就全部卷入中国内战了。日本人就首先对冯军布雷，提出抗议。

3月16日，英、美、法、意、荷、比、西、日八大帝国主义，更联合援引《辛丑条约》海口不得设防之条款，向北京政府外交部，提出四十四小时限期的“最后通牒”。

段政府怎敢得罪帝国主义呢？同时他也为讨好奉张，并暗防赤俄，乃劝令冯部停止布雷。冯玉祥之是否接受段的劝告还是次要的，最重要的却是段之向帝国主义低头，大大地违反了全国的民意。这时“五卅惨案”的血犹未干，而帝国主义气焰又起，是可忍孰不可忍？加以这时“国共合作”情意方浓，国民党（也就是共产党）在华北的地下活动，正如火燎原。“五四运动”当年的激烈分子这时多半是国共两党的地下工作者，一声呼啸，则学运工运便一哄而起。

民国十五年（1926）3月18日（星期六），激于义愤的北京学生和市民数千人乃集合于天安门前开了个“国民大会”，声言反抗“八国通牒”。要求把八国公使赶出中国，并撕毁《辛丑条约》。大会由徐谦、顾孟余、李大钊（1888—1927，时任北大教授兼图书馆主任）等公开或暗中主持。一时群情激昂，呼啸冲向国务院。这时执政府的卫兵慌了手脚，卫队长乃下令开枪。枪声骤起，群众前逃后冲，秩序大乱。被击毙的学生和市民达四十七人，伤者一百五十余人。是为民国史上前所未有的政府屠杀徒手学生和平民最大的“三一八惨案”。

这一杀不得了，全国舆论为之沸腾。北京政府亦自知理屈，国务总理贾德耀引咎辞职。段执政亦明令对死者抚恤，伤者送医。但是这批军阀当局总以为这次群众运动为国民党（共产党）地下煽动之所致，乃下令通缉徐谦、顾孟余、李大钊、李石曾、易培基等。徐谦等乃避入俄国使馆。这就伏下了后来张氏父子查抄俄使馆的契机。

在中国近代史上，所有学运、民运，从政府的立场看，都是“坏人”煽动之所致。其实所有群众运动都是激于义愤的，“坏人”只能推波助澜而已。此时段政府之无力“撕毁辛丑条约”，无法“赶走八国公使”，是可以理解的。但是段政府之枪击爱国学生与市民，死伤至二百余人之多，那就混账之极了。

另外一个冯玉祥

这桩“三一八惨案”只是军阀混战史中一件“惨案”、一段“插曲”，无关乎大局。这时张吴联合讨冯，冯自知不敌，乃分饬所部自直隶与河南向北京撤退。北京如再不保，便北撤南口，准备向西北逃窜。冯的另一着棋便是干脆把他与第三国际和国民党的关系正规化。

3 月 20 日，当广州的汪蒋正为“中山舰事件”开始决裂时，冯却应鲍罗廷之约自平地泉赶去库伦。未几鲍亦偕大批国民党要人顾孟余、陈友仁、谭平山、邵力子、于右任等抵库。在诸人劝说之下，冯也就同意加入国民党了。

在“近代中国”这座大舞台上表演出将入相的演员们，他们“才”、“德”和社会背景，基本上差别有限。只是一部“中国近代史”，却是一部从“中古”逐渐进入“现代”的转型史。在这蜕变期中，则有极明显的“阶段性”。表演后一阶段的演员就要比前一阶段的，更要“现代化”。前一阶段的演员，如不把握时机教育自己（像孙中山那样），当时代进入次一阶段，你就要被时代所遗弃，变成新时代的“革命对象”了。像冯玉祥这样的人，他自“滦州起义”（1911）的小革命党转变成民国初年的标准大军阀。等到 20 年代中期这个军阀阶段渐成尾声时，他如不有所转变——不论是自动的或是被动的——就势必和吴佩孚、孙传芳等同舟共沉了。想不到在1926年初他因兵败而走投无路之时，却被第三国际看中而加入了国民党。

国共合作和北伐是中国近代史上的一个“新阶段”。在这新阶段中，冯玉祥本是没分的，但是三凑六合，使冯氏搭上这条新列车，便随之进入次一阶段了。

冯玉祥于4月中既与第三国际和国民党洽谈妥当，4月底他就接受苏联的邀请，偕徐谦等一行到世界革命的司令部莫斯科朝山去了。一朝四阅月，正赶上“国民革命军”誓师北伐，一路势如破竹，直下长沙、武汉，国内形势大变。当这位老军阀带了一批斗志昂扬、信心十足的小共产等和大量俄援武器自苏联返国时，冯玉祥也就是另外一个冯玉祥了。

四大军阀，各怀异志

话分两头，当冯玉祥得意洋洋地走向莫斯科之时，他留下的一批“国民一二三军”的将领鹿钟麟、孙岳、张之江、宋哲元、韩复榘等却正被奉直二军打得七零八落。这时无兵无将的段执政自然地就要抛弃冯系，而向争夺北京城、来势汹汹的奉直两军之间求其均势了。但是张家父子这时的兵力远在直系残部之上，所以段执政在依违之间，难免就有“暗通奉系”之嫌。事为冯系守将、时任北京警卫司令的鹿钟麟所悉，鹿乃于4月9日派兵围执政府、缴卫队械，举行二次“北京政变”把段祺瑞赶入“东交民巷”。鹿为自保计乃释放前总统曹锟，声言愿重隶麾下；并通过曹锟与吴佩孚释嫌修好，希图共拒奉张父子，然吴则与奉张另有密约，拒不接纳。鹿自知独力难以抗奉，便于 4 月 15 日全师撤出北京，退守南口。冯军既撤，那由张宗昌、张学良、李景林所率之奉军及直鲁联军乃长驱而入，占领了北京——也结束了为时一年有奇的段祺瑞“临时执政”的闹剧。段氏一去则中枢无主，由颜惠庆等暂时“摄阁”，勉维中央政府于不坠。至于政府前途，就要看张作霖、吴佩孚，尤其是前者决意如何安排了。

在双方代表于 5 月、6 月间一再磋商之后，彼此决定对“颜阁”暂时维持；而对冯之“国民军”则双方合力加以解决。

此时冯的残部显然是根据冯发自莫斯科的密令，在奉直两军东南两方夹击之下，向西北转移以求自保。冯军西进则首撄其锋者便是山西的阎锡山了。

阎氏自辛亥以后，盘踞山西十余年，自称要把山西建成半个日本。对北京政潮，总是鼠首两端以避祸。他甚至把山西铁道系统建成“窄轨”，不让外省军车进入山西；他在山西非必要时亦不出省。

可是这时我不犯人，人却要犯我。冯部国民军石友三、韩复榘等部于 5 月下旬，以流寇姿态，侵入大同，眼看雁门关甚至太原都危在旦夕。久据穴中怡然自乐的阎老西，一时手忙脚乱，乃连电张吴两帅告急，愿率三晋健卒，同伐冯贼。

阎之伐冯，无他，拒贼自保也。

吴之伐冯者，誓报前年一箭之仇；并图借机重主中枢也。

张之伐冯者，入关为王，取而代之也。

因此，张、吴、阎、冯，四大军阀，各怀异志；各军将领，谋利求禄，各为其主，把整个华北打得烟雾弥漫、血肉模糊，可怜千万生灵，被这批军阀弄得尸填沟壑，家破人亡，惨不忍睹。

这时华南两广的国民党也正在东征西讨，枪声遍地；汪蒋二人为争领导权，正彼此钩心斗角。湖南的赵恒惕、唐生智更打得头破血流。驱汪以后的国民革命军，也于此时乘湘乱而北伐。一时中华大地，南北东西，都炮声隆隆。这时的中国，哪里还是个国家啊？！

奉张统一华北的远景

在这华北四大军阀混战之时，四人之中以吴佩孚比较空虚。他虽是百足之虫，死而不僵，但毕竟是强弩之末，众叛亲离，兵力无多。加以他北至南口，南及衡阳，绵延千里，一字长蛇阵的战线，进攻退守均属不易，随时有斩头、除尾和断腰的危险。事实上当他于1926年春应张作霖释嫌修好，共除冯玉祥的密约（见苏锡麟自述，载全国政协《文史资料选辑》第五十一辑，页82），计划北上讨冯时，他拖在南方的尾巴——赵恒惕的湖南地盘，就被唐生智吃掉了。唐自知无力抗吴，乃投向两广，这便引起了革命军的“北伐”，吴佩孚也就首尾受敌了。

至于阎锡山，阎老西这位山西“土豪”（章太炎评语）原不是个雄才大略的野心家。他毕生的心愿都集中于维持山西省这个大票号。这一点他也的确做到了。所以对付阎老西，除后来的共产党以外，国民党和日本人都赶他不走。但是为着保持山西这个老巢，合纵连横对他都只是技术性的问题。阎锡山是没有永久的敌人，也没有永久的朋友的。北伐军势力大了，他也可追随“焕章大哥”（冯玉祥字焕章）加入国民党，受命为“第三集团军总司令”的。大同雁门之争，也就忘于脑后了。

冯玉祥在华北虽是个无根军阀，但是他一旦发现了“联俄容共”、“加入国民党”这条新出路，思想搞通，乐不思蜀，南口弹丸之地的得失，对他也无关宏旨了。至于长江流域那些小军阀，处于四战之区，北边战败则投南（如唐生智），南边战败则投北（如孙传芳），南北相持则舍冷灶烧热灶（如陈调元），他们本不能掌握自己的命运。再看那些据守西南、西北的边疆军阀。在王纲解纽、中原无主之时，他们就你砍我杀，兼并边陲，称王称霸。但是一旦中原一统，新朝崛起，他们自会奉表称臣，甚至撤藩归政，皆不是大问题。这一套样板戏，已在我国历史上演出了两千余年，此次不过是最后一场罢了。

所以我们民国史发展至民国十五年（1926）初，局势已十分明朗——南方已逐渐统一于“联俄容共”、以蒋介石为首的国民党政权，北方政权则渐次归并于奉张父子。双方“楚河汉界”，一南一北把神州中分为二。分久必合，要中国重归一统，就看谁强谁弱，谁死谁活了。

“安国军”成立始末

可是1926年至1927年的中国政局的变动是太复杂了。以前美国哥伦比亚大学有位白裔中国史老教授，曾立志写一本书叫《1927年之中国》。他老人家，无征不信，把鸡毛蒜皮弄得太仔细了，写了二十余年，还缴不了卷——其实他所写只是南方的半个中国而已。

那时作为“革命对象”的北洋军阀，和他们的北京政府，其复杂情况，亦不下于南部的国共两党。虽然如此，我们长话也不妨短说。

话说冯氏“国民军”鹿钟麟部，为直奉所逼，于1926年4月15日撤出北京，退保南口之后，张学良随即率张宗昌、李景林入驻北京。自此北京便是奉系的天下了。北京政权在军阀时代之更迭，原是形同儿戏的。此去彼来，自有长乐老人随时“劝进”。这次奉系当权，长住北京的一些官僚政客，也就动脑筋，劝张作霖进驻中南海，出任民国大总统了。

可是张作霖却不愿率尔操觚。他虽然以统治者自居，于6月26日亲莅北京晤吴佩孚。当吴氏主动北上亲自指挥讨冯的南口之战时，张亦于三日后离京。其后便往返于津奉之间，坐山观虎斗。吴佩孚攻南口逾月无功时，老帅始令少帅接手，以奉军专长之重炮轰毙国民军万人以上，终于1926年8月14日攻克南口，冯军西遁。华北遂成张家天下。

当南口之战正在高峰时，南方的北伐军也正迭克名城，于7月1日颁布动员令，7月9日“誓师北伐”。8月26日与29日乃发生早期北伐战史上最有名的“汀泗桥”与“贺胜桥”之战。其惨烈情况，当时亲临前线的指挥官张发奎和李宗仁两前辈，曾为余详述之。

贺胜桥防御战的指挥官便是自南口战场仓猝南下的吴佩孚本人。吴帅曾手刃退却的旅团长数人，挂其头于电线杆亦不能阻止吴军败卒的“反冲锋”。

两桥之败，使吴军丧失了全部精锐，也丧失了再战的士气。纵横中原的吴大帅从此一蹶不振，最后还死硬地“不住租界”，就只好解甲归田了。

吴佩孚既败，革命军乃兼程入赣入闽。在箬溪、德安、南昌、松口、漳州等一连串的决战之后，也消灭了孙传芳这位苏浙皖赣闽“五省联军总司令”的主力。

吴佩孚、孙传芳多少年来都是奉张父子的死敌，双方鏖战不停，有胜有败，从无已时。孰知不出数月，这两大死敌竟为蒋介石所彻底击败。这在奉系看来，正可坐收渔人之利。因此老少帅两父子，便要以援孙援吴为借口，挥军南下，重掌苏皖豫三省已失的地盘了。

此时孙传芳率其残部两面受敌，自知非依附奉军，绝难自保，乃于11月下旬单车北上，在天津向张作霖乞援请罪。与少帅约为弟兄；以父礼事老帅。并领衔遍约原奉直皖晋各系旧军阀阎锡山、张宗昌、商震、刘镇华、张作相、吴俊升等十六人，商组全部北洋军阀之联合武力，并名之曰“安国军”,以对抗自南方新起的“革命军”。同时向张作霖劝进，公推张为群帅之首出任“安国军总司令”，而以孙传芳（五省联军）、张宗昌（直鲁军）、阎锡山（晋军）副之。

实至名归，张作霖亦居之不疑，乃于 11 月 30 日在天津通电就职。12 月 27 日遂移节北京。作霖此次入京显然以国家元首自居。扈从之盛，戒备之严，均前所未有。专车至前门站抵步时，自前门经正阳门、天安门、西长安街至张氏驻节的西城顺承王府，沿街均用黄沙铺地、净水拂洒，俨然是前清帝王的銮仗。此时笔者先父与诸叔均随祖父小住北京，目睹其盛况。诸叔均为在学青年，归来绘影绘声为我辈孩提言之，至今不忘也。

“安国军”、“革命军”短兵相接

“安国军总司令”的名义给予张作霖无限便利：

第一，他于民国十六年（1927）初便名正言顺地发重兵南下。东路由张宗昌指挥“直鲁军”循津浦线前进，于 3 月间进占南京入驻上海。孙传芳军撤往江北。当革命军在白崇禧、何应钦、程潜等指挥之下，于同时进入沪杭宁三角地区时，“安国军”和“革命军”就短兵相接了。

“安国军”西路则由张学良于 2 月、3 月间指挥奉军主力率重炮七十余尊，循京汉线南下，进占郑州，沿途有零星直系部队不听命归附者，则予以缴械。吴佩孚两面受敌，不得已西窜四川，依附杨森，京汉在线的奉军与革命军也就正面接触了。

在奉军（包括“直鲁军”）于东西两线代替了孙吴两军之后，乃与北伐的“革命军”两面作战。在沪宁，以及津浦在线的张宗昌，虽不战而走，在西在线的张学良、唐生智、张发奎的争夺战，却是十分激烈的。

1927年5月，两军相遇于豫南之驻马店、郾城、周家口一线。奉军以其国际驰名的“七十尊重炮”，排轰张发奎。六十余年过去了，去年张汉公与笔者谈及此役犹眉飞色舞不止；而小子何幸，三十年前亦尝与张大王（张发奎在军中的绰号）详谈驻马店之战。大王深许奉军重炮为其“铁军”北伐中第一号劲敌。然大王也告我说：“他们那时简直不敢开炮！”为什么呢？张说：“那时我们革命军士气最旺——我们在前线，敌方哪个地方炮声最隆、机枪最密，哪个地方就是我们冲锋的对象，所以他们不敢开炮。”

总之，驻马店和郾城之战，奉军吃了败仗。当张发奎乘胜攻入郑州张学良的司令部时，在学良办公桌上发现有敌将“留交张发奎将军”一封亲笔信。大意说，英雄识英雄，是好汉，将来“抗日战场”上再见。向华（张发奎字）莞尔纳之。去岁汉公与我谈及，也证实有此“留函”。这也可看出他们那时内战双方的心境。

50年代中，张发奎数访台湾，曾违禁约访幽居中之张少帅。二人互道仰慕之忱。杯酒联欢，一笑泯恩仇，当年驻马店一带的数万冤魂就算是白死了。

老帅升级为国家元首

安国军总司令的名义给予张作霖的第二项便利，就是他不必再“挟天子，令诸侯”了。他已是事实上的“天子”。只要把名位稍作调整，再做点姿态以赢得列强驻华"公使团"的承认（这是那时军阀政府的必要条件），他就可正位做"天子"了。1927年4月6日，也是南方国民党"清共"运动蓄势待发之时，张家父子在北京也取得了"公使团"的支持，一举包围苏联驻华大使馆。搜查之后，逮捕了国共两党地下领袖六十余人。略经审判，竟将李大钊等中共党员二十余人判处"绞刑"，并将所搜得的中俄文资料编纂成《苏联侵华阴谋文证汇编》的巨帙，公诸世界，赢得苏联以外各帝国主义驻华公使的一致喝彩。在各公使支持之下，张作霖便正位为中华民国的正式元首了。

6月18日，在原"劝进"人士继续劝进之下，张作霖公布《军政府组织令》，成立"中华民国军政府"，并出任军政府"陆海军大元帅"。原摄政内阁总理顾维钧呈请辞职，由潘复继组"军政府内阁"，昭告世界。

张作霖以中国元首之尊，在就职之日亦循古帝王及近总统旧例驾莅"天坛"祭天。正当大元帅手捧金爵向苍天喃喃祝祷之时，不意失手，金爵坠地，爵扁酒流。闻者咸认为是不祥之兆，至少也是美中不足——此一小插曲为当时卸任总理的顾维钧先生60年代初在纽约告我者，当非虚语。

国共两党的内讧

在张作霖出任"大元帅"之后，北方的军阀中国，尚能粗安，而同一时期长江流域和华南的国民党统治区，则天翻地覆。

原来国民党在北伐初期占领武汉取得相当胜利之后，党中部分军政领袖便认为革命军总司令蒋中正权力过重，为防止军人独裁，应设法加以抑制，乃发生了"倒蒋"的暗潮。迨革命军于1927年初底定沪宁以后，此一暗潮则逐渐蜕变成国共之争。盖共产党原亦在“倒蒋”阵营之中，而上海一带之金融界所谓“江浙财团”者，则由于社会性质上之反共，乃转而“拥蒋”。致使国民党分成左右两派，势成水火。而共产党乃成为左派之左派，蒋氏则成为右派之右派，你死我活乃势所难免。迨汪精卫于4月初自苏联归来——汪蒋原有“中山舰事件”之宿怨，至此旧恨新仇，一时俱发。加以苏联之第三国际及上海的江浙财团各自暗中助阵，乃演成“宁汉分立”。蒋氏在右翼军头桂系将领公开协助之下，一不做，二不休，乃发动“四一二事变”之“清共运动”。一时人头滚滚，国共合作期中之“跨党”精英，一时俱尽。即上海一地跨党分子之死难者即不下万人。共产党高级领导人周恩来，在上海亦几遭不测。因此国共第一次合作五年之成绩，至此全付东流。

南京“清共”不及三月，武汉以汪精卫为首之左派国民党，为争夺上海财源，亦继之以“分共”（见陈公博自述）。国民党既全部右转，而共产党亦一不做，二不休，索性向极左发展，乃有八一之“南昌暴动”和继之而来的“秋收起义”，乃至1927年底之“广州公社”，卒使广州闹市，顿成灰烬。

中国革命之流产亦导致苏联斯大林与托洛斯基之争。于“1927年之中国”，摆在读者面前的有“国共之争”，亦有国民党内汪蒋桂唐之内争，更有共产党斯派、托派之内争。

党纲解纽，则枪杆至上。在国民党统治区内，吾见桂系“逼宫”、蒋介石“下野”、龙潭血战、李宗仁讨唐、张发奎讨桂、李济深讨张、“铁军”自杀、汪精卫逃亡……一连串数不尽的事变。国共两党皆自顾不暇，“北伐”也就无形中断了。北伐中断，也使北京的张作霖做了半年的太平大元帅。

阎锡山估计错误，傅作义死守涿州

但是1927年的国民党虽自戕太过，毕竟改组未几，党员年轻，腐化未透而冲劲犹存。它经过半年的折腾，至1928年初蒋中正又偕新婚夫人宋美龄回到南京，复任国民革命军总司令，实行二次北伐。

在二次北伐中他虽失去猛将张发奎、唐生智、贺龙和叶挺，但是却增加两支北洋军——冯玉祥和阎锡山。

玉祥于1926年9月自苏联返国后乃整饬旧部国民一二三军为“国民联军”，自任总司令，于9月17日“誓师”五原，宣言接受三民主义，效忠国民党，旋即率部入陕。1927年夏当奉军战败撤出河南，武汉部队亦自郑州班师企图“东征”蒋介石之时，冯军乃重入河南。6月10日，冯氏与汪精卫、唐生智等开“郑州会议”，接防郑州。旋即奉蒋总司令电召，于6月19日东去徐州与蒋中正、李宗仁等举行“徐州会议”。斯时宁汉之战已箭在弦上，双方班师，无暇北顾，陇海西段乃重入冯军掌握。至1928年初，蒋总司令复职，北伐军改组时，冯已拥众四十万，虎踞中原，乃受命改称“国民革命军第二集团军”，遵命北上讨奉。

至于阎锡山，他原为安国军中劝进分子之一，并荣任安国军副司令，然见北伐军势盛，阎亦于1926年底遣密使赵戴文往南昌见蒋，愿加入革命军。惟迟至1927年春阎氏仍不敢表态，以南蒋北张，胜负莫卜也。迨张学良败于郾城，撤出郑州，革命军北伐势如破竹，阎锡山迫不及待，乃易帜自称“国民革命军北方军总司令”，遣猛将商震北入绥远，进踞张家口；傅作义东进直隶，占领涿州。阎氏原来腹案是配合北伐军，抄奉军后路，先入关者为王，乘机占领北京，而国民党内讧，革命军两路班师，回长江两岸，另打内战，则非阎氏始料所及也。

张学良斯时虽败于革命军，而晋军则远非其敌手。学良乃回师围傅作义于涿州，邀击商震于察绥之间。商震败绩，奉军尾追入晋。阎老西偷鸡不着蚀把米，一时救援无人，全省大震。所幸傅作义坚守涿州为三晋屏障。涿州不失则山西可保无恙。学良乃调集重炮，誓拔涿州。一时弹下如雨，全城尽毁。古人所谓“负户而汲，掘鼠煮筋”，莫过于此。守城晋军与涿州居民，伤亡几尽，而作义坚守不降。奉军积愤乃至动用毒瓦斯炮弹，亦不能奏效。自 1927 年 10 月 15 日至 1928 年 1 月 6 日，傅作义一守三阅月，实是今之所无，古之鲜有。作义一战成名，中外舆论均为之喝彩。迨弹尽援绝，最后接受奉军和平条件时，国内政局已面目全非——蒋总司令复职，二次北伐正整军待发。未几阎锡山便受命为“国民革命军第三集团军总司令”，与白崇禧、冯玉祥两军比翼前进。奉张以寡敌众，力有不胜，老少帅便要考虑退路了。

皇姑屯事变

国民革命军于 1928 年春继续北伐时，原分四路出师直指京津。何应钦率“第一集团军”循津浦路北上。除在济南为日军所阻，引发“济南惨案”之外，“直鲁联军”未多抵抗便退往直隶（旋改名“河北”）。冯玉祥的“第二集团军”则于津浦、平汉两铁路之间自新乡向北推进。白崇禧则率“第四集团军”之一部（原唐生智旧部，经桂系收编者），循津浦线北上，直迫保定、北京（北伐后改名“北平”）。阎锡山之“第三集团军”则循年前旧路，东出娘子关，北出大同，拊奉军之背，向北京作大包围。在此军力悬殊、大势已去的情况之下，奉张父子唯一的出路便是在北京逊位让贤，回师东北，再作打算了。

据张学良将军近年告我，他在 1927 年夏季自郑州班师时，便决定力谏老帅，停止内战。盖连年杀伐，他耳濡目染，觉得内争太无意义而老百姓受祸也太深了。尤其是他在郑州登车返京时，在车站上遇一家破人亡的老者，少帅细询之下，竟与之相对流涕。张学良那时不过二十七岁，还是个血性青年。这位老人的故事，触发了他潜在的良心——他自觉不能再做个祸国殃民的青年军阀。回到北京之后，乃泣谏老父全师出关，内战是绝对不能再打了。至于后来的涿州之围，也实在是晋阎投机所惹出来的，也是他奉父命的结果。

在学良力劝之下，老帅也迫于现实，他父子乃于 1928 年 5 月决定全师出关。可是他父子这一决策，却忽视了那把他们家乡早已视作禁脔的日本帝国主义了。

当时日本田中内阁对我东北的侵略设计，则为增建五条有战略价值和经济利益的铁路。为此“五路建设权”，日政府一直在逼迫张作霖正式签约，而张是个爱国的硬汉子，对日本这项要求，始终“软磨、硬泡、死拖”，永不立于文字。

可是日本在华的“关东驻屯军”对我东北的阴谋那就更进一步了——他们要设立个傀儡政权，使东北永远脱离中国。如果张作霖不是个适当的傀儡，那就杀张而另选之。所以在张作霖出关之前，媒体中已有日本要扶持张作霖做“大辽帝国皇帝”的传闻。不幸的是我们这对父子档老少帅，都是雄才有余而大略不足的英雄。他二人始终不把日本阴谋看得太严重,并有一种“谅他不敢”的胡涂自信心——皇姑屯如此;“九一八”亦然。因此当老帅于 6 月 3 日在北京专车返奉时，竟坐上前西太后的御用专列，堂而皇之，浩浩荡荡地开往奉天。如此，日本人若有意杀他，那就是插标卖首了。果然于 6 月 4 日清晨 5 时 30 分，皇姑屯一声爆炸，张老帅就应声殉国了。

从以美为师到以俄为师

张作霖之死，不用说在近代中国也写完军阀混战史的最后一页。笔者作此长文的目的，也是想把“皇姑屯事变”前三四年之间，最复杂的军阀混战的故事清厘一番。如此，不特使一般读者对军阀故事略知始末，也可为“九一八事变”铺陈点历史的背景，以乞教于方家。

拙篇若有余事足纪者，则是对“军阀”这一万恶名词，亦未始不可略作反思。

张作霖，军阀也，然作霖竟以拒签“五路”条约而死国。吴佩孚，亦军阀也，然其“不住租界”，狷介一生，据说，最后亦以誓不事敌而招杀身之祸。张宗昌，军阀中之最下陈者，然济南惨案前，亦尝坚拒日军化装直鲁军以抗南军之要求。大节无亏，均足垂名青史。

以故所谓“军阀”者，固不可一概而论。盖我国近代史的发展，从中古社会走向现代社会实有其极显著的“阶段性”。舜犹人也，各阶段的英雄豪杰，都是各该阶段的特殊产品。各阶段有各阶段的通性，各阶段亦各有其贤与不肖。非此阶段人物多属圣贤，而彼阶段（如军阀时代）所产者，尽属不肖也。治史者“秉笔直书”，决不可先有成见而一竿打翻一条船也。

再者，各民族国家（尤其古老文化如中国者），均各有其不同的历史发展之背景。“特性”往往大于“通性”。我国所特有的“国家强于社会”和“中央集权”的帝王专政制度，自秦汉以降，虽算不得是个“好”制度，然亦不失为农业社会中“有效用”（functional）的制度，故能一拖两千年。然此一制度在现代化的工商业社会中则失其“效用”。以故我国近百年来现代化运动的主要目标，一言以蔽之，便是在寻找另一个“有效用”的新制度，为长治久安之策，如此而已。

自中山革命之初，由“同盟会”至民初“国民党”，吾民族所向往之新制度，实为“议会政治”、“三权分立”、“司法独立”、“总统制”等等之美国模式也。一切以美国为师。然20世纪初年（甚至中期以后）之中国，却无实行“美国模式”的任何条件。因此“总统”也，“国会”也，搞了十来年，至张作霖组织“军政府”，即证明早年“美国模式”在中国的彻底破产。“军阀政治”（warlordism）者，此一美国模式破产后之并发症也。

孙中山先生，圣之时者也。民国六年（1917）以后，见列宁革命成功之新经验而“顿悟”，而“大彻大悟”。他深知“中国革命若不以俄为师，断无成就”！自此我们寻找新制度的方向就转向“俄国模式”了。

长话短说，中山逝世后的六十年来，“中国革命”，若有若干“成就”，均中山遗教，“以俄为师”之结果也。然前段已言之，中国现代化运动之发展，是有其显明的“阶段性”。各阶段有各阶段的贡献，各阶段亦有各阶段的极限，不可毕其功于一役也。“以俄为师”，一重要“阶段”也；但是，也只是一个“重要阶段”而已。此一“阶段”一过，若吾人但知墨守“旧师”、“先师”，而不谙“出师”、“求师”之道，则在下一“阶段”中，就必然要落伍了，要做“新阶段”的“革命对象”了。

然“出师”之后，何择何从？今后“求师”之山门又在何方？事属“未来”，治史者则不愿多言矣！

1991年7月29日于北美洲

原载于台北《传记文学》第五十九卷第三期